Soigner sa tête sans médicaments… ou presque

© Éditions Robert Laffont, S.A., Paris, 2014

Dr Patrick Lemoine

Soigner sa tête sans médicaments… ou presque

Dépression, stress, insomnie : ce qui marche vraiment

MARABOUT

À David

Préambule

« Les grands laboratoires pharmaceutiques ont rendu les Américains accros aux neuroleptiques, explique le journaliste James Ridgeway sur Al Jazeera. En 2008, avec des ventes atteignant plus de 14 milliards de dollars, les neuroleptiques sont devenus la catégorie de médicaments la plus prescrite aux États-Unis et ont ainsi dépassé ceux utilisés dans le traitement des taux élevés de cholestérol ou des remontées gastriques. James Ridgeway considère que l'explosion de la consommation est telle qu'elle semble indiquer une "psychose nationale massive". Les neuroleptiques étaient auparavant réservés à un petit nombre de patients aux lourds diagnostics psychiatriques (schizophrénie, bipolarité, etc.) afin de traiter des symptômes graves tels que la démence ou les hallucinations. Mais aujourd'hui, "il semble que tout le monde consomme des neuroleptiques", s'étonne le journaliste de la revue *Mother Jones*. "On a dit aux parents que leurs enfants turbulents sont en fait bipolaires, et qu'ils ont donc besoin d'antipsychotiques, pendant qu'on bourre les personnes âgées de médicaments autrefois réservés principalement aux schizophrènes. […]". »

Slate.fr, 13 juillet 2011.

« Les médecins américains prescrivent trop souvent des antidépresseurs […] (*New York Times*). En interrogeant 5 639 patients, diagnostiqués comme dépressifs au cours de l'année 2009, le docteur Ramin Motjabai a découvert que seulement un tiers d'entre eux (38,4 %) présentaient des signes cliniques de dépression. […] "Pour les dépressions de sévérités légère et moyenne, les approches psychothérapeutiques sont tout aussi efficaces que les approches pharmacologiques. Pour les dépressions sévères, par contre, le traitement médicamenteux s'avère nécessaire pour corriger un déséquilibre important sur le plan neurobiologique, combiné à un traitement psychothérapeutique pour avoir le meilleur effet sur l'humeur." […] mais quand la liste d'attente pour une thérapie comportementale est de quatre à six mois, combien de patients en détresse peuvent se permettre d'attendre patiemment ?" »

Anaïs Bordages, Slate.fr, 13 août 2013.

« Les médecins prescrivent trop d'antidépresseurs. Surtout aux États-Unis, où tout le monde consomme des neuroleptiques. […] "Malgré leur incapacité à comprendre comment fonctionnent les psychotropes, les docteurs continuent de dire à leurs patients que leurs problèmes viennent d'un déséquilibre chimique dans leur cerveau. […] Cette explication rassure les patients tout en les incitant à consommer ces médicaments, et cela colle parfaitement avec notre idée selon laquelle les docteurs doivent trouver et détruire tous les maux chimiques responsables de nos souffrances à la fois physique et mentale. Cette théorie n'a peut-être aucun fondement scientifique, mais comme mythe, elle est redoutablement efficace. »

Anaïs Bordages, Slate.fr, 5 septembre 2013.

En un mot comme en cent, il est évident que nous, Occidentaux, consommons beaucoup trop de psychotropes, et ce pour deux raisons principales :

– Le lobbying de l'industrie pharmaceutique auprès des médecins qu'elle incite à trop prescrire, les poussant à ne faire confiance qu'à la seule chimie et par conséquent à élargir leurs indications au-delà de ce qui est officiel. L'affaire du Médiator® en est la triste illustration ;

– Le manque d'information, d'accessibilité et de confiance dans les moyens alternatifs de prise en charge des bleus à l'âme, pourtant plus efficaces et moins dangereux.

Toute l'ambition de cet ouvrage est là : faire comprendre au public, aux médecins, aux journalistes, aux politiques, à la Cour des comptes et qui sait, on peut toujours rêver, à la Sécurité sociale, qu'il existe un salut en dehors de l'officine, qu'on peut se soigner de manière éprouvée et validée scientifiquement sans se bourrer de cachets et qu'il faudrait, enfin, que les techniques autres que pharmacologiques soient prises en charge financièrement, histoire de voir pour une fois le trou de la Sécu diminuer… et pas qu'un peu !

Introduction

Grisée de l'incroyable augmentation de l'espérance de vie dont elle se sait en grande partie la cause, la médecine officielle oublie trop souvent, et avec quelle incroyable arrogance, l'extraordinaire pouvoir de guérison du corps humain. Pourtant, son plus grand succès, celui qui a le plus contribué à l'accroissement de notre longévité, je veux parler de la vaccination, repose entièrement sur cette idée. Stimuler, renforcer les défenses naturelles de l'organisme de manière à lui permettre de se défendre seul contre les agressions microbiennes est une démarche profondément optimiste et écologique, à l'opposé du traitement qui consiste à éradiquer les germes sans discernement à coups d'antibiotiques, quitte à affaiblir nos défenses immunitaires et à renforcer le pouvoir de nuisance des microbes en les aidant à devenir de plus en plus résistants.

C'est la même idée qui fait préférer les coccinelles aux insecticides pour éliminer les pucerons.

Car moi aussi, j'ai un rêve !

Je rêve d'un monde médical idéal, un monde où la prescription des médicaments « antimaladies » n'interviendrait qu'une fois nos ressources intérieures, notre rempart de défenses naturelles, totalement débordées. Un univers où la chimie n'existerait qu'après l'échec de l'ensemble des techniques de renforcement de nos ressources intérieures.

Tel est mon *credo*.

Jour après jour, je me demande pourquoi notre médecine oublie que dans notre cerveau se trouve un fantastique laboratoire pharmaceutique capable de lancer la fabrication de tous les médicaments de la création ; un puissant arsenal capable de mener une guerre sans merci à toutes les maladies : antibiotiques, anticancéreux, antifièvre, antidouleur, anti-inflammatoire, cicatrisants, antistress, somnifères, antidépresseurs, tranquillisants, antiallergies, anticholestérol, antihypertension artérielle, antifatigue… La liste de ces médicaments appelés endogènes est tellement longue qu'elle pourrait à elle seule constituer toute une bibliothèque.

C'est d'ailleurs grâce à cette usine chimique que notre espèce, comme toutes les autres, y compris celle des plantes, doit sa survie, car dès notre naissance, à chaque instant, nous devons affronter des armées de microbes, des commandos de stress, des cohortes d'ennuis divers et variés, puis réparer la machine qui, comme toute mécanique, s'use progressivement. D'ailleurs, si nous n'étions pas capables de nous débrouiller sans la médecine, la planète serait en deuil de l'humanité depuis des centaines de milliers d'années.

N'oublions pas que, tous les jours, se développe en chacun un début de cancer. Heureusement, le méchant bébé crabe n'a pas le temps de dire ouf qu'il est détruit instantanément par un système de sécurité dont les vigiles nommés globules blancs (lymphocytes) sont d'une redoutable efficacité !

N'oublions pas non plus que c'est nous et nos mauvaises habitudes qui favorisons la naissance de ces cancers. On sait aujourd'hui par exemple que la pression de l'environnement entraîne de nombreuses mutations et que celles-ci sont transmissibles aux descendants du même sexe sur trois ou quatre générations. Ainsi, une fumeuse sera peut-être en partie responsable du cancer du poumon de ses petites, arrière-petites et arrière-arrière-petites-filles. Même chose pour un fumeur et ses descendants mâles. Certains auteurs s'inquiètent aussi des possibilités de mutations épigénétiques induites par certains médicaments même si cela n'est pas prouvé aujourd'hui.

Tous ces médicaments naturels, que nous produisons sans arrêt de notre naissance à notre mort, sont les mêmes que ceux que nous achetons en pharmacie. D'ailleurs, ils en ont souvent la même composition à la différence près que lorsque nous les fabriquons dans de bonnes conditions, ils n'ont ni effets secondaires ni toxicité. Néanmoins, il faut savoir que si nous les sécrétons sans rime ni raison, ils peuvent devenir toxiques, voire mortels.

Par exemple, en cas de danger, nous fabriquons du cortisol, un équivalent naturel de la célèbre cortisone, de manière à mettre notre organisme en alerte et lutter contre l'inflammation. En revanche, si notre hygiène de vie de citadins nous place en permanence en état de stress, nous produisons trop de ce même cortisol et nous risquons de développer un ulcère à l'estomac, une hypertension artérielle, des maladies infectieuses, voire des maladies dites auto-immunes ou des cancers. C'est d'ailleurs ce qui se produit en cas d'insomnie chronique, laquelle est une variété de stress.

Il peut donc bien exister des surdosages de nos médicaments autoproduits, exactement comme avec ceux du pharmacien. Car la nature est pleine de dangers !

C'est ainsi que des animaux de laboratoire soumis en permanence à des stress qu'ils ne peuvent pas contrôler luttent moins bien contre le cancer que ceux qui vivent tranquillement. Mais lorsqu'on les prépare à affronter ces stress, ces mêmes animaux luttent encore mieux contre le cancer que ceux qui vivent paisiblement. Il est étonnant de voir que des souris soumises à des petits chocs électriques répétés tombent rapidement malades, alors que si on fait précéder ces mêmes chocs par un éclair lumineux quelques minutes plus tôt, elles restent en bonne santé.

Tout se passe comme si la médecine occidentale refusait la concurrence déloyale exercée par nos défenses naturelles, tant elle s'évertue à prescrire des médicaments – indispensables le plus souvent (heureusement!), inutiles fréquemment, nuisibles parfois. Les médecins français se comportent comme s'ils se sentaient déshonorés quand ils concluent une consultation sans rédiger une ordonnance.

Je me rappelle la tête de certains grands-parents de ma connaissance qui avaient emmené en consultation chez le pédiatre leurs deux petits-fils, des jumeaux de 4 ans «pleins de vie», afin de se rassurer avant de les garder pendant un mois de vacances. Ledit pédiatre les avait soigneusement examinés, avait confirmé leur excellent état de santé et… prescrit de la vitamine C, ainsi qu'un sédatif léger «au cas où ils dormiraient mal». Bien entendu, l'ordonnance était allée directement au panier. Malheureusement, le digne praticien n'en a jamais rien su, et a sans doute continué à «faire son travail», c'est-à-dire prescrire sans nécessité des vitamines (inutiles) et des sédatifs (dangereux).

Ce type d'anecdote montre à quel point notre système fait confiance à la chimie tout en suivant l'aphorisme du docteur Knock («Tout homme bien-portant est un malade qui s'ignore[1]») et en inventant sans arrêt de nouvelles maladies sources de juteux marchés. S'il est vrai par exemple que le cholestérol est dangereux quand il est trop élevé chez les gens de moins de 70 ans, rien ne prouve qu'après cet âge les médicaments qui le font chuter soient d'une quelconque utilité ni s'ils ne sont pas dangereux, notamment au niveau musculaire et rénal. Il faut donc lutter contre cette attitude inappropriée; le premier moyen

---

1. Jules Romains, *Knock ou le Triomphe de la médecine*, Belin, 2008.

de résistance est d'apprendre à dire non quand une prescription est inadéquate. Refuser ou tout du moins demander des explications afin de savoir si elle est vraiment justifiée. Il n'est plus question de nos jours d'adopter une relation de totale soumission vis-à-vis de son médecin, mais plutôt une position de partenariat d'adulte à adulte, à égalité. Même si l'un des deux, le professionnel, a plus de connaissances que l'autre, cela ne le dispense pas de justifier ses décisions lorsqu'elles engagent la vie de l'autre.

Il ne faut jamais négliger le fait que le savoir profane est tout aussi important et respectable que le savoir savant.

Soins et créativité

Toute rencontre avec un sujet en souffrance devrait être une découverte mutuelle et donner lieu à une construction à deux d'une théorie et d'un traitement original. Une coconstruction, rencontre d'un savoir savant, celui du médecin, et d'un savoir profane, celui du malade. Une rencontre sans *a priori* de deux approches. Seules ces conditions permettent d'espérer un soin psychiatrique créatif, qui ne soit pas la simple répétition d'un protocole bien huilé, mais une aventure partagée.

Chaque fois que j'ai rencontré un nouveau patient, il me semble avoir ressenti la nécessité de sortir des sentiers battus, d'inventer une nouvelle thérapeutique.

Aux Pays-Bas, on consomme six fois moins de médicaments qu'en France, et l'on s'y porte au moins aussi bien. Là-bas, en fin de consultation, 40 % seulement des Néerlandais repartent avec une ordonnance en poche. En France, ce ne sont pas moins de 97,5 % des consultations qui s'achèvent avec une prescription écrite… Manifestement, une consultation non couronnée par un beau papier à en-tête est inconcevable dans les cabinets hexagonaux ! Il est vrai aussi que notre culture écologique est nettement moins développée que chez nos voisins du Nord. C'est bien dommage pour notre santé, et pour les si calamiteux comptes de la Sécurité sociale !

On devrait marquer au revers de toutes les boîtes de médicaments : « Ce médicament peut tuer ; à consommer avec modération. »

On devrait inscrire en lettres d'or sur le fronton de toutes les facultés de médecine : « prescrire est un acte grave », maxime presque tragique, car prendre un médicament ne devrait en théorie être possible que si toutes les défenses naturelles ont été dépassées. À force de faire le travail à la place de nos organismes, nous les rendons paresseux, et ils finissent par abandonner leurs capacités de lutte contre la maladie. Il a fallu du temps pour que nous comprenions que le fait de consommer des antibiotiques à tout bout de champ affaiblissait les défenses immunitaires des sujets… mais pas celles des microbes, bien au contraire. Comprendre aussi que la prise prolongée des somnifères rend… insomniaque. Et que les tranquillisants entretiennent l'anxiété.

Si l'on prend comme exemple les coûts directs et surtout indirects, humains et financiers, de l'hypermédication française en tranquillisants et en somnifères, en antidépresseurs, neuroleptiques, antalgiques, antibiotiques et j'en passe, on constate qu'ils sont colossaux. Je songe aux accidents de voiture par somnolence, aux allergies, hospitalisations, décès, arrêts de travail, à la perte d'efficacité professionnelle, aux effets secondaires et autres interactions médicamenteuses non contrôlées.

Près de 13 000 hospitalisations par an sont dues aux effets indésirables des potions magiques prescrites par nos apprentis sorciers (malgré leurs beaux diplômes !). Rappelons au passage que l'Inserm évalue à environ 10 000 décès par an (estimation basse) les conséquences des « erreurs » de prescription dont un pourcentage important serait évitable. Une étude américaine récente montre que les chances de mourir sont doublées che[z les] consommateurs réguliers de somnifères. Une autre étude ré[vèle] que le risque de développer une démence type Alzheimer est augmenté chez les consommateurs de longue durée de tranquillisants. Peut-être à cause des arrêts respiratoires nocturnes provoqués par ces substances ou d'un effet propre de ralentissement de l'activité des neurones par ces produits. Et pourtant, malgré cette somme de données indiscutables, les insomniaques continuent d'avaler des pilules à longueur d'année et les médecins, de les prescrire sans limites dans le temps.

Qu'est-ce que la normalité ?

On entend souvent dire que, pour un psychiatre, « tout le monde est fou », ou en tout cas que tout le monde souffre plus ou moins d'une névrose. C'est complètement faux et passablement vrai. Pour moi qui suis malgré tout (un peu) psychiatre (personne n'est parfait), la maladie mentale est la propension à utiliser préférentiellement, voire exclusivement, un seul type de défense, et être normal, c'est savoir se servir de tous les types de défense... à bon escient.

Je m'explique.

Imaginons que je suis un supporter d'une équipe de football. Par exemple, au hasard, de l'Olympique lyonnais.

Et, ce soir, il y a match. Un match essentiel pour l'avenir du club.

Bien entendu, j'y assisterai, en bonne place, dans un des virages, celui des *bad gones* bien sûr.

– Toute la journée, je serai très angoissé dans l'attente de ce moment crucial (*trouble anxieux généralisé*) ;

– Toute la journée, je vais toucher du bois, je réciterai des phrases de conjuration, je brûlerai un cierge à Fourvière si j'en ai le temps, je ferai mentalement des ordalies[2]: « Si en comptant jusqu'à cent, je croise plus de sept supporters de l'OL, nous gagnerons » (*défense adolescente*);

– Je ferai aussi des vœux : « Si mon équipe gagne, j'embrasserai le premier clochard que je croiserai et lui donnerai une aumône de cent euros » ; je monterai les marches en commençant toujours du pied gauche et en finissant du pied droit; dans ma tête passeront en boucle des litanies de chiffres de nos victoires passées (*défense par les TOC*);

– Dans le métro, alors que des supporters de l'équipe adverse honnie sont devant moi, au bord du quai, avec leurs banderoles moches, leurs slogans vulgaires, la pensée lancinante me traverse de tous les jeter sur les rails (*défense par phobie d'impulsion*);

– Je suis même capable de faire une crise d'angoisse au moment de m'installer sur les gradins ou lors du coup de sifflet de départ de l'arbitre (*défense par trouble panique*);

– Mon équipe chérie prend un but, je suis triste (*défense dépression légère*);

---

2. L'ordalie consistait au Moyen Âge à faire passer à l'accusé une épreuve physique décidant de son sort. L'accusé était revêtu d'habits religieux pour se soumettre au « jugement de Dieu », l'épreuve se déroulant sous le regard de la divinité tutélaire de la justice, qui va sauver l'innocent et empêcher l'injustice. On applique également le terme à certains comportements volontaires de prise de risques, notamment le duel d'honneur apparu au XVe siècle, aux comportements de nombreux adolescents (usages de stupéfiants, prise de risques routiers, etc.); toutefois, le fait que la prise de risque soit volontaire, hors de tout cadre légal (et même en rupture avec le cadre légal), et dépourvue de but, fait une différence essentielle avec l'ordalie *stricto sensu*. En psychiatrie, on utilise aussi ce mot pour décrire le type de raisonnement : « Si j'observe telle chose, il en résultera telle autre chose… » C'est Gide dans *Les Caves du Vatican* (Gallimard, « Folio », 2012) qui a le mieux décrit ce genre de raisonnement : « Si en comptant mentalement, je vois un feu dans la nuit, je jetterai ce vieux bonhomme hors du train. »

– Mon équipe chérie prend un deuxième but, je suis effondré, j'ai envie de tout laisser tomber, de me jeter dans le Rhône (*défense dépression moyenne*);

– Mon équipe chérie prend un troisième but. Je suis furieux, l'arbitre est un vendu, j'ai envie de lui casser la figure (*défense psychopathique*);

– D'ailleurs, c'est bien connu, au niveau national, les Lyonnais sont détestés. La presse nous vomit dessus sans arrêt car les journalistes sont tous parisiens et donc acquis au PSG. Ils nous en veulent parce que nous sommes les meilleurs; et mon voisin de gradin est d'accord avec moi (*défense paranoïaque*);

– Et puis mon équipe chérie marque quatre buts coup sur coup, j'explose de joie et me mets à faire des choses que jamais je ne ferais dans la rue en temps ordinaire, du genre sautiller sur place en scandant: «Qui ne saute pas n'est pas Lyonnais» et autres faridondaines et billevesées: «Parisiens têtes de chiens, Parigots...» J'embrasse des gens que je ne connais pas. Je chante, je hurle à qui veut l'entendre que c'est le plus beau jour de ma vie, je pleure de joie, je mets la main au panier de ma voisine (*défense maniaque*);

– Le soir, j'organise chez moi une fête à tout casser. Je picole beaucoup trop (*défense alcoolique*), je drague (*défense hystérique*), je ne ferme pas l'œil tant je suis excité (*défense par insomnie*);

– Le lendemain, dimanche, mon appartement est un vrai chantier, un incroyable bazar. Je range et je nettoie toute la matinée (*défense obsessionnelle*).

Conclusion: chose étrange pour un psychiatre, je suis parfaitement normal sur le plan mental car j'ai utilisé la bonne défense pour la bonne situation. Si, en revanche, je suis tout le temps persécuté, alors je suis paranoïaque. Si je suis sans arrêt dans la séduction, je suis hystérique. Si je touche du bois en permanence, je suis obsessionnel, etc.

N.B. : Que le lecteur se rassure, ce scénario est impossible car j'ai horreur du football. Surtout quand l'OL perd...

Bien entendu, faire confiance à son organisme plutôt que d'avaler des pilules ne signifie en aucun cas ne pas se soigner quand les choses tournent mal ! En tant que médecin, je prescris tous les jours des médicaments tout en essayant de le faire le moins possible, avec discernement, car, si on y réfléchit, le fait de prendre des médicaments signe l'échec de l'organisme à contrôler la maladie. J'essaie donc auparavant, quand c'est possible, les autres techniques. Il est d'ailleurs fascinant d'observer la multiplication des techniques non chimiques, l'objet de cet ouvrage étant d'énumérer les principales d'entre elles et de les classer en termes d'efficacité et de validation. À force de les étudier et de les tester, il me semble qu'une tendance principale se dessine : l'abandon progressif des méthodes intellectuelles au profit de techniques plus pragmatiques. C'est sans doute l'échec retentissant de la psychanalyse en tant que technique de soin qui est à l'origine de cette évolution.

Freud était un grand savant, un neurophysiologiste spécialiste de la sexualité des anguilles, et il a cru – et fait croire – qu'en comprenant les phénomènes inconscients qui nous rendent malades, nous serions en mesure de les maîtriser et donc d'aller mieux. Ce présupposé est complètement faux. D'ailleurs, lui-même n'a jamais réussi à se guérir de sa phobie des chemins de fer, ni de son appétence pour la drogue (cocaïne) alors qu'il était supposé en comprendre les racines infantiles. Le communisme a sombré, car c'était la seule religion qui a eu l'imprudence de promettre le paradis sur terre, la psychanalyse sombre car elle promettait le paradis psychologique par éradication des vilains complexes.

Du coup, certaines techniques qui avaient été plus ou moins oubliées sous son impulsion sont revenues en force. On peut en gros les classer en deux grandes tendances, qui peuvent être pratiquées seul ou en groupe :

– Les techniques pragmatiques qui consistent à s'occuper non pas du pourquoi mais du comment. Elles cherchent à changer le point de vue et le comportement du patient. Par exemple, donner un livre sur les bactéries à quelqu'un qui souffre de TOC de propreté et de contamination afin qu'il comprenne vraiment que les microbes sont dans leur immense majorité des alliés et qu'ils nous aident à lutter contre les rares germes porteurs de maladies. Une fois acquise cette compréhension, le traitement par thérapies cognitives et comportementales va consister à proposer des expositions programmées qui vont peu à peu désensibiliser le sujet à l'objet de ses peurs qu'il n'est pas obligé d'appréhender intellectuellement s'il ne le souhaite pas.

– Les techniques dites cathartiques : il s'agit de revivre sans crainte l'événement, la situation, la tranche d'existence pour les digérer. Tout se passe comme si l'organisme se montrait jusque-là incapable d'intégrer une situation stressante quelle qu'elle soit et qu'il faisait des efforts désespérés pour y arriver, d'où l'angoisse, les peurs phobiques, l'insomnie, voire la dépression. Le fait de provoquer une transe par hypnose, c'est-à-dire un état de dissociation, dans un environnement thérapeutique sécurisé et sécurisant, permet en général cette digestion, cette intégration du traumatisme, qu'il soit infantile dans une perspective freudienne ou qu'il soit plus récent dans une perspective post-traumatique au sens strict. Le bug du stress, coincé dans les zones affectives du cerveau, les endroits dominés par les émotions, du côté de l'hémisphère droit pour les droitiers, semble alors enfin déplacé du côté de l'hémisphère gauche, dans une région raisonnable, cartésienne, où il peut être soigneusement archivé dans la bibliothèque de la mémoire.

Les techniques issues de la psychanalyse, qui s'occupe du pourquoi ou du supposé pourquoi, sont moins en vogue de nos jours et semblent appelées à retrouver la place qu'elles n'auraient jamais dû quitter, à savoir une manière de mieux se connaître, donc de s'épanouir et de mieux se former. C'est ce que l'on appelle le développement personnel.

En revanche, et à l'opposé, il est frappant de voir fleurir un peu partout des écoles qui cherchent à réussir le métissage de plusieurs théories; certaines sont validées sur le plan scientifique, d'autres non:
– L'EMDR (voir plus loin) fait la synthèse entre l'hypnose, la psychanalyse et les thérapies cognitives et comportementales; la technique vise à une catharsis (validé);
– L'EFT (voir plus loin) réunit l'acupuncture et les thérapies cognitives et comportementales et vise à la fois à une catharsis et à une sorte de relaxation (non validé);
– La psychanalyse corporelle unifie l'ostéopathie et la psychanalyse (non validé)
– …

Dogmatisme médical

Toute ma vie j'ai lutté contre le dogmatisme et l'orthodoxie, et rien ne me hérisse autant le poil que ce genre de commentaires: «Ceci n'est pas canonique» ou «Cela n'est pas dans la ligne du parti»! C'est sans doute mon enfance passée dans une école religieuse qui a provoqué chez moi ce type d'allergie. Il me paraît évident que personne ne détient toute la vérité, que chacun doit trouver sa voie et que la vie n'est pas une route linéaire. Encore moins un long fleuve tranquille! Aucune technique, aucune théorie, aucune approche ne doit être considérée comme décisive. Chacune apporte un éclairage particulier et jusqu'à preuve du contraire, dans un lieu obscur (comme la médecine), plus il y a d'éclairages, plus on voit clair!

La progression de la connaissance est faite de zigzags, de chemins de traverse, de virages, de retours en arrière, de ruptures, de bonds en avant... Heureusement, à l'heure actuelle, la plupart des thérapeutes refusent les interminables discussions d'exégèse sur les textes des pères fondateurs comme Freud, Lacan, Melanie Klein et autres Adler ou Jung, et les jeunes psychiatres s'étonnent et s'amusent quand on leur parle de l'époque pas si lointaine où les psychanalystes s'invectivaient de manière terriblement violente, s'excommuniaient, créaient des schismes, des hérésies, chacun accusant l'autre de ne pas avoir compris l'intention des pères fondateurs et de se livrer à de mauvaises interprétations... Et chacun de revendiquer l'héritage, de retourner aux sources, de susciter de nouvelles traductions plus fidèles des textes de la genèse d'Œdipe.

Comme en politique, l'une des plaies qui ravagent la médecine en général et la psychiatrie en particulier est l'idéologie. Plutôt que de se laisser surprendre et guider par chacun de ses patients dans ce qu'il a de singulier, le psy cherche à le faire entrer dans un cadre clinique thérapeutique. Cette façon de faire est certes rassurante – et reposante – pour le médecin, mais elle mène à de grandes aberrations. Ainsi, dans l'Antiquité, de beaux esprits comme Vésale se sont mis à disséquer des singes car il leur était difficile, voire interdit, de pratiquer des autopsies sur l'homme. Ayant trouvé des particularités anatomiques, ils les ont extrapolées à l'être humain et en ont tiré des lois que leurs successeurs ont érigées en dogmes. Plus tard, quand les chirurgiens disséquaient un cadavre, ils gardaient un œil sur les livres des Anciens et quand ce qu'ils observaient ne correspondait pas aux ouvrages de référence, c'était le cadavre qui mentait !

De la même manière, Hippocrate, Aristote, Galien ont professé la théorie des humeurs, une des plus belles inepties que l'esprit de notre noble corporation ait jamais imaginée. Selon elle, toute maladie était due à un déséquilibre entre ces quatre substances (dont une totalement imaginaire, bien que décrite avec précision : la bile noire), et l'art du médecin consistait à rétablir l'équilibre perdu. Parce qu'elle était reliée aux quatre éléments (eau, air, feu, terre), tout était ainsi décrit : l'homme était chaud et humide, la femme, froide et sèche, ce qui permettait tous les sexismes ! Bref, cette stupide théorie érigée comme un dogme par l'Église devait être suivie par tous les praticiens sous peine d'hérésie, voire de bûcher… Le résultat est que la médecine occidentale a pris deux mille ans de retard.

Plus tard, nous avons connu toutes sortes de théories absurdes, dont une des pires due à Bruno Bettelheim : selon cet imposteur, ce marchand de meubles qui toute sa vie s'est fait passer pour psychanalyste à Chicago, l'autisme est la conséquence du désir de meurtre des parents à l'égard de leur enfant. Surtout la mère, accusée de tous les maux ! Quand j'étais chercheur aux États-Unis, j'ai connu une famille dont la mère s'était suicidée car le plus grand psychanalyste du monde lui avait affirmé que son fils était autiste par sa faute. Et quand j'étais un jeune interne, j'ai assisté à de véritables lynchages de « mères de schizophrènes » accusées par des tribunaux psychiatriques d'être à l'origine de la folie de leur enfant. Certaines ne se remettaient jamais de la culpabilité induite. Heureusement, les familles des patients ont fini par avoir raison de ces errements de psys.

> La vieille Europe est depuis toujours gangrenée par sa révérence aux Anciens ; c'est pour cette raison que notre médecine a pris du retard par rapport à la médecine chinoise. Les pays anglo-saxons n'ont pas ces états d'âme : chaque génération est persuadée qu'elle est meilleure que la précédente et n'hésite pas à la gommer. Le meurtre du Père ne pose pas problème outre-Atlantique.
>
> L'esprit pionnier n'a pas que des avantages mais il permet d'avancer plus vite, tout au moins dans le domaine de la recherche en médecine.

Considérant que dans ce domaine, comme dans celui des sciences, c'est toujours à l'interface de plusieurs domaines que se font les grandes découvertes et que ce sont les peuples métissés qui sont les plus beaux, je dois avouer que, pour moi, toutes ces approches méritent d'être regardées à la loupe, tant elles sont prometteuses.

Je pense profondément qu'un bon nombre de ces techniques de soins ne devraient pas être cataloguées comme de la médecine douce ou de la médecine alternative. C'est de la médecine tout court, au même titre que la médecine dite conventionnelle, à partir du moment où elles sont efficaces.

Depuis quand un traitement doit-il être dangereux, entraîner des effets secondaires pour être considéré comme appartenant à la médecine orthodoxe ?

À quand une grande enquête gouvernementale qui ordonnerait une évaluation précise de toutes ces techniques et en tirerait les conséquences qui s'imposent : leur prise en charge par la Sécurité sociale dans de bonnes conditions de sérieux et de sécurité, du fait du risque réel de dérives sectaires pour certaines d'entre elles, pour le plus grand bénéfice de ses comptes et de manière à améliorer globalement l'état sanitaire du pays ?

Le label de SMR (service médical rendu) décerné par la Haute Autorité de santé (HAS) ne devrait pas être réservé aux seuls médicaments, et une commission spéciale devrait être créée pour évaluer – et donc possiblement rembourser – les autres techniques de soins.

Et maintenant, ami lecteur, avant toute chose, si tu veux rester en bonne santé ou la retrouver, tu ne dois retenir qu'un seul commandement de cet ouvrage :

NE PRENDS DE MÉDICAMENT QUE SI C'EST VRAIMENT NÉCESSAIRE CAR C'EST UN ACTE À LA FOIS GRAVE ET SÉRIEUX DONT PERSONNE, PAS MÊME LES MÉDECINS, NE MESURE TOUTES LES CONSÉQUENCES.

I
Hygiène de vie

1. Le grand nettoyage
Apprenons le tri sélectif des médicaments !

Les médicaments sont comme la langue d'Ésope : ils sont la meilleure et la pire des choses. On peut les utiliser correctement et à bon escient et, dans ce cas, ils sauvent ou du moins préservent des vies. On peut aussi les utiliser à l'inverse en les avalant en trop grandes quantités et en se suicidant avec. Ou même les utiliser quand on n'en a pas besoin et dans ce cas, soit ils ne font rien, soit ils rendent malade.

Le lecteur l'aura compris, respecter son médecin ne signifie pas obligatoirement lui obéir aveuglément. Le temps des mandarins autoritaires ne souffrant pas la discussion et encore moins la contradiction est fini. De nos jours, le diagnostic et le traitement doivent être le résultat d'une construction commune qui permet à deux savoirs de se compléter : le savoir savant et le savoir profane… et aucun des deux n'est plus important ou plus légitime que l'autre. Après tout, si je suis malade, c'est bien moi qui vais avaler ces maudites pilules et c'est bien mon corps qui va devoir les digérer.

Cela vaut bien une petite discussion, non ?

Les moyens modernes d'information scientifique ne manquent pas grâce à Internet et, pour ma part, je suis très heureux lorsqu'un patient me fait savoir ce qu'il a lu ou appris en écoutant la radio, regardant la télé, surfant sur le net… Je considère que c'est mon travail de lui expliquer en fonction de mes modestes connaissances comment trier le bon grain scientifique de l'ivraie sensationnaliste.

En ce qui concerne la psychiatrie, quelques médicaments sont à prendre très longtemps, voire définitivement dans un certain nombre de maladies.

Les régulateurs de l'humeur ou thymorégulateurs

Récemment, un de mes anciens patients qui se porte comme un charme depuis des lustres a repris contact avec moi car, me dit-il, il a lu un de mes éditoriaux dans la grande presse et il a compris que la consommation au long cours des médicaments psychotropes pouvait être dangereuse à terme. En conséquence, il me demandait de l'aider à se sevrer.

Contrairement à ce qu'il espérait, je lui ai dit avec force de n'en rien faire et surtout de ne rien changer à son traitement actuel puisqu'il est parfaitement équilibré. En effet, il souffre d'un trouble bipolaire autrefois appelé maniaco-dépression, maladie largement génétique et biologique et ne pouvant être traitée qu'avec des régulateurs de l'humeur, produits qu'il doit prendre à vie. Comme il n'existe pas d'autre solution que pharmacologique, je lui ai donc conseillé de ne jamais interrompre son traitement sous peine d'une rechute dans les six mois, le plus souvent mortelle du fait du risque plus que tragique de suicide réussi. Le destin des personnes bipolaires non traitées s'achève malheureusement très souvent au bout d'une corde ou au fond d'une mare. C'est aussi ce qui arrive fréquemment quand une personne bipolaire se croit guérie au bout de plusieurs années sans rechute et décide d'arrêter son traitement. Et il se trouve toujours de bons esprits pour donner ce genre de conseil.

Je pense, j'espère du moins, qu'il m'a compris et écouté.

J'ai encore en travers de la gorge l'histoire d'un de mes patients qui prenait du lithium (Téralithe®) depuis trente ans, qui allait parfaitement bien et qu'un soi-disant psychothérapeute a convaincu d'arrêter son régulateur de l'humeur car, « au bout de si longtemps, on pouvait le considérer comme guéri et qu'une bonne psychothérapie suffirait à le maintenir en bon état». Il ne m'a pas demandé mon avis et… au bout de six mois, il s'est jeté sous un train.

Il en va parfois des médicaments de l'humeur comme de l'insuline dans le diabète : ils sont indispensables à la survie.

Le trouble bipolaire

Autrefois appelé folie circulaire puis psychose maniaco-dépressive (alors que ce n'est pas une psychose!), le trouble bipolaire est fréquent puisqu'il touche environ 2 à 2,5 % de la population générale. Selon qu'il est très typique (trouble bipolaire I) ou non (trouble bipolaire II), il concerne respectivement 1 et 1,4 % de la population. Cette maladie en bonne partie génétique touche aussi bien les hommes que les femmes quel que soit leur niveau de vie ou le pays où l'on vit. Elle est assez souvent associée à l'intelligence et un haut niveau de créativité puisque de nombreux prix Nobel et prix littéraires ont été remportés par des bipolaires. Il suffit de penser à Van Gogh, Napoléon, Hemingway, Newton, Dickens, Virginia Woolf pour s'en convaincre.

Le diagnostic est relativement facile lorsque la maladie est typique (trouble bipolaire I) ; le patient alterne entre :

– des périodes où l'humeur est strictement normale ;

– des périodes où l'humeur est trop élevée, où tout va plus vite, pensées, gestes…

• soit de manière socialement acceptable, la personne étant décrite comme «casse-pieds», envahissante, désordonnée, dépensière ;

• soit de manière clairement pathologique et nécessitant une hospitalisation : agitation, parfois délire de grandeur, dépenses inconsidérées, jeux de mots, coqs à l'âne, appétit démesuré (manger, boire, draguer, etc.). Les maniaques peuvent se déshonorer, se ruiner, divorcer...

– des périodes où l'humeur est horriblement basse, où tout va plus lentement, pensées, gestes. Le patient est souvent mélancolique: tristesse, douleur morale, culpabilité morbide (la dépression est méritée, c'est la punition de mes fautes), risque suicidaire majeur, parfois délire de ruine.

– les virages (passage d'un état à l'autre) sont souvent rapides, en une nuit, voire en quelques heures. Ils se produisent souvent à la même date de l'année, parfois aux changements de saison, printemps et/ou automne.

La maladie bipolaire n'est pas toujours aussi typique et peut revêtir des formes plus compliquées à repérer. Parfois elle est unipolaire (uniquement composée de dépressions ou, plus rarement, de manies). La plus fréquente est faite de dépressions avec quelques rares épisodes hypomaniaques souvent déclenchés par les traitements, quels qu'ils soient (antidépresseur, ECT – électroconvulsothérapie –, lumière, privation de sommeil).

Quels sont les médicaments régulateurs de l'humeur? Ils sont relativement nombreux et appartiennent à trois classes différentes:

– Le lithium vendu sous le nom de Téralithe®. Indiqué pour les personnes présentant de manière typique un trouble bipolaire (antécédents familiaux, rechutes régulières aux mêmes dates, épisodes maniaques et épisodes dépressifs), ce médicament est associé à un certain nombre de contraintes, car il impose des bilans sanguins réguliers pour vérifier, d'une part, que le taux dans le sang est correct et, d'autre part, qu'il n'existe pas une insuffisance thyroïdienne (ce n'est d'ailleurs pas une raison suffisante pour arrêter) ou une insuffisance rénale (l'interruption de traitement n'est pas non plus obligatoire mais, dans ce cas, il est indispensable d'être suivi à la fois par un psychiatre et par un néphrologue). Le lithium est très efficace mais peut parfois entraîner à terme des tremblements potentiellement invalidants mais réversibles à l'arrêt et une prise de poids.

– Les anticonvulsivants : il en existe trois :
- Les sels de l'acide valproïque : Dépamide®, Dépakote®, éventuellement Dépakine® (qui n'a pas d'indication officielle autre que l'épilepsie mais qui marche aussi bien que les deux autres dans cette indication). Ils sont quasiment identiques entre eux et les différences sont essentiellement de l'ordre du marketing.
- La carbamazépine vendue sous le nom de Tégrétol® et son dérivé le Trileptal® sont également utilisés. Le second n'a pas l'indication officielle, ce qui est dommage car il la détient à l'étranger, qu'il est aussi efficace que le premier et mieux toléré.
- La lamotrigine vendue sous le nom de Lamictal®. Ce médicament remarquable est surtout indiqué pour les personnes qui ont fait essentiellement des dépressions et peu ou pas d'états maniaques. Ceux qui ont présenté des « petits états maniaques » appelés hypomanies et ceux dont la manie légère a été déclenchée par le traitement peuvent en bénéficier.

– Les antipsychotiques atypiques : comme leur nom l'indique, ces produits ont été inventés pour soigner les personnes souffrant de psychose dont la plus connue est la schizophrénie. À part le Léponex® (clozapine), ils bloquent tous un neurotransmetteur nommé dopamine, ce qui n'est pas sans conséquence (prise de poids parfois monstrueuse, tremblements, raideur, impatiences, mouvements anormaux du visage généralement irréversibles, zombification, etc.). Prendre ce genre de médicament est une décision grave à réfléchir mûrement. Autant dans la psychose, ils restent ce qu'il y a de mieux, autant dans le trouble bipolaire, à mon sens, ils doivent être réservés aux personnes ayant des manifestations psychotiques surajoutées ou

quand aucun des traitements ci-dessus n'a marché. Un certain nombre d'antipsychotiques atypiques ont obtenu officiellement leur visa dans cette indication :
- L'aripiprazole vendu sous le nom d'Abilify® : c'est probablement le meilleur car il entraîne beaucoup moins de prise de poids que les autres. Néanmoins, il peut entraîner parfois des sortes d'impatiences (akathisie) qui contraignent les personnes à ne pas tenir en place, ce qui peut être très pénible ;
- La rispéridone vendue sous le nom de Risperdal® : il peut entraîner des prises de poids parfois conséquentes ;
- L'olanzapine vendue sous le nom de Zyprexa® : il est efficace mais c'est sans doute le pire au regard du risque d'obésité et de diabète probablement plus importants chez lui que chez ses concurrents ;
- La quétiapine vendue sous le nom de Xéroquel® : c'est l'avant-dernier à avoir été mis sur le marché ; il est efficace et plutôt bien toléré mais lui aussi bloque la dopamine, une action en partie irréversible qui n'est pas sans conséquence.

Les antipsychotiques (anciennement appelés neuroleptiques)

Récemment, une de mes relations m'a envoyé son fils car, m'avait-elle dit, elle avait lu tous mes livres et savait que je soignais « sans médicaments ou presque ». Malheureusement, le fils en question était schizophrène et, chez lui, la poursuite définitive des traitements antipsychotiques était une nécessité (dans l'état actuel de la science). Toute tentative de sevrage se serait soldée par une reprise du délire de persécution. Je sais que cette personne a été très déçue par ma décision de renouveler le traitement, elle qui attendait de moi un miracle, soigner un délire paranoïde par la seule force de mon esprit.

On peut redouter les médicaments, donc les utiliser avec discernement, sans tomber obligatoirement dans le charlatanisme !

À l'heure actuelle, la psychose, le délire, la persécution, les hallucinations, l'agitation, tous ces troubles ne peuvent être abordés sans le secours de la pharmacologie, même si celle-ci doit obligatoirement être accompagnée d'une psychothérapie.

Tout autre en revanche est la demande de sevrage formulée par des personnes qui prennent depuis des lustres des produits inutiles, voire toxiques. Notamment chez les personnes âgées. J'ai récemment rencontré une dame qui absorbait depuis quinze ans jusqu'à 18 produits différents par jour pour un total de 29 comprimés. Ce fut difficile, long, compliqué mais au bout du compte, elle ne prenait plus que 5 médicaments différents et se portait au moins aussi bien pour ne pas dire nettement mieux.

La schizophrénie

Cette maladie redoutable concerne un peu moins d'un pour cent de la population mondiale. La schizophrénie a toujours existé dans toutes les cultures. Son origine est encore hypothétique, mais il paraît bien établi qu'elle est liée à plusieurs facteurs.

Selon moi, c'est un processus qui fonctionne comme les fusées à trois étages :

– premier étage : la vulnérabilité génétique. Il faut avoir un certain nombre des gènes marqueurs de risque pour avoir la maladie mais on peut les avoir sans qu'elle se déclare car, en principe, il faut que le deuxième étage soit activé ;

– deuxième étage : la mère contracte un virus, souffre pendant sa grossesse comme cela s'est vu lors de grandes famines en Chine, ou l'accouchement se passe mal (asphyxie du nourrisson). Enfin, le troisième étage doit également être enclenché ;

– troisième étage : enfance compliquée qui peut faire que les gènes vont s'exprimer ou non.

On sait aussi qu'au cours des premières années de la vie, certains neurones migrent vers l'avant du cerveau (lobe préfrontal) pour le coloniser. Ce lobe préfrontal constitue en quelque sorte le propre de l'homme car il permet l'intelligence, le libre arbitre, bref tout ce qui le caractérise. Or, dans la schizophrénie, ce lobe préfrontal est peu développé.

La schizophrénie se manifeste :

– d'une part par un déficit qui peut se situer au niveau de l'intelligence ou plutôt de certains secteurs de l'intelligence, au niveau affectif ou même au niveau de la coordination des gestes ;

– d'autre part par un délire de persécution assez flou souvent dirigé contre les parents. C'est un délire peu crédible contrairement au délire paranoïaque qui est rationnel, logique et propre dans certains cas à galvaniser les foules (Hitler, Staline).

– Il existe de plus un sentiment d'être transformé physiquement : le patient peut passer des heures, figé devant son miroir, à l'affût d'un possible changement. L'apparence d'impassibilité est déconcertante pour l'entourage.

– Le contact est bizarre, inquiétant, le patient s'isole, repousse ses amis, devient sale, abandonne ses études.

– La maladie peut démarrer entre 15 et 35 ans mais débute le plus souvent autour de 18 ans. Elle peut être déclenchée par le cannabis.

Contrairement à ce que l'on a longtemps pensé, environ un tiers des patients évoluent plutôt bien au bout de quelque temps, même s'ils restent souvent des originaux, voire des excentriques.

L'éclosion d'une schizophrénie est un véritable cataclysme dans une famille tant les crises d'agitation, de prostration, le risque suicidaire, la réduction de l'espérance de vie sont terribles à vivre pour l'intéressé comme pour l'entourage. Aussi, même si les antipsychotiques ne sont pas des panacées, ce sont pour le moment les seules substances qui permettent aux patients de ne pas être hospitalisés à vie comme autrefois et de passer la plupart de leur temps dans des conditions de vie proches de la normale.

Il faut cependant savoir que si les antipsychotiques ont de nombreux inconvénients comme le syndrome pyramidal (qui mime la maladie de Parkinson) et surtout des prises de poids parfois considérables, il n'y a pas de solution alternative à l'heure actuelle.

Quels sont les médicaments qu'il faudrait sinon éviter, du moins interrompre aussi vite que possible ?

Ils sont nombreux et, malheureusement, le poids des habitudes fait que les médecins ont tendance à les renouveler quasiment par réflexe tant il est difficile de remettre en question un traitement qui a bien marché à une certaine époque. Combien se laissent prendre en fin de consultation par le fameux « n'oubliez pas mon hypnotique, docteur ! ».

Chez nous, on sait drôlement bien prescrire, beaucoup moins bien déprescrire !

Les hypnotiques (ou somnifères)

La réglementation officielle est claire : on ne devrait prendre ces substances qu'en cas d'insomnie transitoire ou passagère, quelques jours et en tout cas, pas plus de quatre semaines. La meilleure indication est le décalage horaire en cas de transport aérien avec franchissement de plusieurs méridiens. Parfois, en cas d'ennuis passagers, deuils, mise en examen, contrôle fiscal, le recours aux inducteurs de sommeil est légitime… mais pas trop longtemps !

Le problème avec ces substances est qu'une dépendance peut s'installer très rapidement. Dans ce cas, il n'y a guère d'autres solutions que d'être patient et de réduire très progressivement ses doses tout en apprenant l'hygiène des rythmes (voir chapitre suivant).

Pour réduire le nombre de milligrammes absorbés, le plus efficace et le moins pénible est de diminuer la dose d'un quart de comprimé toutes les trois semaines jusqu'à l'arrêt total.

Les principaux effets secondaires dus au manque sont une insomnie extrêmement fréquente, des cauchemars pénibles, une anxiété, des sensations sensorielles bizarres, fourmillements sur la peau, goût ou odeur étrange, impressions de déjà-vu. De manière plus positive, il arrive souvent que des souvenirs totalement enfouis resurgissent sans crier gare, ce qui signe le retour de la mémoire. Mais ce genre de phénomène ne survient que plusieurs mois après le dernier comprimé.

En cas de sevrage brutal, qu'il ne faut jamais pratiquer après une longue imprégnation, on peut déclencher une crise d'épilepsie, une confusion, un délire, une agitation. On peut être amené à des actes de folie comme un meurtre ou un suicide quand on démarre ce type de traitement, mais aussi quand on l'interrompt sans précaution.

C'est ainsi que j'ai vu le cas d'un étudiant en architecture de 20 ans qui a eu une déception sentimentale, sa copine l'ayant « largué » sans crier gare une veille d'examen. Le soir, incapable de s'endormir, il a prélevé un comprimé de somnifère dans la pharmacie familiale. Puis, vingt minutes plus tard, il a sauté par la fenêtre. Heureusement, ce n'était que le deuxième étage, mais il a quand même eu des fractures aux deux jambes. Il n'a gardé aucun souvenir de son geste incompréhensible car il ne se sentait pas déprimé. En réalité, il était victime d'un phénomène classique, la levée d'inhibition avec amnésie. Les personnes font n'importe quoi et n'en gardent pas le souvenir.

La molécule de la soumission chimique

Déjà, au XVIe siècle, des bandits de grand chemin appelés les Endormeurs ou les Empoisonneurs ont utilisé des graines de Datura pour neutraliser leurs victimes.

Plus proche de nous, des enquêtes ont été diligentées aux États-Unis où toutes les femmes ayant subi un viol ont eu une analyse d'urines. On a retrouvé chez un bon nombre d'entre elles des traces de Rohypnol®, de Rivotril® mais aussi de Stilnox®, toutes les molécules tranquillisantes ou hypnotiques de la famille des benzodiazépines ou apparentées pouvant être concernées bien que ce soient surtout celles-ci qui sont utilisées car les plus «fiables».

Bien entendu, aucune de ces personnes n'avait jamais eu consciemment recours à un somnifère.

Le violeur met discrètement dans le verre de la victime, à son insu, des comprimés qui agissent en quinze à vingt minutes. Une somnolence s'installe puis c'est le trou noir. Au réveil, aucun souvenir mais des traces de viol et/ou de violence. Parfois, la victime s'aperçoit quelques jours plus tard qu'elle a signé un chèque, donné son code de carte de crédit, le problème étant l'absence totale de souvenir. Il convient donc quand on fait la fête de bien surveiller son verre, d'éviter les bols collectifs de punch ou autre marquise, bref de se montrer extrêmement vigilant si on ne connaît pas très bien tous les participants.

Dans mon expérience, ce genre de mésaventure n'intervient qu'exceptionnellement si l'on prend volontairement ce genre de molécule avant de se mettre au lit. C'est quand on est éveillé au moment du pic d'absorption que l'on risque d'en être victime. C'est d'ailleurs la drôle de mésaventure qui m'est arrivée alors que je revenais de Montréal où j'étais chercheur associé et que je me suis aperçu avec horreur que j'étais d'astreinte hospitalière[3] le soir même. Comme il y a six heures de décalage horaire et que je craignais de ne pas dormir suffisamment alors que je travaillais le lendemain, j'ai pris un comprimé de Stilnox® avant de me coucher à vingt-trois heures, car, normalement, par convention, l'hôpital ne devait pas nous appeler passée cette heure du fait de la présence des internes. Au réveil, après une bonne nuit sans rêves, ma femme m'a demandé si mon appel de la nuit s'était bien déroulé. Devant mon expression de stupéfaction, elle m'a suggéré de faire un tour au service des entrées où j'étais intervenu, histoire de vérifier ce que j'avais bien pu faire.

L'interne m'a raconté: «Vous êtes arrivé au volant de votre voiture. Vous avez examiné un patient, puis sa famille, sans problème particulier. Vous avez rédigé le certificat. Vous vous êtes levé de votre chaise, vous avez eu de grands vertiges et vous êtes rattrapé de justesse au mur. Je vous ai proposé de vous raccompagner chez vous car je savais que vous habitiez tout près de l'hôpital. Vous avez refusé violemment en me disant que vous ne le méritiez pas car cela faisait des années que vous enseigniez qu'il ne fallait jamais prendre de benzodiazépine s'il y avait un risque d'être réveillé en début de nuit. Vous vous êtes rué dans votre voiture, vous avez démarré style Fangio et vous avez disparu dans la nuit. J'avoue avoir été quelque peu inquiet...»

---

3. Garde à domicile. Le médecin senior peut (rarement) être appelé si l'interne a besoin d'aide.

> En réalité, je suis rentré chez moi, j'ai enfilé mon pyjama et je me suis couché tranquillement... Enfin je suppose car je n'ai absolument aucun souvenir de cet appel !
>
> Heureusement, comme je n'avais pas de désir de meurtre réprimé, je n'ai rien fait de mal et mon comportement est resté normal... À la différence de ce médecin qui a massacré sa famille à coups de hache et s'est retrouvé en prison, où il s'est finalement suicidé. Il semble d'après l'enquête qu'il avait de bonnes raisons d'être en colère mais qu'il n'aurait jamais commis de meurtre s'il n'avait pris un tranquillisant avec de l'alcool.

Les produits que je recommanderais sont la zopiclone vendue sous le nom d'Imovane® et le zolpidem vendu sous le nom de Stilnox®[4]. Ce sont eux qu'il me semble préférable de prendre en première intention. En cas d'échec, s'il est nécessaire de prendre une benzodiazépine, il faut regarder attentivement au bout de combien de temps elle s'élimine. Le meilleur moyen est de regarder la « demi-vie » qui quantifie le temps au bout duquel la moitié de produit a disparu. Pour un hypnotique, cela ne devrait pas dépasser huit-dix heures. Seuls trois médicaments hypniques benzodiazépiniques ont une demi-vie raisonnable : il s'agit de lormétazepam (Noctamide®), témazépam (Normison®) et loprazolam (Havlane®). Il est également préférable d'éviter les somnifères qui agissent trop longtemps, car ils sont évidemment responsables de la « gueule de bois » du lendemain.

---

[4]. Sous réserve pour ce produit de ce que nous avons décrit dans l'encadré La molécule de la soumission chimique.

Les anxiolytiques ou tranquillisants

La réglementation est non moins claire : on ne devrait prendre ces substances que de manière transitoire (quelques jours) et en tout cas pas au-delà de douze semaines.

Ces molécules appartiennent à la même classe thérapeutique que les somnifères ; ils ont donc les mêmes effets secondaires et posent les mêmes problèmes pour les arrêter. La règle est par conséquent la même. Ne surtout pas les interrompre d'un coup et procéder progressivement, en prenant tout son temps. Il faut se faire conseiller par son médecin.

Les dangers d'une imprégnation prolongée avec les benzodiazépines[5]

C'est l'histoire d'un homme de 71 ans en surpoids qui se bourrait de tranquillisants et d'hypnotiques depuis de longues années. Un beau jour, il est hospitalisé dans le service pour fatigue, dépression, troubles de la mémoire. Nous le sevrons progressivement et complètement de ses médicaments inutiles. Malheureusement, parce qu'il est alcoolique, il développe une encéphalopathie et tombe dans le coma. Nous l'envoyons dans un service de réanimation en expliquant la situation. Son état semble désespéré jusqu'au moment où un des réanimateurs se dit : « Ce sont des psychiatres, donc des gens peu fiables par définition. Même s'ils nous disent qu'ils ont sevré cet homme de tous ses tranquillisants, ce n'est probablement pas vrai ou peut-être en prenait-il à leur insu. » Pour tester cette hypothèse, perdu pour perdu, il lui injecte de l'Anexate® (flumazénil), un médicament qui chasse instantanément les benzodiazépines

---

5. Merci au docteur Jean-Luc Rolhion d'avoir résolu cette incroyable énigme pharmacoclinique digne de Sherlock Holmes !

de leurs sites de fixation (récepteurs). C'est ce que l'on donne aux personnes qui ont fait une tentative de suicide avec ce genre de substance et que l'on peut ainsi réveiller instantanément. Dix minutes plus tard, cet homme à l'agonie était réveillé et frais comme un gardon. Le lendemain, il était de retour dans notre service. La preuve était faite que son coma était lié à un excès de benzodiazépines.

Or nous demeurions certains qu'il était sevré de ses médicaments benzodiazépiniques. Puis nous avons fini par comprendre : comme il était obèse, il avait beaucoup de gras, c'est-à-dire de lipides, dans lesquels ce type de médicament se stocke pendant des périodes parfois très prolongées. Du fait de son encéphalopathie, il a perdu beaucoup de poids d'un seul coup, détruisant une grande quantité de graisse et... relarguant massivement dans le sang les tranquillisants qui s'étaient accumulés avec les années, d'où son coma. Un seul hic, les réanimateurs ne nous ont pas crus quand nous leur avons expliqué ce mécanisme et restent persuadés que nous n'avions pas sevré ce patient... Triste réputation des psychiatres auprès de leurs confrères !

Les antidépresseurs

Il existe plusieurs cas de figure. Certaines personnes ne sont pas bipolaires et ne relèvent donc pas d'un régulateur de l'humeur[6]. Le diagnostic savant est « dépressions récurrentes ». Lorsque quelqu'un a souffert de plusieurs rechutes dépressives, qu'elles

---

6. Il en existe de nombreux. Les principaux sont : le lithium (Téralithe®), dérivés de l'acide valproïque (Dépakote® ou Dépamide®), la carbamazépine (Tégrétol® ou son dérivé Trileptal® prescrit à juste titre mais hors indication officielle), la lamotrigine (Lamictal®), l'aripiprazole (Abilify®), la quétiapine (Xéroquel®), bientôt l'anésapine (Sycrest®)...

soient ou non liées à des soucis, il est légitime de poursuivre indéfiniment la prescription d'un antidépresseur à dose efficace, car malheureusement, dans cette maladie, plus on a rechuté dans le passé, plus on risque de rechuter à l'avenir. En revanche, beaucoup de personnes qui ont déprimé une fois, voire deux, à la suite d'ennuis sérieux, ont été traitées avec succès avec un antidépresseur et vont bien par la suite, c'est-à-dire qu'ils n'ont plus aucun symptôme (tristesse, perte des envies, insomnie, anxiété, troubles de l'appétit, etc.). Dans ce cas, la règle est d'arrêter progressivement le produit au bout de six mois à partir du moment où il n'y a plus aucun signe clinique.

À l'inverse, les personnes souffrant d'un trouble bipolaire ne devraient pas prendre d'antidépresseurs de manière prolongée, car ceux-ci risquent d'accélérer les cycles de variations de l'humeur, augmentant la fréquence des rechutes dépressives ou maniaques. Il convient donc de les arrêter progressivement au bout de six mois sans symptôme dépressif et après avoir convenablement installé le régulateur de l'humeur.

Les antipsychotiques ou neuroleptiques

J'ai déjà évoqué plus haut cette classe de médicaments, et ne parlerai donc que de leur utilisation au long cours. Ce sont des médicaments qui, comme leur nom l'indique, sont indiqués dans la psychose et parfois le trouble bipolaire. Ce ne sont pas des produits anodins et leurs effets secondaires, notamment la prise de poids et les mouvements anormaux (dyskinésies tardives), ne sont pas à négliger. Néanmoins, les personnes souffrant de schizophrénie ou de troubles psychotiques autres (paranoïa, troubles schizo-affectifs, etc.) ne doivent jamais les arrêter sous peine d'une rechute garantie.

En revanche, lorsque pour des circonstances transitoires et exceptionnelles, comme une agitation ou une extrême angoisse, une de ces molécules (par exemple, la cyanémazine ou le Tercian®) est prescrite, elle ne doit l'être que très peu de temps et doit être interrompue dès que possible. En cas de trouble bipolaire, en l'absence de manifestation psychotique, elles ne seront envisagées que si les autres régulateurs de l'humeur n'ont pas marché alors qu'ils ont été pris pendant un temps suffisant (en principe un an).

Certains médicaments leur sont apparentés, notamment le Théralène® (l'alimémazine) et le Nozinan® (la lévomépromazine), et sont malheureusement encore prescrits dans l'angoisse ou l'insomnie. Cela devrait être plus qu'exceptionnel car, selon moi, ils sont complètement dépassés du fait de leurs inconvénients : une élimination trop lente d'où un risque d'accumulation, en particulier chez les personnes âgées, et de très nombreux effets secondaires. En d'autres termes, on peut avoir au moins aussi bien pour une meilleure tolérance !

Les antalgiques

Ils sont très variés et rendent beaucoup de services car la douleur est une chose pénible à supporter et, quand elle est trop intense ou prolongée, retentit fâcheusement sur le sommeil, l'anxiété, le moral, l'état général… Cependant, un bon nombre d'entre eux entraînent aussi des dépendances sévères, notamment tous les produits contenant des morphiniques et des substances apparentées comme la codéine, malheureusement en vente libre ou presque dans notre pays. Encore une fois, une réduction très lente avec des pauses de trois semaines est à prévoir. Par exemple, prendre un comprimé pendant trois semaines puis trois quarts de comprimé pendant trois semaines, puis un demi-comprimé pendant trois semaines… jusqu'à l'arrêt complet. Pourtant, parfois, c'est le petit dernier quart de comprimé qui pose problème. C'est à ce moment que l'utilisation d'un placebo que l'on fabrique soi-même peut se révéler utile.

Utilisation du placebo pour se sevrer des médicaments inutiles

C'est souvent la peur de ressentir un manque ou de passer une nuit blanche qui aggrave les symptômes de manque. L'utilisation d'un placebo que l'on fabrique soi-même est alors utile car elle supprime le facteur psychologique. La technique est simple. Lorsque le sevrage médicamenteux progressif a bien avancé et qu'il ne reste plus par exemple qu'un quart de comprimé, c'est souvent ce dernier fragment qui est psychologiquement difficile à arrêter, un peu à la manière de l'enfant qui apprend à nager et qui répugne à abandonner sa bouée que le maître nageur a progressivement dégonflée, alors même que celle-ci ne contient plus d'air et représente même un poids gênant pour la nage!

Le plus simple est alors:

– d'acheter chez son pharmacien 30 gélules vides (préparation magistrale),

– puis de les ouvrir une fois rentré à la maison et de toutes les remplir de sucre en poudre,

– enfin, de glisser à l'intérieur de 25 d'entre elles le quart de comprimé avant de les refermer.

Il y a donc 25 gélules *actives* qui contiennent effectivement un quart de comprimé de somnifère et 5 gélules de *placebo pur*. Ensuite, il convient de les mélanger. Et d'avaler chaque soir une gélule. Le deuxième mois, préparer de la même manière 20 gélules de somnifère et 10 de placebo, le troisième mois, 15 gélules de somnifère, 15 gélules de placebo et ainsi de suite jusqu'à ce qu'il n'y ait (presque) plus que des gélules de placebo. Généralement, à ce moment, le sevrage est terminé et on peut tout arrêter. J'ai pourtant le souvenir d'un de mes patients, médecin spécialiste, qui a continué pendant plusieurs années de prendre chaque soir sa gélule alors qu'il n'y avait plus qu'une seule gélule de somnifère par mois et par conséquent 29 ou 30 gélules de placebo. «Cela m'aide, disait-il, de savoir que chaque soir j'ai une chance, même infime, d'avoir mon somnifère.» Et il est vrai qu'il avait retrouvé un sommeil parfait après plus de dix ans de consommation quotidienne d'hypnotique. Je l'ai toujours laissé faire selon sa volonté, car cela ne pose aucun problème de prendre un quart de comprimé de somnifère par mois.

Il existe une autre méthode encore plus intéressante et amusante :
– acheter chez son pharmacien 30 gélules vides (préparation magistrale) ;
– les ouvrir une fois rentré à la maison et toutes les remplir de sucre en poudre ;
– glisser à l'intérieur de 25 d'entre elles le quart de comprimé avant de les refermer ;
– NE SURTOUT PAS LES MÉLANGER ;
– les ranger dans un placard dans 2 récipients distincts ;
– préparer 30 papiers et marquer S comme somnifère sur 25 d'entre eux et P comme placebo sur les 5 restants ;
– mélanger les papiers et les mettre dans un chapeau ;
– demander chaque soir à son conjoint de tirer au sort un papier, de prélever la gélule correspondant dans un des deux récipients et de bien noter ce qu'il a donné avec la date ;
– le lendemain, l'insomniaque fait un pari : «Je n'ai pas bien dormi, c'était donc un placebo» ou alors : «J'ai bien dormi, c'était donc le somnifère», et le note avec la date ;
– au bout d'un mois, on compare les deux listes et, croyez mon expérience, comme pour le riz Uncle Ben's, «ça ne colle jamais !!!». Il n'y a pas une bonne adéquation entre les deux listes ;
– du coup, on rentre dans les détails : «Telle nuit, je n'ai pas dormi alors que j'avais mon somnifère… – Oui mais, chéri, rappelle-toi, c'est la nuit où ma mère est venue à l'improviste s'installer à la maison pour une semaine !»

Lorsqu'on a réalisé que l'insomnie, dans ce cas, est liée à un souci (majeur?) et non à la prise de médicament, c'est gagné et le sevrage est réussi!

Une fois que l'organisme est nettoyé, il convient de revenir aux fondamentaux, c'est-à-dire à nos besoins essentiels, en d'autres termes à tout ce qui nous permet de vivre.

Quels sont nos besoins fondamentaux?

– **Dormir et être réveillé** : sans nos rythmes de base, il n'est pas de survie possible. Le chapitre suivant est peut-être un des plus importants, pour ne pas dire le plus important de cet ouvrage ;

– **Manger** : là encore, difficile de concevoir une existence sans nourriture, même si c'est le projet des anorexiques. L'inverse est malheureusement de plus en plus vrai. L'obésité fait des ravages dans nos civilisations et réduit considérablement non seulement notre espérance de vie mais aussi notre espoir de vivre longtemps en bonne santé. Il n'est en effet guère réjouissant de se retrouver diminué par une hémiplégie (AVC) ou un infarctus. L'approche micronutritionnelle constitue un apport considérable à la médecine même si elle n'est guère enseignée dans nos facultés ;

– **Bouger** : à part les plantes et les anémones de mer, il n'est guère d'êtres vivants qui existent sans se mouvoir. Brûler les calories excédentaires est une nécessité vitale et le sport, du moins l'exercice physique, constitue un des piliers de la bonne santé ;

– **Se reproduire** : l'amour est sans conteste un des bons moyens de rester en forme. Néanmoins, la dictature de l'orgasme exercée par la plupart des médias est devenue un vrai problème, et je vois de plus en plus de personnes très inquiètes de leur faible libido… On oublie trop que la dépendance au sexe mise à la mode par certains politiques, de Napoléon à Dominique Strauss-Kahn en passant par John Fitzgerald Kennedy, Henri IV ou Louis XIV pour ne citer que les plus célèbres, provoque des vies compliquées, remplies de stress, d'insécurité, de déboires, et donc de complications pour la santé…

– **Avoir la forme!** Au final, le véritable objectif est de se sentir bien, la «pêche» étant la résultante de quatre paramètres:

• Performance physique: ce n'est que si je me sens suffisamment costaud, apte musculairement que je serai en mesure de réaliser mes objectifs.

• Performance intellectuelle: je dois pouvoir maîtriser mon intelligence, être en pleine possession de mon cerveau… Cela est bien évidemment fondamental.

• Éveil: pour être en forme, il faut que je me sente vigilant. Je serai incapable de faire quoi que ce soit si je suis tout le temps en train de lutter contre la somnolence.

• Humeur: pas de possibilité de réalisation si je ne me sens pas de bonne humeur…

2. Hygiène des rythmes, dormir au quotidien

Le sommeil est à la base de la santé chez l'humain.

Ne pas dormir suffisamment entraîne de nombreux troubles comme l'obésité, le diabète, l'hypertension artérielle, la fatigue, le manque de concentration, de mémorisation, la somnolence, l'anxiété, voire la dépression. Ne pas dormir suffisamment peut aussi déclencher une bouffée délirante ou une rechute maniaque pour les bipolaires. Ne pas dormir suffisamment peut réduire l'espérance de vie. À l'inverse, de nombreuses maladies comme la douleur, la fièvre, la dépression, l'angoisse provoquent l'insomnie et par conséquent s'inscrivent dans un cercle vicieux. Il est donc indispensable avant toute chose de régler les problèmes de sommeil avant de s'attaquer aux problèmes psychologiques, quels qu'ils soient. C'est la base de tout. C'est sans doute la raison pour laquelle le sommeil et ses troubles ne sont pas enseignés au cours des études de médecine, tant notre pays cultive les exceptions stupides.

Être vivant signifie obéir à des rythmes. Même les bactéries ont des phases de repos et des phases d'activité. La plupart des fleurs se ferment la nuit et s'épanouissent le jour. Les poissons se reposent dans l'obscurité au fond de leur aquarium. Bref, la marque de la vie est de ne pas être immuable et permanente mais d'obéir à des cycles réguliers.

La vie n'est rien d'autre qu'une pulsation !

Respecter ou rétablir ses rythmes naturels est la base de cet ouvrage et en constitue le préalable indispensable.

Chez l'homme, le cycle principal est appelé circadien (du latin, *circa diem* : autour du jour, donc autour de vingt-quatre heures) ; tout le monde sait que nous obéissons à des rythmes calés sur l'alternance jour/nuit, clarté/obscurité. Ces rythmes sont sous la dépendance d'un certain nombre de gènes que nous partageons avec la plupart des animaux, même les plus archaïques. Notre harmonie est atteinte quand existe une parfaite adéquation entre le cycle de notre planète (vingt-quatre heures) et nos rythmes intérieurs. Nous avons dans le cerveau des horloges appelées oscillateurs. Ces horloges ont tendance à retarder, c'est pourquoi, chaque jour, des *zeitgeber* ou « donneurs de rythmes[7] » remettent nos pendules à l'heure. Chez l'homme, le principal de ces donneurs de rythmes est la lumière. C'est donc l'alternance jour/nuit, lumière/obscurité, veille/sommeil qui procure l'harmonie et la santé à la fois physique et psychologique.

Lorsque l'on souffre d'un trouble du sommeil, notamment d'une insomnie, il est important de savoir de quelle manière nos gènes nous ont programmés. En d'autres termes, quelle est notre durée idéale de sommeil et à quelle heure nous devrions nous lever. Certaines personnes sont du matin, d'autres du soir, d'autres enfin se situent entre les deux. Cette caractéristique appelée chronotype influence fortement notre personnalité et même nos choix professionnels :

– Personnes du matin (alouettes ou pinsons = 10 à 15 % de la population) : être du matin ne signifie pas être matinal. Cela veut dire qu'à partir du moment où elle ouvre les yeux, la personne du matin est opérationnelle, à l'inverse de celle du soir à qui il faut une heure, voire deux avant d'avoir les idées claires. Les vraies alouettes sont très ponctuelles, plutôt disciplinées, fument moins, boivent moins de café, utilisent peu souvent, voire jamais leur réveille-matin, se réveillent d'ailleurs avant la sonnerie, aiment moins faire la fête que les sujets du soir. Tout cela fait qu'elles sont dites chronorigides : elles n'aiment pas changer d'horaires, la grasse matinée les laisse cotonneuses, avec des maux de tête, fati-

---

7. *Zeitgeber* : ce mot allemand est le terme consacré chez les chronobiologistes.

guées et de mauvaise humeur, parfois tristes. Du coup, il leur est fortement déconseillé de travailler de nuit, de faire les 3x8, d'être hôtesses de l'air, d'avoir des horaires de travail irréguliers... sous peine de tomber malades, d'être déprimées, fatiguées, migraineuses. Dans une étude que j'avais réalisée dans un hôpital du sud de la France, 100 % des infirmiers de nuit travaillant depuis plus de cinq ans étaient du soir. Cela signifie que ceux qui avaient tenté l'expérience et qui étaient du matin, avaient demandé une mutation, étaient tombés malades, ou avaient démissionné.

– Personnes du soir (chouettes ou hiboux = 10 à 15 % de la population) : elles sont chronoflexibles. C'est à elles qu'il faudrait réserver le travail de nuit, ou le travail à horaires variables. Voyager ne leur fait pas peur et, à moins de solides obligations ou d'une éducation très stricte, elles ont tendance à être systématiquement en retard. En revanche, elles ne sont guère performantes au cours des deux ou trois premières heures de la journée. Gare à celui qui s'adresse ou qui se risque à taquiner une personne du soir peu après son réveil le matin ! Il vaut mieux qu'elles ne travaillent pas dans des postes où les réunions ont lieu tôt le matin et où il faut se montrer brillant car elles sont meilleures à ces heures-là pour bâiller, somnoler devant leur tasse de café et... engueuler ceux qui leur proposent de discuter sérieusement avant 10 ou 11 heures du matin ! Dans une étude que j'avais réalisée à l'hôpital de Lyon où je travaillais sur un échantillon de plusieurs centaines de salariés, il était apparu que le nombre d'erreurs professionnelles, d'accidents de trajet (pour se rendre au travail), de conflits de toutes sortes, étaient d'abord le fait des personnes qui étaient du soir quand elles devaient travailler le matin. Explication : quand on est « du soir » et qu'on sait que le lendemain matin on va travailler tôt, on a peur de ne pas pouvoir se réveiller, du coup, quand on se met au lit, on est anxieux, on n'arrive pas à s'endormir, on passe une mauvaise nuit et, au lever, on est complètement « dans le cirage », d'où le risque d'aller dans le fossé, de s'engueuler avec son collègue ou de se tromper de médicament lors de la distribution!

– Personnes intermédiaires (tous les autres, soit environ 70 % de la population générale): celles et ceux qui sont plutôt du soir ou plutôt du matin ou qui sont carrément indifférents. Mais, même pour elles, il faut connaître ses tendances profondes avant de décider de son activité professionnelle. Lorsque, par exemple, une jeune lycéenne me demande si je pense qu'elle est faite pour devenir hôtesse de l'air, je ne lui pose qu'une seule question: «Au réveil, êtes-vous immédiatement opérationnelle?» Si elle me répond oui, je lui réponds que ce n'est pas une bonne idée et je lui conseille une autre carrière.

Un bon moyen pour savoir si quelqu'un est du soir ou du matin est d'observer sa ponctualité. Les sujets du matin sont nés avec une pendule dans la tête et sont systématiquement à l'heure alors que ceux du soir sont tout le temps en retard à moins que leur éducation – ou leur surmoi pour «causer» psychanalyse – soit suffisamment exigeante ou que le rendez-vous soit vital. Si des DRH[8] lisent ce passage, je leur donne le «tuyau»: vous cherchez à recruter quelqu'un pour un poste à horaires irréguliers ou comportant des voyages à longues distances? Si cette personne arrive en retard à son rendez-vous, embauchez-la sans hésiter, elle fera votre affaire!

Un autre paramètre semble aussi fortement lié à la génétique. Je veux parler de la durée du sommeil. Il ne faut cependant pas oublier que ce temps que nous devons passer à dormir est également influencé par l'environnement. Par exemple, sous des climats tempérés, nous dormons en moyenne une heure de plus en hiver qu'en été. De même, depuis que M. Edison a inventé l'électricité et donc l'éclairage artificiel, l'humanité illuminée dort en moyenne deux heures de moins. En moyenne, nous dormons

---

8. Directeur des ressources humaines.

sept heures, mais il existe des courts dormeurs qui ont besoin de quatre-cinq heures et des longs dormeurs qui se sentent mal s'ils dorment moins de huit à dix heures. Enfin, les femmes dorment en moyenne une heure de plus que les hommes.

En outre, les horaires de sommeil sont fortement influencés par la culture de notre région, qui elle-même est une adaptation au climat. Ainsi, les Andalous, même en bas âge, dorment généralement de 1 heure à 7 heures du matin et font une sieste de 13 heures à 15 heures. Ils ont ainsi leur compte de sommeil. En revanche, sous nos climats plus tempérés, si l'on aime faire la sieste, il est recommandé qu'elles durent moins de trente minutes. Tout cela bien entendu ne concerne que les personnes qui ont des problèmes de sommeil car ceux qui dorment bien font ce qu'ils veulent !

De manière générale, les adolescents dorment plus que les adultes tout en ayant tendance à se mettre en retard de phase, ce qui veut dire qu'ils cherchent naturellement à se coucher et à se lever tard, cette propension étant aggravée par les tablettes, les jeux électroniques avec leurs *chats*, Twitter et autres Facebook. Toutes ces données sont statistiques ; chaque individu constitue une exception. J'insiste auprès des parents, l'allongement du temps de sommeil et le décalage du sommeil sont des phénomènes pénibles (pour l'entourage) mais normaux chez les adolescents. Cela ne veut pas dire qu'il faut tout accepter et qu'il ne faut pas poser un certain nombre de règles horaires. Néanmoins, essayez de supporter en vous disant que ça va passer, même si l'adolescence a une fâcheuse tendance à s'allonger !

Traiter l'insomnie sans médicaments

L'insomnie est une maladie très fréquente, peut-être la plus fréquente de toutes puisqu'elle concerne 20 % de la population en tant que désordre régulier et que 40 % des gens se plaignent de mal dormir, tout au moins occasionnellement. Depuis peu, on sait que l'insomnie n'est pas seulement un pénible désagrément, mais qu'elle constitue aussi un facteur de risque : elle favorise le diabète, l'obésité et l'hypertension artérielle dont on connaît les nombreuses complications au niveau des reins, du cœur et du cerveau. On sait maintenant que l'espérance de vie est réduite pour ceux qui dorment trop ou pas assez. Les causes de ce lien entre le manque de sommeil et le diabète restent assez mystérieuses même si des hypothèses commencent à apparaître. Ce n'est pas uniquement parce que, souvent, on se lève la nuit pour grignoter en général des choses sucrées. C'est aussi parce que l'insomnie provoque des modifications de la sensibilité de l'organisme à l'insuline que le risque de diabète et de prise de poids est augmenté. En effet, il a été montré de manière expérimentale que si l'on prive de sommeil des volontaires sains (jeunes et bons dormeurs), on provoque au bout de quelque temps un véritable état prédiabétique avec une baisse de production d'insuline par le pancréas. Tout revient dans l'ordre quand on les laisse dormir à nouveau sans leur imposer de contrainte.

Certains auteurs pensent que l'insomnie peut également favoriser les maladies de système (sclérose en plaques, lupus, polyarthrite rhumatoïde, etc.), voire le cancer.

De plus, ne pas dormir suffisamment risque de rendre idiot ou pour être politiquement correct, moins intelligent et moins performant ! En effet, il a été montré que le manque chronique de sommeil provoque une réduction de la taille d'un petit noyau du cerveau, l'hippocampe, dont le rôle est important pour la mémoire et qui joue un peu le rôle de réserve de neurones. On sait en effet aujourd'hui que, contrairement à ce que l'on pensait autrefois, les neurones se renouvellent toute la vie et que c'est en particulier au niveau de l'hippocampe que les choses se jouent. Or, en cas de privation de sommeil, la prolifération et la survie des neurones qui y sont fabriqués sont fortement compromises.

Le mauvais sommeil a d'autres conséquences encore plus inattendues :

– des infections urinaires à répétition;
– des maladies du foie et de la bile;
– des maladies chroniques des intestins avec notamment des colopathies fonctionnelles;
– des migraines par décalage de phase;
– des maladies inflammatoires parmi lesquelles le cancer n'est pas la moins inquiétante. En effet, le manque de sommeil «déprime» nos globules blancs qui, du coup, sont moins vigilants et ne jouent plus aussi bien leur rôle de sentinelles. En effet, chacun d'entre nous développe chaque jour un certain nombre de cancers que, Dieu merci, nos «chiens de garde» détruisent dès qu'ils apparaissent. En cas de répétition chronique de nuits de moins de six heures, le risque de cancer, notamment de cancer de l'intestin, est nettement augmenté;
– Maladies cardio-vasculaires: infarctus, accidents vasculaires cérébraux. Le syndrome inflammatoire provoqué par le manque de sommeil concerne en premier lieu les parois des vaisseaux sanguins et augmente clairement le risque d'obstruction des artères.

On le voit, mal ou peu dormir n'est pas un chemin pavé de roses!

Reconnaître son insomnie

Dans un premier temps, quand on souffre de mal dormir, il importe de savoir si le problème est objectif ou non. Il existe en effet une forte proportion de personnes insomniaques qui se plaignent de ne pas dormir du tout et qui sont en pleine forme dans la journée, sans problème de concentration, de mémorisation ou de vigilance. Parfois même sans fatigue. Deux hypothèses peuvent être envisagées:
– Soit ce sont des courts dormeurs, certains ayant besoin de peu d'heures de sommeil mais s'imaginant que, pour être en bonne santé, il faut huit heures,
– Soit ce sont des personnes souffrant d'*insomnie paradoxale* ou *subjective*. Lorsqu'on enregistre le sommeil de ces personnes,

on s'aperçoit qu'elles dorment objectivement de manière normale, alors qu'elles déclarent en toute bonne foi ne pas avoir fermé l'œil. Ce n'est donc pas un problème de sommeil, mais c'est une question de perception du sommeil ! Ces personnes dorment mais ne sentent pas, ne s'aperçoivent pas qu'elles dorment. Certaines vont même jusqu'à rêver qu'elles dorment. Ce phénomène est souvent, mais pas toujours, dû à une prise trop prolongée de médicaments sédatifs. Elles sont habituées à percevoir le sommeil chimique et sont devenues incapables de sentir le sommeil naturel. Dans ce cas, les somnifères sont plutôt contre-indiqués et c'est la psychothérapie qui s'avère le plus efficace puisqu'il s'agit d'apprendre à ressentir le sommeil.

Un des premiers principes en cas d'insomnie est de créer et entretenir un réflexe conditionné : lit => dodo !

Certaines personnes, notamment les gens isolés et/ou âgés, font mille choses une fois allongées dans leur chambre : manger, tricoter, regarder la télévision, écouter la radio toute la nuit, jouer avec le chien ou le chat, écosser les petits pois, ravauder les chaussettes… Tout cela est très mauvais pour le sommeil. Il faut se mettre dans le crâne que le lit ne doit servir qu'au sommeil et au sexe, excellent somnifère naturel car cette activité spécifique provoque du plaisir, donc une sécrétion d'endorphines, substances sédatives naturelles. Lorsque les femmes reprochent à leur partenaire de s'endormir immédiatement après l'accomplissement de l'acte d'amour sous prétexte que c'est un manque d'éducation ou de romantisme, elles ont complètement tort car cette subite et apparemment insolente somnolence démontre qu'elles ont su lui procurer un splendide orgasme… Même chose si ce sont elles qui s'endorment.

À l'opposé de l'insomnie subjective, l'*insomnie objective* : lorsqu'on a l'impression de dormir et qu'effectivement on ne dort pas, il existe une dette de sommeil et dans la journée, on paie sa dette et on se sent somnolent, fatigué, avec des difficultés de concentration et de mémorisation. Dans ce cas, c'est l'hygiène des rythmes qui est le plus efficace et de loin ; les médicaments somnifères ne doivent être considérés que comme une aide très transitoire.

La tortue du sommeil

Toute la question de la lutte contre l'insomnie tient en un mot : « distracteur ». Le grand problème de l'insomniaque est que lorsqu'il se couche ou lorsqu'il se réveille au cours de la nuit, ou trop tôt le matin, il commence à se dire : « il faut que je dorme, que je me rendorme, demain je dois être en forme… » et que ce genre d'idéations deviennent lancinantes, se transforment en ruminations, en obsessions, débordent sur la journée, et du coup, entretiennent l'insomnie. Il est donc essentiel en cas de non-sommeil de penser à autre chose. De se fixer sur un distracteur sans charge émotionnelle. Exactement comme les générateurs de bruits blancs (GBB) en cas d'acouphènes, où il s'agit d'empêcher le cerveau de se fixer sur ces bruits virtuels grâce à un dispositif qui produit des ultrasons non perçus consciemment mais que le cerveau perçoit, ce qui détourne son attention… Et cela marche très bien dans de nombreux cas !

Il existe en matière d'insomnie des équipes qui planchent sur cette question. L'une d'entre elles a eu une idée intéressante que j'expose en tant qu'illustration car elle est encore à l'état de recherche, n'a pas encore été validée et n'est pas encore commercialisée. Le principe est simple : nous sommes capables de percevoir une faible lumière à travers nos paupières closes. C'est d'ailleurs en partant de cette constatation que les simulateurs d'aube ont été conçus puisque notre organisme a été prévu pour qu'avant notre réveil, alors que nous dormons toujours, notre cerveau soit informé par la faible lueur du lever de soleil et qu'il se prépare en fabriquant les substances d'éveil (hormone thyroïdienne, cortisol, noradrénaline, etc.). Ainsi, nous sommes relativement opérationnels dès notre réveil… Enfin, pas tout le monde.

Pour en revenir à nos moutons (adéquats en matière d'insomnie!), l'idée de base est que notre cerveau pense à autre chose quand nous ne dormons pas et que nous avons les yeux fermés. Les promoteurs du dispositif sont des chercheurs en ophtalmologie de l'université de Lausanne. Ils ont imaginé un petit appareil en plastique fixé sur le front et qui envoie grâce à une diode rouge des informations au cerveau. L'idée est très séduisante... reste à démontrer son efficacité.

Comment accorder son corps et son horloge interne ?

Nous sommes tous réglés à partir d'un thermostat cérébral très précis qui détermine la température intérieure de notre corps, nous permet d'être correctement réveillés et de dormir profondément. Plus la température monte chaque matin et plus nous sommes en forme, plus elle descend chaque soir, mieux nous dormons. Il suffit d'avoir un différentiel entre la température maximale du jour et la minimale de la nuit qui atteint environ 1,4 °C pour que tout aille bien. Dans ce cas, pas d'insomnie, pas de fatigue, pas de dépression, pas de migraines au réveil!

En premier lieu, il faut savoir de quelle manière et dans quelles circonstances se produisent les mauvaises nuits. Pour le déterminer, il est absolument nécessaire de tenir à jour son agenda de sommeil en le remplissant chaque matin et chaque soir (surtout pas en cours de nuit, car le fait d'allumer et d'écrire est une stimulation suffisamment forte pour compromettre le reste de la nuit).

Il existe de nombreux modèles d'agenda de sommeil et nous avons utilisé celui qui a été développé par le Réseau Morphée comme le plus pratique et le mieux validé[9].

N.B. : Il est important de bien repérer par une couleur différente les week-ends, les jours fériés et les vacances sur l'agenda.

---

9. Merci à notre amie, le docteur Sylvie Royant-Parola, de nous avoir permis de reproduire cet outil.

Hygiène de vie

Réseau Morphée : agenda de vigilance et de sommeil

Date	Heures	Appréciation par : TB-B-Moy.-M-TM			Traitement et remarques particulières
	20 22 24 2 4 6 8 10 12 14 16 18 21 23 1 3 5 7 9 11 13 15 17 19	Qualité du sommeil	Qualité du réveil	Forme de la journée	
Nuit du... au...	☾ ☼ ☾				
Exemple	↓ ▨▨ ↑ S S	M	TM	Moy.	

↓ Heure de mise au lit   ▨ Long réveil   S Somnolence dans la journée

▨ Sommeil ou sieste

↑ Heure du lever   ▨ Demi-sommeil

En regardant à la fin du mois ce type de document rempli, il est facile de repérer les cycles ou les lois (quand elles existent) qui régissent le sommeil de chacun. Par exemple, telle personne ne dort mal qu'en début et en fin de semaine, telle autre au moment des règles, telle autre quand elle dort dans un lit qui n'est pas le sien, telle autre en cas de voyage, telle autre la veille d'un événement comme une compétition de golf…

En cas de troubles récurrents du sommeil ou même de dépression, une série de recommandations découlent tout naturellement de la notion de thermostat en se rappelant que plus on est fatigué ou plus on est déprimé ou insomniaque, plus il est préférable de sortir tôt du lit:

– Se lever toujours à la même heure, y compris le week-end, pendant les vacances ou lors de la retraite: pour ceux qui travaillent, garder l'horaire de la semaine et pour ceux qui n'ont pas d'obligation socio-professionnelle, essayer de retrouver le rythme d'avant l'apparition des troubles. À quelle heure me réveillais-je spontanément quand j'étais en vacances (je parle de réveil spontané, pas de lever, car il existe des personnes qui traînent au lit, ce qui est très mauvais pour les rythmes);

– Manger une pomme;

– Quelques mouvements de gymnastique (par exemple des abdos pour les filles, des pompes pour les garçons);

– Douche très chaude prolongée;

– Petit déjeuner copieux sous un appareil de luminothérapie avec une lampe spéciale, sans rayons ultraviolets. La lampe doit être placée à moins d'un mètre, délivrer au moins 10 000 lux et être placée de trois quarts en avant. Lui jeter un coup d'œil chaque minute. On peut en même temps prendre son petit déjeuner, lire, tricoter, regarder la télévision ou rêvasser les yeux ouverts;

– Pas de sieste supérieure à vingt minutes dans la journée;

– Soirée calme, dans une ambiance pas trop éclairée ; pas de film d'épouvante, de *chat* ou de tweets, de jeux en ligne ; si possible, pas de sport ni de scène de ménage le soir (la reporter au dimanche midi, cela permet de réfléchir, de prendre de la distance) ;

– Dîner plutôt léger, sans viande, ni sauces, ni charcuterie, ni fromage, ni aliments difficiles à digérer, mais avec quelques sucres lents, pommes de terre, pâtes… Une banane, du lait tiède pour ceux qui le digèrent bien ;

– Bain tiède (ni trop chaud ni trop froid), relaxant. Ne pas trop se sécher en sortant de la baignoire car il s'agit d'abaisser gentiment la température corporelle ;

– Une tisane contenant de la valériane, du tilleul, de la passiflore, de l'escholtzia, etc. ;

– Être certain d'être en parfaite sécurité car on ne peut pas s'endormir si on se sent en danger. Vérifier le verrou de la porte d'entrée… Je connais ainsi des femmes qui ne peuvent pas s'endormir si leur mari bouclier n'est pas placé entre la porte de la chambre et elles-mêmes ; d'autres au contraire veulent être à côté de la porte pour pouvoir détaler au cas où… La luminosité de la chambre à coucher dépend du sentiment de sécurité. Certaines personnes préfèrent le noir absolu, volets hermétiquement fermés, d'autres souhaitent garder les rideaux et les volets ouverts et se trouver dans la pénombre. C'est une affaire de goût et de culture ;

– La chambre ne doit pas être surchauffée ni glaciale, mais plutôt fraîche ;

– Respecter les rituels de coucher (lecture, prière, bilan de la journée, oreiller personnel, doudou, câlin, etc.).

En cas de réveil nocturne, essayer de ne pas trop bouger pendant les dix ou quinze premières minutes, mais mettre les pieds à l'extérieur des draps car ce sont d'importantes zones d'échange qui permettent sans problème d'abaisser la température interne du corps de quelques dixièmes de degrés. Essayer de fixer son attention sur des sujets pas trop prenants et plutôt agréables, par exemple pour les passionnés de nature, retrouver les appellations de tous les passereaux de leur région ou de toutes les plantes de leur jardin.

Si l'éveil persiste plus de vingt à trente minutes, se lever, mettre ses pieds sous une douche froide ou dans une bassine d'eau froide et ne pas les sécher trop soigneusement, toujours pour abaisser la température corporelle, ou bien aller dans un endroit plutôt frais et s'adonner à une activité calme, comme du repassage assis, regarder un film plutôt barbant, genre documentaire sur les annuaires de chemins de fer, de la lecture, du tricot, de la couture, et se recoucher environ quatre-vingt-dix minutes après l'heure du réveil. Par exemple, si je me suis réveillé à 3 heures du matin et que je ne me suis pas rendormi à 3 heures 20-30, je me lève et je me recouche à 4 h 30, sauf si j'ai vraiment très sommeil avant !

Il importe de savoir que, de manière générale, l'insomnie d'endormissement se traite le matin et qu'il ne sert à rien de se coucher plus tôt ou plus tard le soir car il est impossible de s'obliger à dormir. En revanche, en se levant plus tôt le matin (il est facile de s'obliger à être réveillé grâce au réveille-matin), on crée une petite dette de sommeil qui donne « envie » à l'organisme de rembourser sa dette. On se couche donc dès que l'on en ressent vraiment le besoin (« le sommeil est un train qui doit être pris à l'heure et qu'on n'attrape plus une fois qu'il roule ») et on se lève plutôt de bonne heure.

Insomnie avant et pendant les règles

De très nombreuses femmes dorment mal au cours des jours qui précèdent leurs règles ainsi qu'au début de celles-ci. Le temps de sommeil est allongé mais il y a moins de sommeil profond réparateur, et les éveils nocturnes sont plus nombreux. Cet inconvénient est probablement lié à la sécrétion de progestérone entre le jour de l'ovulation et les menstruations. Il est souvent possible de remédier à ce problème en demandant au médecin généraliste ou au gynécologue de prescrire un traitement hormonal adapté ou de changer de pilule. Dans les cas extrêmes comme le syndrome prémenstruel sévère, il peut être légitime de supprimer les règles en n'interrompant plus la pilule... avec l'accord de son médecin bien sûr!

Attention aux leds!

Ces petites ampoules très à la mode et consommant peu d'énergie sont peut-être beaucoup moins anodines qu'on ne le pense. Leur spectre lumineux émet beaucoup en lumière bleue, du moins pour la plupart d'entre elles. Or certaines cellules de la rétine (mélanocytes) sont particulièrement sensibles à cette longueur d'onde. Il s'ensuit que, chez les enfants, cette lumière pourrait être toxique pour la rétine et, chez les adultes, elle pourrait être trop stimulante le soir, donc provoquer une insomnie d'endormissement. Il est donc très important de connaître la classification des ampoules, d'éviter le «blanc froid» et de prendre du «blanc blanc» ou du «blanc jaune». Certains auteurs ont même accusé les veilleuses, quelles qu'elles soient, de favoriser la myopie chez les petits enfants.

La mélatonine

C'est au cours des années 1950 qu'est apparue la notion d'horloge circadienne (calée sur vingt-quatre heures) dont la localisation anatomique ne sera découverte qu'un peu plus tard. Dès lors, les chercheurs ont compris que tous les rythmes de l'organisme (température, pouls, tension, hormones, veille/sommeil, etc.) sont engendrés par des noyaux situés dans un endroit précis de notre cerveau : l'hypothalamus. La mélatonine fait partie des manifestations de ces rythmes appelés circadiens. Cette hormone naturelle est sécrétée par la glande pinéale ou épiphyse qui est sous le contrôle de l'horloge interne. La mélatonine, qui est une hormone naturelle et entre donc dans le cadre de cet ouvrage, agit dans le contrôle de différents rythmes, plus particulièrement ceux de la température centrale et de l'alternance veille/sommeil, à travers deux mécanismes :

– Un effet **chronobiotique**, ce qui signifie qu'elle est capable de remettre nos pendules à l'heure, en particulier quand nous voyageons rapidement à travers les méridiens. Ce phénomène a permis le développement et l'utilisation de la mélatonine à libération immédiate en préparation magistrale dans les troubles du rythme veille/sommeil (travail posté, les fameux 3x8, décalage de phase, jet-lag, ou décalage horaire, qui perturbe tant la vie des voyageurs). Une des meilleures indications dans ce domaine concerne les adolescents : qui n'a eu à se bagarrer avec eux, le dimanche midi, quand toute la famille est à table pour le déjeuner et qu'un de ces sales gosses se pointe mal rasé (les garçons) ou hirsute (les filles), et s'installe pour le *petit* déjeuner. Dans ce cas fréquent, si l'ado est d'accord, il peut être intéressant de lui donner de la mélatonine en préparation magistrale vers 23 heures et de le soumettre à une lumière blanche ou un simulateur d'aube vers 7-8 heures le matin. Mais alors, les lecteurs l'ont compris, le problème n'est pas le traitement, mais la capacité à convaincre l'adolescent !

– Un effet **hypnotique direct** : la mélatonine est sécrétée exclusivement dans l'obscurité et est bloquée par la lumière. C'est un peu comme si la mélatonine nous informait que ça va être l'heure de se mettre au lit pour dormir, une sorte de marchand de sable biologique. Ce dernier rôle a rapidement été considéré comme une possibilité prometteuse de prendre enfin en charge l'insomnie de manière naturelle quand aucune cause n'est retrouvée. Malheureusement, cet espoir a été ruiné du fait de la diversité entre les personnes de la manière de produire et aussi de détruire la mélatonine. Cela signifie que personne ne la sécrète, ni ne l'utilise de la même façon que son voisin. De plus, le fait qu'elle soit détruite par l'organisme en environ trente minutes en a sans doute limité l'efficacité. En effet, si des doses faibles et courtes permettent une action en flash sur les horloges de notre cerveau, la stabilité du sommeil nécessite un traitement qui soit efficace sur la durée. Ces explications ont donc conduit à la mise au point de formes à libération prolongée, imitant ainsi la production naturelle prolongée de mélatonine par la glande pinéale tout au long de la nuit. Il est donc logique de réserver cette indication aux personnes de plus de 50/55 ans dont la glande pinéale s'est calcifiée et devient moins performante.

L'intérêt de ce médicament naturel est que, quand il marche, son effet est remarquable, qu'il est très bien toléré et que selon les études publiées, comme tous les produits agissant sur la mélatonine, il améliore d'emblée la forme du lendemain. C'est donc un hypnotique qui réveille… le jour suivant ! L'autre avantage de ce médicament naturel vendu sur ordonnance, mais non remboursé par la Sécurité sociale, est qu'il ne provoque ni dépendance ni addiction et que, en cas d'arrêt brutal, il ne provoque pas de rebond d'insomnie, ce qui signifie que lorsqu'elles arrêtent de prendre le Circadin® d'un seul coup, les personnes insomniaques non seulement n'ont pas de signes de sevrage, mais, en plus, elles continuent à bien dormir pendant plusieurs nuits.

Le problème principal du Circadin® est qu'il n'est efficace que dans 60 % des cas (exactement comme les antidépresseurs) et qu'il est difficile, voire impossible, de prédire qui répondra ou qui ne répondra pas à ce traitement.

Insomnie d'endormissement

En cas de difficultés pour s'endormir le soir, rien de plus simple. Les somnifères sont complètement inutiles. Il suffit de se lever plus tôt le matin… surtout si on se sent fatigué. Par exemple, quelqu'un qui peine à s'endormir et qui se lève à 7 h 30, se lèvera tous les jours, y compris le week-end, à 7 heures, voire à 6 h 45. L'idée est de provoquer une petite dette de sommeil que l'organisme corrigera de lui-même au bout de quelques jours de ce régime. Il est également utile dans ce cas de faire un peu de luminothérapie dès le lever.

Parfois, les enfants ont du mal à s'endormir le soir au moment de la rentrée scolaire car, avec les grasses matinées des vacances, ils ont tendance à se mettre en retard de phase. Certains pédiatres conseillent de les coucher progressivement de plus en plus tôt le soir. Cette technique est inefficace et, souvent, les petits s'excitent encore plus quand on les met au lit alors qu'ils n'ont pas encore sommeil et l'insomnie d'endormissement s'en trouve aggravée. À croire que les pédiatres n'ont pas d'enfants ! Il faut donc se rappeler que ce trouble se soigne le matin : il convient donc, une ou deux semaines avant la rentrée, de les lever progressivement de plus en plus tôt jusqu'à ce qu'ils atteignent l'horaire du lever pour aller à l'école.

Un cauchemar dans le placard

Beaucoup d'enfants sont réveillés par des rêves terrifiants où ils sont poursuivis par des hordes de loups, de monstres, de dragons, d'extraterrestres, d'instituteurs sadiques, d'araignées, de Dark Vador, de Mario plombiers… que sais-je ?

Il importe tout d'abord de distinguer nettement le cauchemar de la terreur nocturne car ce sont deux entités totalement distinctes.

- La **terreur nocturne** relève quasiment du domaine neurologique et traduit plus un problème de maturité du système nerveux qu'un problème psychologique. Elle se produit en général dans la première partie de la nuit. L'enfant hurle, les parents arrivent au galop, trouvent le gamin les yeux grands ouverts mais presque impossible à réveiller, et lorsque, après de longues minutes, ils y parviennent, l'enfant est incapable de raconter quoi que ce soit, il est confus et se rendort aussi sec... à la différence des parents. Le lendemain, il a tout oublié. Il n'y a pas grand-chose à faire, si ce n'est d'attendre que les crises cessent spontanément.

- Le **cauchemar** est un mauvais rêve qui se produit en général au cours de la deuxième partie de la nuit. L'enfant hurle, les parents arrivent au galop, trouvent le gamin souvent réveillé mais pas toujours. Il ne transpire pas. En général, il est facile de lui faire raconter sa peur et, le lendemain, il se souvient de l'épisode. Le cauchemar est souvent lié mais pas toujours à un film, une histoire, un conflit familial, un changement d'école...

S'il s'agit d'un cauchemar, la technique la plus efficace consiste à faire écrire (ou dessiner selon l'âge) le scénario du cauchemar puis de lui trouver un *happy end*. Le chevalier ou bien le chasseur tue le dragon ou les loups, une potion magique rend l'enfant plus fort que le monstre qui de toute manière est enfermé à double tour dans le placard. On peut aussi acheter un doudou tueur de cauchemars. Il est recommandé de ne pas accueillir l'enfant dans le lit des parents car il en prendra très vite l'habitude...

En cas de difficultés pour rester endormi le matin, le mieux est de s'exposer à une lumière intense (luminothérapie) le soir, quand on commence à avoir sommeil, ce qui provoque un léger décalage du sommeil vers le bas.

> ### Lunatiques !
>
> Une idée reçue et très répandue est la croyance en l'influence des cycles lunaires. Un certain nombre d'études ont été consacrées à ce sujet : en cas de pleine lune, on n'accouche pas plus, on ne dort pas moins bien, on n'est pas plus violent ou suicidaire. Les seuls organismes à être sensibles à l'influence de notre satellite sont les animaux du littoral, coquillages et vers marins du fait du rôle des marées. Chez nous, l'influence de la lune est une goutte d'eau par rapport à l'océan de l'influence du soleil et de la vie sociale. En réalité, la lune n'influence que ceux qui y croient. Bien sûr, si l'on dort les volets ouverts et que la pleine lune baigne la chambre d'une clarté intense, cela peut provoquer des difficultés de sommeil.
>
> Si une étude récente dit exactement le contraire, elle reste la seule à contredire les précédentes. Il faudra donc attendre confirmation, et peut-être devrai-je réformer mon jugement lunaire...

Traiter la dépression sans médicaments : oui, mais avec des rythmes !

Rhythm and blues

Pour certains chercheurs dont je fais partie, la dépression est pour une bonne part liée à un problème chronobiologique. En d'autres termes, on déprime quand nos pendules ne sont pas à l'heure. Autant les théories sur la sérotonine et les molécules du bonheur me paraissent fragiles, autant la question des rythmes me paraît reposer sur du solide.

Il faut savoir par exemple que l'Insee a remarqué que le nombre de suicides et de tentatives de suicide est plus élevé le matin, en particulier le lundi matin, et on peut penser que c'est particulièrement vrai les lundis qui succèdent aux ponts.

Comment expliquer un tel phénomène ?

Bien que la chose ne soit pas totalement démontrée, on sait que le travail à horaires fixes est le meilleur synchroniseur qui soit, et que les week-ends avec leurs grasses matinées mettent la pagaille dans nos rythmes et provoquent ce que l'on appelle un retard de phase. Idem pour le début des vacances et pour le décalage horaire quand on voyage vers l'est, toujours plus difficile que vers l'ouest.

Une étude que j'ai publiée avec le professeur Ohayon de Stanford, il y a quelques mois, démontre que de nombreuses personnes dépriment parce que ce sont des sujets du matin qui se comportent comme des sujets du soir. Pour redire les choses autrement, ce sont des gens qui, par exemple, devraient se coucher à 23 heures pour se lever à 7 heures mais qui en réalité se lèvent nettement plus tard.

Il apparaît que le simple fait, chez les personnes vulnérables sur le plan génétique, de se mettre en retard de trente minutes (ou plus) suffit à provoquer une rechute. Il est donc primordial pour tout déprimé de se lever plus tôt en permanence et de ne plus jamais s'octroyer de grasse matinée.

Le moindre manquement à cette règle peut se payer très cher !

Mais, patience, je reviendrai sur cette question plus en détail dans le chapitre consacré à l'enregistrement du sommeil.

3. Exposition à la lumière

Selon l'OMS, la dépression, ce «cancer de l'âme», sera dans quelques années la deuxième plus importante maladie de la planète. Chaque année, environ 9,5 % des femmes et 5,8 % des hommes souffrent de dépression. Quand on sait qu'environ les deux tiers des suicides sont liés à cette maladie et que chaque année, dans notre pays, environ 12 000 personnes mettent fin à leurs jours, on mesure l'importance considérable du problème. On évalue le nombre de tentatives de suicide à environ dix fois plus. Sans parler de la somme de souffrance qu'être déprimé représente pour soi mais aussi pour toute sa famille. Enfin, du fait des arrêts de travail, de la baisse de performance, des décès, la dépression représente un fardeau financier considérable pour les nations.

Nombreuses sont les sortes de dépression; leurs tableaux cliniques sont variés et leurs causes encore mal connues. Le traitement va bien sûr dépendre de ces deux facteurs.

La saisonnalité et la dépression saisonnière

Sans sombrer dans l'astrologie, on sait aujourd'hui que la saison et le temps qu'il fait jouent un rôle important dans certains types de dépression, notamment chez les femmes. D'ailleurs, la saisonnalité concerne plus de la moitié des femmes des pays tempérés et nordiques. On peut donc considérer que le fait d'être moins en forme, de se sentir moins créative, plus frileuse à l'automne et, surtout, d'avoir plus envie de sucreries, chocolat, bonbons et autres cookies entre fin octobre et fin mars est parfaitement normal et que cela remplit une fonction.

Pourquoi les filles vont-elles dans des pâtisseries quand elles ont du chagrin et les garçons « picolent-ils » ?

« Dans un climat économique maussade, il est amusant de pointer les "éclaircies" – les secteurs ou les produits qui marchent très bien pendant que les autres vont mal. Par exemple, cette année, il y avait de nombreuses études indiquant que certains produits – le rouge à lèvres, le chocolat et les pâtes – sont allés à l'encontre du mouvement général de l'économie et ont enregistré des ventes en hausse. » *Le Monde*, 31 août 2013.

Tout féminisme et tout machisme mis à part, le mécanisme est simple :

1. Manger un gâteau fait monter le sucre dans le sang.

2. Le pancréas fabrique de l'insuline pour corriger un taux de sucre excessif.

3. L'insuline, en plus de corriger le sucre (glycémie), « capture » tous les acides aminés qui sont transportés dans le sang, tous sauf le tryptophane.

4. Du coup, le tryptophane a une autoroute complètement dégagée de ses concurrents et peut se ruer en masse dans le cerveau.

5. Une fois dans le cerveau, le tryptophane est automatiquement transformé en sérotonine par des neurones dont c'est le boulot tant qu'ils ont le moral.

6. La sérotonine est la molécule du bien-être. C'est quand on en manque qu'on est déprimé.

On peut donc considérer que la réaction des filles est totalement logique puisque tout ce qui contient du sucre permet rapidement de se sentir bien, heureux, presque euphorique. Le problème est que ce comportement a des effets secondaires qui se retrouvent sur la balance !

Quant au comportement des garçons qui, eux, ont plutôt tendance à « picoler » en cas de frustration, il est tout aussi

> logique puisque le vin contient pas mal de sucre et que l'alcool est connu comme un des meilleurs euphorisants. Le problème est que ce «médicament»- là comporte également un certain nombre d'effets secondaires, mais c'est une autre question.

Pourquoi les filles dépriment-elles plus que les garçons en hiver ?

L'espèce humaine est née en Afrique sous des climats équatoriaux, entre l'Éthiopie et le Tchad. C'est là-bas que Lucy et ses copines se sont baladées dans la jungle puis dans la savane. Or, là-bas, il fait beau et chaud toute l'année et, surtout, la nuit et le jour durent douze heures, sans aucune variation saisonnière. On peut donc considérer que notre organisme a été conçu et construit pour être adapté à ce type de climat.

Il y a eu des périodes dans l'histoire du monde où il faisait ce type de temps sur une bonne partie de la planète. Tout a parfaitement bien fonctionné pour l'humanité tant que le climat est resté le même. Mais « quand la bise fut venue », nos ancêtres, sous peine de disparaître, ont bien dû s'adapter. Car ils ne disposaient pas des moyens de défense des autres espèces :

– Migrer au pays d'origine à la façon des hirondelles ;
– Dormir en état d'hibernation à la manière des marmottes ;
– Se payer un chaud manteau de fourrure comme font si bien les renards (quoique, sur ce chapitre, il y aurait beaucoup à dire).

Notre origine tropico-équatoriale aide à comprendre pourquoi les rives de la Côte d'Azur sont si encombrées l'été et l'immobilier si cher partout où il y a du soleil. Nous, les dignes descendants de Cro-Magnon, préférons lézarder du côté de Nice ou Perpignan plutôt que de Dunkerque ou Amiens.

Le clair de lune à Maubeuge fait moins recette que le soleil de Saint-Tropez !

Hygiène de vie

Quels ont été les moyens d'adaptation de nos ancêtres confrontés aux frimas ?

1. Reprogrammer leurs cycles de reproduction pour accoucher au printemps, période où il est plus facile d'élever ses petits : il fait beau, la température est douce, il y a du gibier et des plantes comestibles à cueillir.

2. Inventer le feu et le manteau de fourrure qui permettent de maintenir sa température corporelle à un niveau correct quand il fait très froid.

3. Apprendre à stocker la nourriture en prévision des mauvais jours.

4. Diviser le travail :

– Pour les hommes, il est essentiel de rester vigilants, alertes, rapides tout au long de l'année de manière à être en mesure de protéger le clan contre les attaques des animaux sauvages et les groupes ennemis ; les mâles *Homo sapiens* ont toujours été moins frileux car plus lourds, avec une masse corporelle plus importante, ce qui leur permet de maintenir plus facilement une température acceptable ;

– Pour les femmes : à cette époque sans contraception, toutes les femmes sont enceintes ou allaitantes en automne. Elles portent ou nourrissent l'avenir du groupe, sont donc moins mobiles et plus vulnérables ; elles se retrouvent par conséquent plus ou moins confinées dans leurs abris, leurs huttes où elles vont s'employer à faire des économies d'énergie :

• En mangeant le plus possible à l'automne, tant qu'il y en a, d'aliments les plus nutritifs possible (sucres, graisses) de manière à grossir, fabriquer une bonne couche de lard qui va leur permettre d'avoir moins froid (la graisse est le meilleur des isolants que les Inuits connaissent) et constituer une réserve qui va leur permettre de tenir jusqu'aux beaux jours. C'est sans doute pourquoi « les hommes préfèrent les grosses » dans la plupart des cultures traditionnelles. En Mauritanie, dès qu'une jeune fille a

ses règles, on la confine dans une tente et on la gave jusqu'à ce qu'elle atteigne le quintal nécessaire pour être déclarée nubile. Dans cette contrée où les famines sont régulières, seules les femmes «enveloppées» ont des chances de ne pas avorter ou d'être taries de leur lait ;
• En dormant et en somnolant aussi longtemps que possible car c'est une (in)activité très économique du point de vue calorique.

Manger, grossir, dormir, c'est la recette des marmottes et des ours, c'est-à-dire de tous les animaux qui hibernent. Seulement, pour véritablement hiberner, il faut avoir l'équipement physiologique nécessaire… que nous n'avons pas et qu'il nous a donc fallu inventer. Je considère donc que le fait pour les filles de prendre quelques kilos en hiver et d'avoir plus de mal à s'arracher de la couette est la marque d'une excellente adaptation d'une espèce tropicale à un climat tempéré.

Alors pourquoi la dépression saisonnière est-elle une maladie ?

Il est étonnant de constater que la dépression saisonnière n'a été découverte qu'en 1982. Dès lors, une question se pose : cette maladie existait-elle auparavant ? Est-ce simplement qu'elle n'avait pas été repérée ou identifiée par les médecins d'autrefois ou bien est-elle véritablement apparue au cours du XXe siècle ? Si on considère que la formule d'adaptation climatique a bien fonctionné depuis la nuit des temps, en gros de Cro-Magnon au XXe siècle, on peut penser que, à l'image de ce qui se passe toujours aujourd'hui dans certaines campagnes traditionnelles, cela ne gênait personne que les femmes écossent les petits pois ou ravaudent les chaussettes en somnolant ou en discutant au coin du feu au cours des longues soirées d'hiver. Pendant ce temps, les hommes réparaient les outils, labouraient les terres, les fumaient et les ensemençaient. Jusqu'aux années 1960, le monde occidental était rural. L'adage de l'époque était « les hommes à la production, les femmes à la reproduction ». On comprend donc que le fait d'être moins performant en hiver n'ait jamais été repéré comme un désordre par la société et donc comme une maladie par la médecine.

Seulement, et Dieu merci, les temps ont changé. Le pouvoir et le rôle des femmes ont progressé même s'il reste encore du chemin à parcourir. Elles accèdent maintenant aux mêmes postes que les hommes, ont les mêmes droits et, du coup, les mêmes devoirs. Et surtout, les mêmes activités.

Auparavant, quand une femme était somnolente – et gourmande – à la mauvaise saison, personne n'y trouvait rien à redire. De nos jours, les femmes se doivent d'être actives, dynamiques, souriantes, trois cent soixante-cinq jours (au minimum) par an. De ce fait, il s'ensuit pour un grand nombre d'entre elles une souffrance qui se traduit par un certain nombre de symptômes :

– Frilosité : elle apparaît souvent dès le début de l'automne ;

– Mauvaise humeur : se sentir grincheuse, grognon, râler pour un oui ou pour un non ;

– Fatigue, sentiment de baisse de créativité, difficultés à s'arracher du lit le matin ;

– Somnolence dans la journée, envie de siestes, de se coucher plus tôt le soir ; c'est le chant irrésistible de la couette ;

– Envie irrépressible de chocolat, gâteaux, confiture, cookies, voire d'alcool ;

– Prise de kilos superflus ;

– Parfois, surtout à partir de la quarantaine, sentiment de tristesse, d'abattement, de découragement, qui peut même se transformer en véritable dépression.

Tous ces symptômes se déclenchent souvent de manière franche au moment précis du passage à l'heure d'hiver, au dernier samedi d'octobre.

– Aggravation progressive du tableau clinique au fur et à mesure que le jour diminue en longueur et surtout lorsqu'il ne fait pas beau, que le ciel est lourd et bas, que l'on n'a pas vu le soleil depuis une éternité ;
– Noël, c'est-à-dire le moment où les jours sont les plus courts (solstice d'hiver), est en général redouté, voire détesté pour plein de (mauvaises) raisons qui en réalité se résument en deux mots : dépression saisonnière ;
– Amélioration progressive à partir de début janvier, au fur et à mesure que les jours s'allongent : l'énergie revient petit à petit ainsi que la joie de vivre ;
– Guérison, c'est-à-dire disparition progressive ou brutale de tous les symptômes à Pâques, à l'équinoxe de printemps ;
– De Pâques à octobre, tout va bien !

On observe parfois en février, au ski, s'il fait beau, un véritable « virage de l'humeur au quatrième jour en montagne : euphorie, envie de faire la fête, de dépenser de l'argent, relative insomnie, baisse brutale de l'envie de sucreries… Cette embellie est également souvent constatée aux alentours du mois d'avril. Cependant, bien qu'il y ait une baisse de l'humeur en automne et une euphorie au printemps, il ne s'agit pas des manifestations d'un trouble bipolaire. Ce n'est donc pas une bonne idée de prendre du lithium ou un autre régulateur de l'humeur qui n'a aucun intérêt dans cette indication. Le traitement se résume à un mot ou presque : LUMIÈRE !

L'idéal, lorsque vos moyens ou vos activités le permettent, est de partir au soleil de la mi-novembre à la mi-décembre. La destination est une question de budget et d'imagination. J'ai connu un industriel qui avait une usine en Argentine et une en France, tous les automnes il habitait en Amérique du Sud puisque c'était le printemps et tous les mois d'avril il revenait en Europe. Il était donc perpétuellement sous un régime (thérapeutique) de jour croissant. Ce système n'est pas toujours financièrement et professionnellement possible, mais il n'en reste pas moins intéressant de se rendre au soleil : un voyage aux Antilles, au Maroc, en Tunisie ou mieux, dans l'hémisphère Sud, permet de « recharger les batteries solaires » pour revenir un peu avant les fêtes de fin d'année et tenir le coup jusqu'à février où les choses s'arrangent franchement.

Sinon, l'autre solution est d'utiliser la luminothérapie : il s'agit donc d'acquérir une lampe spécifique (estampillée « norme européenne ») qui délivre une lumière d'une intensité atteignant au moins 10 000 lux en lumière blanche et munie de filtres qui suppriment les rayonnements ultraviolets très toxiques pour la rétine. Ces lampes se trouvent facilement dans la grande distribution ou sur Internet.

Il s'agit donc quotidiennement, en prévention à la mi-octobre ou en traitement curatif quand les symptômes sont installés, de s'exposer pendant trente minutes environ à moins d'un mètre de la lampe. Il est important de ne pas se mettre face à la lampe car, au bout de quelques minutes, le rayonnement devient éblouissant et désagréable, alors que ce type de traitement doit être plaisant. On se met donc de trois quarts par rapport au dispositif et on fait autre chose : lire, regarder la télévision, tricoter ou coudre, parler, bref, n'importe quoi pour passer trente minutes. Ne pas oublier de jeter un coup d'œil à la lampe environ toutes les minutes.

En principe, l'horaire d'exposition à la lampe n'a pas beaucoup d'importance mais en général, je recommande de le faire le matin, si possible un peu avant le lever du soleil puisqu'il s'agit d'augmenter la durée du jour. Les sujets vraiment du matin peuvent toutefois avoir intérêt à s'exposer à la lumière le soir, après le coucher de soleil.

Conduite du traitement

Il est préférable de consulter son médecin avant d'entreprendre ce type de traitement, car il est absolument nécessaire que le diagnostic soit certain. En effet, la lumière ne fonctionne que dans des indications précises comme la dépression saisonnière ou le décalage horaire dû aux voyages transméridiens ou au travail posté, et il peut être dangereux d'utiliser ce type de thérapeutique si l'on souffre d'une autre sorte de dépression, maladie qui peut entraîner la mort par suicide et dont les autres formes de traitement sont nombreuses et précises.

Dans les dépressions non saisonnières, la lumière n'a en effet aucun effet ou presque. Les antidépresseurs sont donc le plus souvent utilisés. On peut dire qu'ils marchent dans 60 % des cas au bout de trois à six semaines, ce qui est peu. Ces chiffres peuvent être nettement améliorés si l'on met en œuvre en même temps une thérapie cognitive et comportementale. Dans la dépression saisonnière, si les signes apparaissent bien à l'automne et comprennent les aspects « physiques » comme la somnolence, l'envie de sucre et la prise de poids, les résultats sont remarquables puisque la lumière marche dans 85 % des cas en quatre à quinze jours. Il est donc difficile de comprendre pourquoi, en France et de manière générale dans les pays latins, les médecins continuent à prescrire des médicaments dans cette indication et ignorent la luminothérapie, plus efficace, plus rapide et beaucoup moins dangereuse.

Le plus souvent, c'est au quatrième jour que se produisent les premiers effets bénéfiques qui concernent souvent les envies de sucre : un beau matin, le besoin de chocolat disparaît et est même parfois remplacé par quelques nausées passagères. Ensuite, l'état s'améliore progressivement pour être au top en deux semaines environ. Il est rare de pouvoir abandonner le traitement à ce moment et, la plupart du temps, il faut poursuivre jusqu'à Pâques.

Il est important de ressortir sa lampe du placard tous les ans lorsque l'automne arrive et pour que l'exposition quotidienne à la lumière devienne une routine. Il faut augmenter la dose les jours où il ne fait vraiment pas beau, mais il est possible d'oublier le traitement s'il fait soleil et si l'on sait que l'on va pouvoir s'exposer suffisamment longtemps.

Si l'on sent que l'on va mieux, mais pas encore vraiment bien, il est utile d'augmenter la dose en allongeant l'exposition à la lumière de quinze à trente minutes par jour.

Si l'on sent que l'on va bien mais que l'on est énervé, insomniaque, vertigineux, il faut réduire la dose de quelques minutes. On voit que cela fonctionne exactement comme un médicament, pourtant ce n'est pas un médicament chimique !

Contre-indications

Ce traitement n'est pas agressif car il est naturel ; néanmoins, en cas d'affection de la rétine (DMLA, rétinopathie pigmentaire, etc.), il importe de consulter son ophtalmologiste avant de s'exposer car la lumière est relativement toxique pour la rétine chez les personnes ayant un problème à ce niveau. Il existe aussi une maladie rare et génétique, la porphyrie qui peut sensibiliser la rétine, comme la prise de certains antibiotiques tels que les tétracyclines. Ces contre-indications restent relativement théoriques car, à ma connaissance, il n'y a pas eu de signalement de cas problématiques, mais méritent cependant d'être prises en compte.

Sinon, comme tout traitement stimulant, il peut ne pas être recommandé chez les personnes agressives ou souffrant d'hallucinations.

Effets secondaires

Il arrive qu'au cours des trois ou quatre premiers jours, l'exposition quotidienne à la lumière blanche, brillante, provoque quelques maux de tête, une insomnie, un énervement, des vertiges. Ce n'est pas une raison pour se décourager et arrêter le traitement. C'est au contraire bon signe et cela prédit que la luminothérapie va très probablement marcher.

Si ces symptômes persistent, il est possible cependant de diminuer la dose, c'est-à-dire de diminuer un peu la durée d'exposition.

Prix

Il faut compter entre 100 et 300 euros pour acquérir ce type de dispositif. Bien regarder s'il n'y a pas de rayons toxiques comme les UV et si la qualité est suffisante car certains appareils délivrent bien 10 000 lux à l'achat mais s'épuisent vite et, au bout de quelque temps, ne délivrent plus qu'une lumière insuffisante pour avoir un effet synchronisant correct.

Une fausse hypothèse pour un traitement efficace

Au début des années 1980, deux séries de découvertes scientifiques secouent le monde psychiatrique. Une neurohormone (hormone sécrétée par le cerveau) baptisée mélatonine est mise en évidence et A. J. Lewy montre que sa libération par la glande pinéale ou épiphyse ne se fait que dans l'obscurité et qu'une lumière blanche, brillante, suffit à la bloquer. Parallèlement, Norman Rosenthal décrit pour la première fois la dépression saisonnière et met en évidence une augmentation de sécrétion de la mélatonine chez les personnes qui en souffrent. Or le fait de prendre dans la journée de la mélatonine peut provoquer fatigue et somnolence. La conclusion en forme d'extrapolation était facile à tirer: les personnes qui présentent une dépression saisonnière sont celles qui ont une sensibilité particulière à la lumière et surtout à l'obscurité, et sécrètent trop de mélatonine, qu'il est facile de bloquer en les soumettant à une lumière blanche suffisamment intense et prolongée. C'était pratiquement la première fois en psychiatrie qu'un traitement était trouvé non pas par hasard mais en se fondant sur une théorie physiologique, d'où l'émotion dans le landernau.

Aussitôt formulé, ce traitement original fut mis en application et donna les résultats (remarquables) que l'on sait.

Mais, comme souvent en science, il se trouva des critiques pour démolir l'hypothèse de départ :

– D'autres études n'ont pas retrouvé chez ces patients une augmentation particulière de la mélatonine en automne.

– Les médicaments appelés bêtabloquants (comme l'Avlocardyl®) inhibent la sécrétion de mélatonine mais n'ont pas d'effet bénéfique sur la dépression saisonnière.

– Certains patients guéris par la lumière, théoriquement par suppression de la mélatonine, ont accepté de prendre de la mélatonine et n'ont pas rechuté.

– Enfin, certains patients soumis à une lumière d'une intensité insuffisante pour bloquer la mélatonine ont quand même guéri.

Conclusion : la lumière marche, mais probablement pas à cause du mécanisme prédit par la belle théorie du départ... Après tout, il n'y a que le résultat qui compte !

La luminette®

La luminette® est une paire de lunettes éclairantes qui peut être éventuellement superposée aux lunettes de vue ou aux lentilles. La batterie est dissimulée dans une des branches. Le principal intérêt est que ce dispositif permet de vaquer à ses occupations habituelles, comme marcher, bricoler, jardiner, contrairement aux lampes classiques qui contraignent à l'immobilité. Ce système a été conçu et est distribué par une société belge.

Une lentille diffractive est placée sur chaque verre et permet la concentration de faisceaux lumineux dans la moitié inférieure de la rétine quel que soit l'angle d'inclinaison de l'œil. La lentille diffractive est constituée d'une mince couche de résine en forme de microreliefs obtenus par enregistrement holographique et technique. Un condenseur permet de réduire la dispersion des rayons lumineux. La technique est basée sur le LED et sur un hologramme qui permet de viser la lentille. Quatre diodes électroluminescentes miniaturisées assurent l'éclairage en étant placées sur l'extrémité supérieure de chaque verre, en dehors du champ de vision. Elles émettent de la lumière bleue à 470 nanomètres. En termes moins savants, ces lunettes délivrent une lumière dirigée vers la rétine, ce qui est le but de toute technique de synchronisation.

Même si les preuves scientifiques sont rares, on peut considérer que la luminette® belge est probablement aussi efficace que les dispositifs classiques.

Ce dispositif, comme on l'a dit, permet de ne pas rester « vissé » à son fauteuil, mais il arrive parfois que la proximité de la lampe par rapport à l'œil soit mal tolérée par certains sujets qui la jugent inconfortable et éblouissante.

Il est évidemment déconseillé de conduire son véhicule ou de travailler avec une machine nécessitant un large champ visuel et une attention soutenue.

Simulateurs d'aube

L'idée de départ est simple : lorsqu'*Homo sapiens* est apparu sur notre belle planète, les interrupteurs électriques étaient assez rares, et force était pour nos ancêtres de se plier aux rythmes solaires, avec de belles aurores aux doigts de fée et de flamboyants couchers de soleil, le tout prenant un certain temps. Or il apparaît que même lorsque nous avons les paupières closes et que nous dormons, il passe suffisamment de rayons lumineux pour informer notre cerveau que, dans peu de temps, il va faire jour et qu'il faudra se lever. Il se met alors à fabriquer des molécules de mise en alerte comme le cortisol et la noradrénaline. Même chose le soir, la diminution progressive de la luminosité informe notre cerveau que ça va être l'heure de se coucher et il se met à fabriquer de la mélatonine.

Certaines personnes ont du mal à se lever et ne sont guère performantes au cours des premières heures de la journée, sans parler de celles dont le sommeil est amputé le matin pour cause de travail par exemple. Dans tous ces cas, ce qu'il est convenu d'appeler la performance intellectuelle est altérée.

Des systèmes qui simulent artificiellement une aube et émettent des chants d'oiseaux quand il faut se lever sont commercialisés et des études récentes semblent indiquer leur efficacité sur les performances cognitives. De même, le dispositif est particulièrement bénéfique pour les sujets du soir qui restent ensommeillés après leur lever. Il a d'ailleurs été montré que le dispositif augmente le taux de cortisol le matin, ce qui, bien sûr, donne « la pêche[10] ».

Une autre indication très surprenante publiée dans le très prestigieux *American Journal of Psychiatry*[11] montrerait une efficacité remarquable sur la dépression saisonnière ou dépression d'hiver (SAD) : l'exposition à une aube artificielle associée à une ionisation de l'air à haute densité non seulement serait particulièrement favorable mais présenterait aussi le gros avantage de

---

10. Mes enfants me signalent qu'aujourd'hui, si on ne veut pas trop passer pour un *has been*, il vaut mieux dire « la banane » ! Autres fruits, autres mœurs...

11 Michael Terman, Jiuan Su Terman, « Controlled Trial of Naturalistic Dawn Simulation and Negative Air Ionization for Seasonal Affective Disorder », *American Journal of Psychiatry*, n° 163, 2006.

ne pas prendre de temps supplémentaire puisque tout se passe pendant le sommeil : il n'y aurait donc plus besoin de passer du temps (trente minutes) devant l'appareil de luminothérapie.

4. Techniques de décontraction

Relaxation, méditation, mindfulness...

Les différentes techniques de relaxation sont des plus simples à mettre en place et permettent d'affronter et de traiter un grand nombre de symptômes gênants; elles cherchent à diminuer le stress de manière à engendrer une «diminution du niveau d'alerte, de la fréquence cardiaque et respiratoire et de la tension artérielle[12]». Les méthodes sont multiples et correspondent à des théories très diversifiées. Elles peuvent s'apparenter aux psychothérapies, à la médecine psychosomatique ou au développement personnel.

On y retrouve la plupart des grands courants de la psychothérapie, de la psychanalyse, des thérapies cognitives et comportementales, mais aussi des techniques dérivées du yoga ou des méthodes de méditation et de la *mindfulness* (pleine conscience).

Parmi les méthodes les plus connues, nous citerons celles de Schultz, Jacobson, Vittoz, le training autogène, l'autohypnose et bien d'autres encore.

Nous y rattacherons aussi les techniques de *biofeedback* dont la plus célèbre est la cohérence cardiaque (voir plus loin). Cette technique a été popularisée en France par David Servan-Schreiber et est particulièrement simple à mettre en œuvre à partir du moment où le logiciel a été acquis par le thérapeute, voire par l'utilisateur.

Quelle que soit la méthode employée, la relaxation est une thérapie efficace dans les phobies dentaires, la peur des examens, le trouble panique et le trouble d'anxiété généralisée. Néanmoins son efficacité n'est pas prouvée scientifiquement, à la dif-

---

12. Dominique Servant, *Techniques de relaxation: modules d'apprentissage*, Elsevier-Masson, 2009.

férence des thérapies cognitives et comportementales dans les autres phobies (petits animaux, phobies sociales, le syndrome de stress post-traumatique et les troubles obsessionnels compulsifs (TOC)).

Types de relaxation

Toutes les techniques de relaxation ont leur intérêt et il suffit d'opter pour celle au cours de laquelle on se sent le mieux.

À titre d'exemple, je décrirai le training autogène de Schultz[13].

Il s'agit d'une des plus anciennes méthodes de relaxation puisqu'elle date de 1932. Son efficacité est attestée par un certain nombre d'études contrôlées chez les personnes stressées et celles ayant un trouble anxieux. Elle est facile à maîtriser et peut être rapidement mise en œuvre, seul ou collectivement. Il suffit de suivre à la lettre les instructions suivantes :

Première séance

– S'installer confortablement dans une pièce calme et silencieuse (il n'est pas interdit selon ses goûts de mettre un fond sonore d'une musique un peu planante, par exemple un adagio ou une musique de jazz style Erroll Garner). On peut s'allonger sur un tapis de sol ou même sur un siège relax bien moelleux ;

– Rester immobile du mieux possible mais sans se forcer, en se concentrant sur chacun de ses muscles de manière systématique ;

– Se dire que l'ensemble de son corps est devenu pesant, comme un sac de plomb et se répéter mentalement : « Mon bras gauche est lourd, de plus en plus lourd » ;

– Redire mentalement cette phrase en citant successivement les différentes parties de son corps : les bras, les jambes, les cuisses, le ventre, le dos… ;

---

13. Johannes Heinrich Schultz, *Le Training autogène, méthode de relaxation par autodécontraction concentrative, essai pratique et clinique*, PUF, 2013.

– Se concentrer sur son cœur que l'on sent battre de plus en plus lentement ;

– Se reposer un bon moment, ouvrir lentement les yeux, laisser passer quelques instants, respirer profondément, se mouvoir un peu et reprendre *calmement* ses activités.

Séances suivantes

– Lorsque l'on commence à maîtriser la technique et que l'on sent *vraiment* la lourdeur qui envahit chacun de ses muscles, on peut rajouter la notion de chaleur : « Mon bras gauche est lourd et chaud », et l'on ajoute cette sensation à chacun de ses muscles en suivant le même ordre que précédemment. Attention, pas de chaleur en ce qui concerne la tête qu'il faut au contraire s'efforcer d'imaginer fraîche, légère, décongestionnée.

En pratiquant cette méthode régulièrement, on arrive vite à se conditionner et à se décontracter de mieux en mieux, de plus en plus complètement.

Relaxation ou sport ?

La mode des techniques de relaxation, de méditation, de *mindfulness* (ou pleine conscience) amène leurs promoteurs sérieux (je ne parle pas des charlatans) à glisser dans un enthousiasme parfois un peu excessif pour ne pas dire totalitaire. À les entendre, ce type d'approche permet de se sortir de l'étreinte de l'angoisse, de l'emprise du stress, du burn-out, ce qui est vrai mais... pas pour tout le monde. Le problème est que lorsque quelqu'un se présente, tente l'expérience et repart en courant tant ça l'énerve, le message est : « Il faut persévérer, vous avez des résistances, vous avez peur de vous retrouver face à vous-même » et autres balivernes culpabilisantes.

Tout cela n'est pas complètement vrai !

S'il est exact que la plupart des gens n'y arrivent pas du premier coup et doivent en effet insister pour y arriver, il n'en est pas moins vrai qu'un grand nombre de personnes ne sont pas faites pour ce type d'exercice car elles ont besoin de se dépenser, pas de se reposer. D'exploser, pas de se concentrer. De ce fait, ces personnes sont agacées, irritées par la contrainte qu'il y a à ne pas bouger ou aller très lentement. En plus, voilà qu'on les culpabilise !

Pour avoir la réponse, mon protocole est simple : je prescris du yoga ou de la relaxation en insistant pour que la personne se rende au moins à deux séances. Si ce type d'(in)activité provoque de l'énervement, de la colère, de l'impatience, je prescris du sport. Là encore, il existe trois cas de figure qui correspondent à trois types d'activité sportive : solitaire, collective ou duelle. Il est généralement intéressant de prendre à contre-pied, c'est-à-dire de suggérer un sport aux non-sportifs ou bien un sport différent de ce que le patient a toujours pratiqué :

– Soit la personne souffre d'une phobie sociale, de timidité, n'arrive pas à rentrer en contact avec les autres, je conseille alors un sport d'équipe en choisissant une discipline en fonction des tendances personnelles, comme par exemple l'envie jamais exprimée d'être en contact physique qui indique plutôt le rugby. Si, au contraire, la confrontation physique n'est pas souhaitable, je conseille le volley-ball car les équipes sont symboliquement séparées par le filet. Au volley, on ne se touche qu'entre alliés de la même équipe, ce qui change tout par rapport au rugby.

– Soit la personne souffre d'une agressivité refoulée, d'une colère rentrée, est dans l'évitement permanent du conflit (cas de harcèlement professionnel par exemple), a toujours peur de faire du mal aux autres, comme dans la phobie d'impulsion. Dans ce cas, je conseille un sport martial, de préférence l'escrime, que l'on peut pratiquer à tout âge. L'épée est particulièrement indiquée car la simplicité des règles permet de s'amuser dès le premier assaut: pas besoin de faire des gammes pendant de longs mois avant de prendre du plaisir comme au fleuret, sport beaucoup plus conventionnel. Le principe est simple puisqu'il s'agit de chercher à tuer l'adversaire, le transpercer, l'exploser tout en sachant que la pointe est mouchetée et qu'il est totalement impossible de lui faire du mal. Il s'agit en réalité d'un sport extrêmement explosif qui permet de décharger toute son agressivité en quelques minutes puis, une fois l'adversaire (ou soi-même) symboliquement tué, de lui serrer la main. Il ne faut en effet pas oublier que la devise de cet art martial est: «Honneur aux maîtres, respect aux armes.» Les sports comme le judo ou le karaté ont également leurs indications selon que le contact physique est ou non indiqué.

– Soit la personne souffre de burn-out (surmenage), est épuisée, a besoin de se ressourcer, de se «vider les neurones». Dans ce cas, je suggère le golf qui permet de «se promener», de s'oxygéner, éventuellement de bavarder avec des gens agréables et différents de ceux que l'on côtoie habituellement. Mais attention, le golf n'est pas fait pour conclure des affaires car dans ce cas, on retombe automatiquement dans le stress que l'on cherche à fuir!

– Avec les personnes trop nerveuses, trop agressives, «burn-outées», celles qui passent à l'acte sans raison, je conseille le jogging qui permet de se retrouver seul avec soi-même pendant des durées suffisamment longues pour «faire le ménage» des pensées gênantes. La randonnée est une alternative possible pour ceux dont la nature n'autorise pas des efforts importants prolongés (essoufflement). En effet pour des raisons essentiellement génétiques, il existe des gens qui sont bons pour les sports de fond (comme les loups) alors que d'autres excellent dans les sports de pointe (comme les guépards).

– La pétanque convient bien à deux sortes de patients :
• Les personnes souffrant de TOC de propreté car ramasser les boules par terre nécessite d'accepter de se salir, d'accepter les microbes ;
• Ceux qui souffrent de phobies d'impulsion car avoir dans sa main une telle arme et ne pas s'en servir comme telle constitue une des meilleures expositions qui soit.

Il est essentiel que toutes ces activités sportives soient inductrices de plaisir. Une pratique de sport « par devoir » ou sur ordre médical n'a que très peu de chances d'être poursuivie suffisamment longtemps si elle ne s'accompagne pas automatiquement de la récompense indispensable qu'est la jouissance déclenchée par le bonheur de l'effort !

Il est d'ailleurs intéressant de savoir que tous les sports, quels qu'ils soient, provoquent une sécrétion de morphine naturelle (endomorphine) et d'anandamide (principe actif du haschich), au point que certains auteurs considèrent qu'un bon marathon est équivalent à un ou deux pétards ! C'est ainsi que l'on explique le « second souffle », cet état de grâce si particulier qui fait que lorsqu'on est épuisé, au bout du rouleau, et tout d'un coup, on éprouve un grand plaisir et tout redémarre. C'est aussi de cette manière que l'on comprend les états de manque des grands sportifs lorsqu'ils sont contraints de s'arrêter ou bien lorsqu'ils prennent leur retraite. Beaucoup d'entre eux malheureusement deviennent alcooliques, obèses, truands (chercheurs de sensations), toxicomanes…

C'est également pour cette raison que je conseille fortement le sport à outrance aux drogués en cours de sevrage, et par la suite, de manière à remplacer la mauvaise drogue par la bonne.

Il n'en reste pas moins qu'un certain nombre d'études montrent que faire des exercices physiques est efficace en cas d'anxiété généralisée, chez les personnes qui se font du souci en permanence («appelle-moi quand tu arrives à la maison») et celles souffrant d'attaques de panique.

On peut donc considérer qu'avec la relaxation, le sport, l'exercice physique représentent un traitement alternatif de l'anxiété (ni médicamenteux ni psychothérapique) dont les effets sont les plus solides et les mieux démontrés. Mais j'insiste, il faut bien choisir son sport. Tel type de sport peut aider certains et aggraver l'état d'autres, de même que la relaxation.

L'amour

Être amoureux, être aimé, avoir une vie affective stable, faire l'amour avec quelqu'un que l'on aime sont à coup sûr les meilleurs moyens de bien se porter sur le plan psychologique et physique (artères). Malheureusement, ce n'est pas très facile à évaluer scientifiquement et encore moins à prescrire, d'autant plus qu'une fois de plus on ne sait pas qui, de la poule ou de l'œuf, précède l'autre :

– Est-ce parce que j'aime que je me porte bien ?

– Ou est-ce parce que je me porte bien que j'aime et suis aimé ?

Les deux, mon colonel !

Les animaux

Alors, comme je ne peux pas inscrire «Amour® : 3 prises par semaine pendant toute la durée de la vie» sur mes ordonnances, j'ai cherché – et trouvé – une approche alternative : les animaux. Ce n'est pas remboursé non plus, mais c'est plus facile à prescrire malgré tout.

Or, là encore, pas n'importe quels animaux et pas à n'importe qui !

– **Les chiens** : probablement, à mon sens, les plus thérapeutiques de nos compagnons. Rassurants de par leur fonction de «chiens de garde», affectueux, fidèles et, surtout, ayant besoin d'être sortis le matin tôt pour satisfaire leurs besoins physiologiques. J'en prescris donc aux personnes souffrant d'insomnie d'endormissement et aussi de dépression car, de cette manière, ils sont complètement obligés de se lever précocement à heure fixe, et donc condamnés à se resynchroniser. Évidemment, il faudrait également distinguer le chihuahua du doberman, qui n'ont pas exactement la même fonction et donc pas les mêmes indications, selon qu'on a plus besoin d'être rassuré, d'être aimé, d'avoir de la compagnie…

– **Les chats** : leur indépendance, leur insoumission les rendent appropriés pour ceux qui souffrent d'une personnalité dépendante, qui ont sans cesse besoin de s'accrocher à un autre. Un félin démontre que l'on peut aimer, être aimé, sans pomper l'air d'autrui.

– **Les oiseaux**. Il faudrait distinguer :
- Les perroquets qui se laissent apprivoiser, toucher, caresser, et qui sont très affectueux ; ils établissent un véritable dialogue, étant capables, contrairement à ce que l'on pense, de parler à bon escient, de manière appropriée et non comme des magnétophones ; il m'est arrivé d'en prescrire à des personnes qui se sentent abandonnées, suite au départ des enfants ou à un veuvage. Du fait de leur longévité (80 ans et plus), ils sont intéressants pour ces personnes qui justement ne tolèrent pas le deuil. Donc, animaux intéressants pour les solitaires qui n'aiment pas leur solitude.
- Les oiseaux de cage et de volière : on ne les touche pas, ils vivent leur vie, sont beaux, chantent, sont joyeux de manière gratuite. Ils sont une leçon de bonne humeur malgré leurs conditions de détention. Ils apportent la réponse à une question vieille comme le monde : comment être libre dans sa tête quand on est enfermé par la maladie ?

– **Les poissons** :
- Le poisson rouge dans son bocal, style Cléo de Pinocchio : excellent moyen d'apprendre aux enfants qu'un être vivant

n'est pas un simple jouet, qu'il faut s'en occuper, le nourrir un peu et surtout pas trop, changer son eau. C'est une excellente manière de rendre un gamin responsable et de le préparer aux deuils car les poissons ne vivent pas très vieux. Je mettrais les rongeurs, lapins nains, hamsters, souris blanches et autres gerbilles dans la même catégorie thérapeutique tout en étant conscient de la galère qu'ils représentent pour les parents.

- L'aquariophilie est très différente : il s'agit de créer un univers harmonieux, équilibré dont le propriétaire est le maître absolu. Le démiurge. Pour réussir, il faut être patient, avoir de la suite dans les idées, être respectueux des exigences de chaque espèce de plante et d'animal. Je prescris ce genre d'activité aux personnes impulsives qui ont des problèmes d'estime de soi.

   – **Les Nac** (nouveaux animaux de compagnie) : ils sont divers et difficiles à catégoriser. La tortue terrestre qui vit très vieille (même avantage que le perroquet), les iguanes, les serpents, les caméléons, les mygales vivent dans un univers, le terrarium, comparable à l'aquarium, mais un peu plus simple à organiser et maintenir. Ces animaux, de par leur originalité et leur côté effrayant, propre à déclencher des phobies, permettent de se montrer courageux et original aux yeux d'autrui. Intéressant pour ceux qui se sentent en infériorité.

Méditation, pleine conscience

L'efficacité de la méditation a été démontrée sur l'anxiété généralisée ainsi que chez les personnes anxieuses de nature. Mais, dans les différentes études que je connais, elle ne se révèle pas forcément plus efficace que les méthodes de relaxation. Les résultats des programmes à base de pleine conscience sur l'anxiété (MBSR), évalués sur 15 études contrôlées, demeurent encore assez compliqués à interpréter et nécessitent plus de recherches.

Ce sont sans doute les études réalisées par Matthieu Ricard qui sont les plus impressionnantes car, au moyen d'outils sophistiqués d'imagerie dynamique (IRM fonctionnelle), ils démontrent les effets profonds que ces états de conscience modifiée induisent dans notre cerveau. Cela ne doit pas nous faire oublier que la prière de certaines religieuses occidentales induit exactement les mêmes effets… Comme quoi l'exotisme n'est pas forcément indispensable.

Comme aujourd'hui les chimpanzés, l'être humain a été conçu à l'origine pour vivre dans des petites communautés, des clans de 20 à 40 individus, pas des mégapoles de plusieurs millions d'habitants. De même, étant omnivore, il ingère en partie des aliments hautement nutritifs qui lui permettent de consacrer beaucoup de temps à… ne rien faire, à la différence des herbivores qui passent leur vie à brouter. Ne rien faire signifie rêver, rêvasser, glander, penser et donc devenir de plus en plus intelligent[14].

Notre monde moderne pousse le citoyen à être le plus actif possible, à diminuer le temps de pause au profit du temps de travail. Les vacances (le vide) disparaissent au profit des loisirs à thèmes. Il suffit pourtant d'observer un chasseur basque à l'affût de ses palombes ou un berger masaï appuyé pendant des heures sur sa longue canne pour comprendre que, plus il est proche de la nature, plus l'humain accepte l'inaction sans pour autant connaître l'ennui, à l'inverse du citadin qui, lui, se barbe dès qu'il est plongé dans la non-activité et cherche à la « meubler » avec les occupations, comme le cinéma, les jeux électroniques, les activités extra-professionnelles en tout genre. Il suffit d'observer les malheureux « bons parents » qui courent d'un entraînement de foot à une leçon de musique, d'un centre aéré à une piscine chauffée, rien que pour « occuper leurs enfants ».

La méditation est un des meilleurs moyens que les psys aient inventé contre l'hyperactivisme du corps comme de l'esprit. Le défi n'est pas mince pour un humain du XXIe siècle puisqu'il

---

14. Voir mon livre : *S'ennuyer, quel bonheur*, Armand Colin, 2007.

s'agit de se taire, de s'immobiliser et de devenir le spectateur, le témoin de ce qui se passe en soi.

Si la méditation a démontré son efficacité sur l'anxiété comme sur la dépression, ses effets sont plus évidents sur l'angoisse et la tristesse des personnes malades que sur le stress et les angoisses quotidiennes des personnes en bonne santé. Mais encore faut-il en avoir envie et supporter le fait de se retrouver confronté seul avec soi-même, sans aucun dérivatif, sans rien pour distraire l'attention. Au risque de me répéter, je déconseille sans les blâmer la méditation et la relaxation à ceux que le fait de rester sans rien faire insupporte au bout de deux ou trois séances.

Différents types de méditations existent, certaines totalement laïques, d'autres plus ou moins teintées de mysticisme généralement bouddhique. Il n'en existe pas de meilleures que les autres, l'important étant de choisir celle qui correspond le mieux à la personnalité de chacun et à ses aspirations profondes, c'est pourquoi je vais présenter les plus connues d'entre elles en les classant selon qu'elles font référence ou non à une forme ou à une autre de mysticisme.

Néanmoins, comme toute approche comportant une véritable dimension thérapeutique, il existe un certain nombre de contre-indications qui doivent être prises au sérieux :

– La psychose car elle peut être aggravée par des états dissociatifs, voire hallucinatoires déclenchés par l'attention portée aux sensations internes, ce qui coupe encore plus la personne du monde réel ;

– La dépression en phase aiguë, qui elle aussi tend à introduire une séparation du déprimé avec son environnement et va donc dans le même sens que la méditation ;

– L'accès maniaque ou dépressif dans le cadre d'un trouble bipolaire alors qu'une fois stabilisée par un régulateur, cette maladie ne contre-indique en rien, bien au contraire, la méditation ;

— Les séquelles d'abus physiques, psychologiques, sexuels, notamment dans le cadre d'un syndrome de stress post-traumatique, qui doivent d'abord être traitées par des techniques comme l'EMDR ;

— Les attaques de panique qui elles aussi doivent d'abord être traitées par les thérapies cognitives et comportementales, voire avec un antidépresseur sérotoninergique ;

— Les états dissociatifs souvent rencontrés dans le cadre des états limites (*borderline*). Dans ce cas, il faut un long traitement avec un thérapeute expérimenté avant d'oser entreprendre la méditation.

Religion et prière

Autant la religion peut être une substance toxique responsable de la plupart des guerres et persécutions qui ont décimé l'humanité depuis la nuit des temps, autant elle peut être le meilleur des remèdes contre le désespoir qui frappe si souvent l'être humain, une des rares créatures avec le chimpanzé et probablement l'éléphant à être consciente de sa propre fin.

Le risque est grand quand une philosophie intime devient religion collective.

Le seul antidote connu contre la toxicité de la religion mal dosée s'appelle la *tolérance*. À partir du moment où un adepte est convaincu que sa religion est la seule valable et que toutes les autres sont des hérésies, il est automatiquement aspiré par une spirale de violence qui le conduit à exercer le plus grand de tous les maux : le prosélytisme au besoin par la force : « Tuez-les tous, Dieu reconnaîtra les siens[15] ! » Le

---

15 Arnaud Amaury, abbé de Poblet, de grand Selve, puis de Citeaux, et enfin archevêque de Narbonne, décédée en 1225, aurait ainsi répondu à des soldats qui lui demandaient comment différencier les fidèles des hérétiques pendant le sac de Béziers.

catholicisme a longtemps souffert de cette terrible maladie qui culmina avec la croisade des Albigeois et son héritière, l'Inquisition ; malheureusement, de nos jours, certaines religions en sont à leur tour frappées.

En revanche, lorsque la foi est intime, profonde, vécue, elle s'accompagne, quelle que soit la philosophie concernée, d'une éthique personnelle qui s'exprime par un certain nombre de valeurs. Parmi celles-ci vient en premier lieu l'interdit du suicide considéré comme péché suprême par toutes les grandes croyances de l'humanité à part certaines cultures comme au Japon. De nos jours, cet interdit reste un des meilleurs antidépresseurs qui soit. De ce fait, toutes les études prouvent que le taux de suicide est nettement plus faible chez les personnes qui adhèrent à une religion et la pratiquent.

Je ne manque jamais de demander à mes patients quelles sont leurs convictions tout en leur disant qu'ils ne sont pas obligés de me répondre et, lorsque je sens qu'ils me suivront, je leur demande en plus s'ils adhèrent à une religion et s'ils prient. La prière peut en effet être considérée comme une forme de méditation active et je sais que tant qu'un fidèle n'arrive pas à prier, phénomène plus que fréquent dans la dépression, ce n'est pas gagné. Ce n'est que lorsqu'il me dit : « Ça y est, j'y arrive à nouveau ! », que je sais que nous sommes sur le bon chemin.

Certaines études ont montré une augmentation des taux de sérotonine dans le cerveau de bonzes en méditation ainsi que chez des religieuses chrétiennes en prière. Or, d'un point de vue biologique, il est connu qu'il existe toujours un déficit de la transmission de la sérotonine et que les antidépresseurs ont pour principal effet d'augmenter celle-ci. Nul ne sait si la religion concerne ceux qui à l'origine ont un taux élevé de sérotonine ou si, à l'inverse, c'est le fait de pratiquer qui provoque une augmentation des taux, mais le fait est là : bien-être et religiosité vont de pair. On peut donc considérer que prière et méditation sont des antidépresseurs à part entière et probablement aussi d'excellentes manières de ne pas rechuter.

À certains de mes patients déprimés, notamment ceux qui souffrent en plus d'une maladie potentiellement mortelle, je demande de mettre en place un cahier de prières avec un texte quotidien que je lis à voix haute devant eux... Et contrairement à beaucoup de mes confrères, je pense que cela entre dans mes attributs de psychiatre.

De même, je pense profondément qu'un psychiatre digne de ce nom doit avoir une connaissance raisonnable des principaux textes des trois grandes religions, Bible, Évangiles, Coran, et être capable de soutenir une discussion d'ordre théologique. Car, pour nombre de nos malades, ce type de préoccupation est profondément inscrit et fait partie de leur moi profond, lequel ne devrait pas être étranger à leur thérapeute.

À part la prière, les religions occidentales n'ont guère produit d'outils de soins. Tout autre est l'approche orientale, particulièrement le bouddhisme qui a développé de nombreuses techniques de méditation que l'on peut d'ailleurs pratiquer assidûment sans pour autant finir ses jours dans un monastère tibétain !

Méditation laïque

Ici, la méditation n'est reliée à aucune philosophie, encore moins à une religion. Elle est considérée comme un simple outil de soins proche de la relaxation ou comme un moyen de développement personnel.

Souvent d'inspiration orientale, la méditation peut cependant être exempte de toute influence géographique ou philosophique. Il s'agit en définitive de concentrer toute son attention sur un seul sujet très restreint et précis, un mot, un concept, sur soi, puis sur rien, sachant que ne penser à rien n'est pas possible pour un débutant. D'où des techniques qui souvent reposent pour débuter sur une attention sur soi à travers le flux respiratoire, les échanges d'air qui passent par le nez. Parfois, le méditant peut se fixer sur un concept, une idée, mais, de manière générale, l'objectif est de parvenir à la totale vacuité de l'esprit.

Cette technique permet chez ceux qui l'acceptent de parvenir à cette fameuse vacuité mentale dont découlent bien-être et paix intérieure. Parfois, certains sujets sont propulsés dans des états de conscience modifiée comparables à ce que déclenchent la transe ou l'hypnose. Parfois, les effets se résument à un sentiment de relaxation, ce qui n'est déjà pas si mal. Il faut cependant bien comprendre que la méditation peut parfois déclencher des effets secondaires sérieux chez ceux qui ont une fragilité psychologique, car les états de conscience modifiée peuvent devenir délire, confusion, dissociation, persécution chez les sujets psychotiques. Comme la relaxation, la psychose constitue donc une forte contre-indication en dehors de certaines techniques plus spécifiques menées sous la direction de professionnels expérimentés.

C'est la méditation transcendantale qui, parmi les plus anciennement pratiquées en Occident, a été la plus étudiée. C'est une technique qui obéit à un protocole particulièrement strict, ce qui permet de la standardiser et de réaliser des études incluant plusieurs centres puisque l'on a la certitude que tous les méditants pratiquent de la même manière.

Parfois considérée comme la plus facile de toutes les techniques de méditation, la méditation transcendantale repose sur la répétition de mantras (mots ou phrases courtes) qui offrent une base concrète au pratiquant. Cependant, malgré son apparente simplicité de départ, elle requiert comme les autres beaucoup d'entraînement pour être bien maîtrisée.

La pleine conscience

La pleine conscience (*mindfulness*) ou MBSR (*Mindfulness Based Stress Reduction* – Réduction du stress fondé sur la pleine conscience): «État de conscience qui résulte du fait de porter son attention intentionnellement au moment présent, sans juger, sur l'expérience qui se déploie moment après moment[16].»

Il s'agit avec cette technique actuellement très en vogue dans les milieux psychiatriques de parvenir à interrompre le flux permanent de pensées qui traversent notre esprit et de prendre conscience de chaque fragment d'instant, que ce fragment concerne son propre corps, les autres ou son environnement dans son ensemble. Elle permet de parvenir à un éveil à soi-même et aux autres, d'être en pleine conscience de soi et des autres.

Même si cette technique vient en filiation directe des pratiques bouddhistes de méditation, la pleine conscience se veut résolument laïque et expurgée de toute référence religieuse ou philosophique. Il s'agit donc d'une méthode développée avec un objectif à orientation thérapeutique dans les milieux universitaires américains, notamment celle du Massachusetts. Les cibles pathologiques de la pleine conscience sont:

– réduction du stress,
– prévention de la dépression et de la rechute dépressive,
– gestion de l'impulsivité, de la colère, des crises de boulimie,

---

16. Jon Kabat-Zinn, «Influence of a mindfulness meditation-based stress reduction intervention on rates of skin clearing in patients with moderate to severe psoriasis undergoing phototherapy (UVB) and pho-tochemotherapy (PUVA)», *Psychosom. Med.*, vol. 60, n° 5, 1998.

– maîtrise de la douleur chronique, de la détresse face à la maladie chronique,

– réduction du perfectionnisme excessif et de l'hyperactivité,

– amélioration de certaines fonctions immunitaires : en effet, il a été démontré[17] que le système immunitaire, véritable chien de garde chargé de lutter contre les agressions internes ou externes, est largement influencé par notre mode de vie et en particulier par ce qu'il est convenu d'appeler le « bon stress » ou le mauvais stress ». Le fait de méditer quotidiennement améliore significativement nos défenses et permet donc à notre organisme de mieux lutter contre les infections, le cancer, les maladies cardio-vasculaires…

Comme toutes les bonnes idées, le concept de la pleine conscience est extraordinairement simple : nous passons la quasi-totalité de notre existence en pilotage automatique. Nous pensons, agissons, réagissons au gré de nos sensations et des circonstances. Il s'agit donc ici de parvenir à la pleine conscience de nos faits et gestes, de nos pensées et de nos sensations. Pour moi, il s'agit de « faire en sachant pleinement que je fais et ce que je fais ».

Généralement, la pleine conscience est enseignée au sein de petits groupes de 5 à 20 personnes réunies pendant environ deux heures sur une dizaine de séances. Néanmoins, comme les autres formes de méditation, pour espérer parvenir à une bonne maîtrise, il faut s'astreindre à une pratique quotidienne et donc y consacrer trente à soixante minutes par jour. La méditation comporte toujours une dimension d'ascèse, jour après jour. Le chronobiologiste que je suis recommande de porter la plus grande attention au moment que l'on choisit et, une fois déterminée l'heure de la journée où l'on est le plus performant pour méditer, de s'y cantonner. Certains vont méditer dès le réveil,

---

17. Voir mon livre : *Le Mystère du nocebo*, Odile Jacob, 2011.

d'autres après le petit déjeuner, d'autres encore après le déjeuner de midi, d'autres enfin, le soir, avant de se coucher. Nous ne sommes pas tous programmés de la même manière, l'important étant de savoir comment nous sommes programmés et à quel moment nous sommes les plus efficients pour telle ou telle activité.

Parfois, pour mieux comprendre le fonctionnement de la pleine conscience, des auteurs comme Frédéric Rosenfeld[18] proposent l'exercice dit du raisin sec, chaque séance durant un certain temps, parfois plusieurs minutes : prendre un grain de raisin de Corinthe, le mettre entre pouce et index, le regarder, le faire rouler entre les doigts, sur la paume de la main, le humer, l'observer attentivement, le mettre entre les dents, entre les lèvres, le toucher du bout de la langue, le poser sur la langue, sur les côtés, entre langue et joue, enfin le déglutir, le suivre en pensée le long de l'œsophage, dans l'estomac, le poursuivre tout au long de son trajet dans le tube digestif jusqu'à son expulsion. Tout cela peut et doit durer au moins dix bonnes minutes.

Le lecteur comprendra que la pleine conscience permet de porter son attention exclusivement sur le moment présent et donc de quitter le mode pilotage automatique, ce qui est le but de la manœuvre. Généralement, je respire sans y penser, de manière automatique, mais, si je le veux, je peux prendre conscience de ma respiration et la diriger comme ma conscience l'entend et il en va de même pour un grand nombre de nos fonctions physiologiques.

La crise de calme

Par opposition à la crise de nerfs, la crise de calme permet en quelques instants de diminuer de manière très significative la tension nerveuse. Le tout est de penser à la pratiquer lorsque la

---

18. *Méditer, c'est se soigner*, Les Arènes, 2007.

tension monte et c'est bien là tout le problème. Combien de fois ai-je demandé à mes patients:

« Lorsque vous avez senti que vous étiez en train de péter les plombs, avez-vous pensé à faire une bonne crise de calme ? » Et invariablement, du moins au début, la réponse a été: « Non, je me suis précipité sur la boîte de tranquillisants et j'ai avalé une pilule » (un peu comme un cardiaque avale sa trinitrine en catastrophe dès qu'il ressent les premiers signes annonciateurs d'une crise d'angine de poitrine).

Pourtant, les modalités de la crise de calme sont très simples à mettre en œuvre:

1. Inspirer profondément, amplement et rester volontairement pendant une ou deux secondes avec la cage thoracique remplie d'air *mais en prenant garde de ne pas bloquer la gorge.*

2. Relâcher complètement tous ses muscles respiratoires et laisser partir l'air naturellement sous la pression de l'air contenu dans son thorax.

3. Demeurer ainsi pendant quelques instants sans respirer, en expiration de manière à anticiper sereinement l'instant de calme qui précède l'inspiration suivante.

Le truc de la crise de calme est de parvenir à rester passif et à se laisser en quelque sorte porter par la pression naturelle de l'air qui est dans les poumons et aussi de penser complètement à ce que l'on fait.

La crise de calme est particulièrement appropriée à ceux qui souffrent de phobie sociale, autrement dit les timides pathologiques et ceux qui pensent qu'ils vont tellement rougir en entrant dans une pièce, en prenant la parole en public (même si le public n'est composé que de trois amis dans un salon). Avant de pénétrer dans une pièce, ou même en pénétrant dans ladite pièce, pratiquer la crise de calme.

Comment réussir un goûter d'enfants

« Jacques a dit » ou comment calmer les goûters d'anniversaire : une méthode recommandée à tous ceux qui invitent la moitié de la classe lorsque leur chère tête blonde doit souffler ses bougies d'anniversaire.

Lorsque mes enfants étaient petits (entre 6 et 12 ans), je me suis taillé une solide réputation d'animateur de goûters d'anniversaire parmi les mamans du quartier. De fait, ma femme me demandait un mois à l'avance de réserver mon mercredi après-midi afin d'être présent au moment précis, vers 16 heures, avant l'arrivée du gâteau, lorsque les glycémies sont basses et l'énervement haut. À ce moment si particulier où les garçons se battent et tirent les nattes des filles !

Je faisais asseoir tous les petits gones (on est à Lyon) en rond et je leur expliquais le principe du « Jacques a dit » puis je prenais ma voix la plus basse, la plus rassurante et je commençais :

– Jacques a dit : *tous les enfants s'allongent sur le dos.*

– Jacques a dit : *tous les enfants ferment les yeux.*

– Jacques a dit : *tous les enfants respirent lentement.*

– Jacques a dit : *tous les enfants sentent leur bras droit devenir très lourd, comme un sac de plomb.*

– Jacques a dit : *tous les enfants sentent leur autre bras devenir très lourd.*

– Jacques a dit : *tous les enfants sentent leurs deux jambes devenir très lourdes.*

– Jacques a dit : *tous les enfants ne bougent pas du tout.*

Pause prolongée.

Généralement, à ce moment, la moitié des petits monstres s'endormait et les autres somnolaient… Après cinq minutes, je disais :

– Levez-vous.

Tous les petits garnements se levaient instantanément tellement ils étaient pris par leur miniséance de relaxation et alors je leur assenais un :
– Vous avez tous perdu ! Je n'ai pas dit : *Jacques a dit*.

MDR (morts de rire, variante gauloise du LOL américain), les enfants pouvaient attaquer le gâteau dans le calme et la bonne humeur !

II
Les maladies de l'âme

1. Comment caractériser et diagnostiquer sa maladie ?

Avant d'envisager de traiter ses troubles, il est extrêmement important de les repérer avec précision et de porter un diagnostic. C'est l'objet de ce chapitre. Que le lecteur se rassure, je ne ferai pas appel aux grands systèmes internationaux de classification des diagnostics comme le CIM X ou le DSM V qui sont des outils destinés à la recherche et à l'épidémiologie (comptage des maladies), et qui n'auraient jamais dû sortir du domaine pour lequel ils ont été conçus.

Inutile de revenir sur l'insomnie, le sujet ayant été abondamment traité dans le chapitre précédent. En revanche, un autre mal est très répandu, je veux parler de l'anxiété (synonyme : angoisse). Ce ressenti peut être particulièrement pénible et gâcher la vie de certaines personnes.

Les temps grammaticaux de la maladie

Quand un de mes patients me parle, je prête la plus grande attention à sa conjugaison, aux temps qu'il utilise de préférence car :

– Quand on est déprimé, on parle surtout à l'imparfait : « Si seulement je pouvais revenir en arrière », au passé simple : « Ce fut une belle époque de ma vie », au plus-que-parfait : « Si j'avais su… », au conditionnel passé : « J'aurais pu mieux me conduire. »

– Quand on est anxieux, on parle plutôt au futur : c'est la fameuse histoire des Gaulois qui redoutaient que le ciel leur tombe sur la tête : « Demain il ne fera pas beau et je vais manquer tous mes rendez-vous » ; « Qu'est-ce qui va encore m'arriver comme catastrophe ? »

– Quand on va bien, on parle surtout au présent. C'est le *carpe diem* des Romains : jouis de l'instant présent sans te préoccuper du passé et du futur.

Devant un beau paysage, il y a au fond trois attitudes possibles :

– J'aimais mieux avant qu'ils ne fassent toutes ces constructions (triste ou nostalgique) ;

– Il faut que je me dépêche de regarder car j'ai un rendez-vous en fin de journée (angoissé) ;

– Qu'est-ce que c'est beau (cool) !

Il faut néanmoins se souvenir qu'à la base, il s'agit d'un phénomène normal et même indispensable à la vie, car il met l'organisme en alerte et lui permet de faire face au danger. Par exemple, le lapin ou la souris sont d'un naturel anxieux, et heureusement pour eux. Être perpétuellement en alerte leur permet de ne pas tomber trop rapidement sous la griffe d'un renard ou d'un chat. À l'opposé, le hérisson qui se croit à l'abri de tout dans sa citadelle épineuse traverse les routes sans aucune anxiété. On connaît le résultat…

Pourtant, l'anxiété peut dans certains cas être excessive et nécessiter d'être traitée tant elle constitue un vrai handicap.

2. Pour quelles maladies anxieuses les techniques non médicamenteuses sont-elles particulièrement intéressantes et efficaces ?

Il existe différentes variétés d'anxiété et toutes sont terribles à vivre. Cette maladie concerne plus particulièrement ceux dont le métier les expose à un risque élevé : militaires, pompiers, policiers mais aussi bijoutiers ou employés de banque (braquages), conducteurs de bus ou enseignants dans les quartiers dits sensibles. Les femmes sont plus particulièrement exposées à ce type de complication. Néanmoins, n'importe qui peut subir un accident de voiture et voir des victimes en train de brûler dans un véhicule, être enlevé, se faire taper dessus, être menacé avec une arme ou être violé.

L'état de stress post-traumatique (l'ESPT)

Il s'agit d'un trouble terrible qui concerne les personnes ayant subi ou ayant assisté à un événement traumatique sévère : braquage, enlèvement, viol, violences, accident... De plus, pendant l'événement traumatique, il faut avoir ressenti un sentiment d'impuissance, d'horreur ou une peur intense. Ce sont en général mais pas toujours des traumatismes qui mettent la vie en danger. Il arrive que certains sujets développent un ESPT par procuration, à la place de leurs parents par exemple.

Marjolaine est une ravissante jeune fille de 22 ans. Brillante, joyeuse, sa vie est pourtant gâchée par une peur panique des garçons. Chaque fois qu'elle a l'impression que l'un d'entre eux va la draguer, elle se sauve en courant, ce qui la désole car elle rêve d'avoir au moins trois enfants. À l'interrogatoire, elle explique qu'elle rêve de viols toutes les nuits ou presque et que dans la journée, lorsqu'elle n'est pas occupée, elle visualise des scènes de viol (flash-back). De plus, elle a des crises de boulimie-vomissements, trouble où l'on retrouve assez fréquemment des sévices sexuels dans l'enfance. On ne peut donc que poser le diagnostic d'ESPT. Pourtant, elle a beau chercher, elle ne voit pas dans quelles circonstances elle aurait pu être agressée sexuellement et, du coup, elle se demande si, quand elle était petite… Pourtant non, son père est formidable et elle n'était jamais laissée seule avec lui par sa mère… Un jour, comme celle-ci l'accompagnait dans le service, elle a accepté de répondre à mes questions et a fini par me confesser ce qu'elle n'avait jamais avoué à qui que ce soit, pas même à ses parents, encore moins à sa fille : elle avait été victime d'un inceste particulièrement violent lorsqu'elle était petite de la part de son grand-frère et de ses copains… Une sorte de tournante. On peut donc penser qu'à son insu, de manière totalement inconsciente, son comportement de peur vis-à-vis des hommes a été capté par sa fille qui l'a repris à son compte. Les choses se sont rapidement améliorées à partir du moment où Marjolaine a compris qu'elle n'avait peur des garçons que par procuration.

Les symptômes de l'ESPT sont :
– Des cauchemars récurrents : chaque nuit la personne revit son traumatisme ; il s'ensuit souvent une insomnie majeure par peur de dormir et de revivre en rêve ce qui la terrorise.
– Des flash-back : chaque jour la victime revit son traumatisme en visualisant la scène. Attention, ce ne sont pas des hallucinations, car la personne sait pertinemment bien que ce sont des souvenirs et rien de plus.
– Une détresse profonde en cas d'exposition à tout ce qui pourrait rappeler de près ou de loin la situation traumatisante.
– Une irritabilité avec des explosions parfois féroces de colère, voire de l'agressivité, notamment si l'individu se sent contraint à une confrontation à ce qu'il veut à tout prix éviter.

– Une émotivité excessive avec des réactions de sursaut exagérées. Par exemple, sauter en l'air à chaque coup de klaxon ou en entendant une sirène d'ambulance pour quelqu'un qui a subi un grave accident de voiture.

– Parfois, chez certains, survient au moment du flash-back une dissociation avec l'impression étrange et angoissante de ne plus être le même, de se transformer. La dissociation est extrêmement pénible à vivre.

– Une attitude caractéristique en entrant dans un lieu inconnu ou nouveau : la personne explore de manière anxieuse l'environnement et se montre extrêmement vigilante.

– Dans 80 % des cas, il peut y avoir de nombreuses complications : dépression, anxiété extrême, alcoolisme, toxicomanie, dépendance aux médicaments, persécution avec l'impression que la société ne reconnaît pas la souffrance en n'accordant pas d'indemnités considérées comme légitimes (sinistrose)... C'est donc une maladie très sévère qui peut avoir une issue fatale, le suicide. La « victime » se sent l'objet d'une terrible injustice avec le sentiment que son préjudice n'est pas reconnu. Toute sa vie est organisée par la recherche permanente de cette fameuse reconnaissance, avec des demandes incessantes de pension, des procès, des menaces aux employés de la Sécurité sociale pouvant aller jusqu'au meurtre.

Le trouble anxieux généralisé (TAG)

L'angoisse est flottante, quasi permanente, sans objet précis ; il n'existe guère de répit car la personne est en permanence habitée par cette peur non raisonnée.

– L'anxiété peut être surtout physique avec des palpitations, une boule dans la gorge, une douleur dans la poitrine, des tremblements, des vertiges, des malaises (lipothymie), une fatigue, des maux de tête, au dos...

— Elle peut être également plutôt psychique avec un mal-être quasi permanent, une peur incessante de voir arriver une catastrophe.

Le trouble panique

Il s'agit de crises d'angoisse aiguë, extrêmement pénibles, sans déclencheur particulier. Contrairement au TAG qui est quasi permanent, ces crises d'angoisse ou attaques de panique ont un début (souvent brutal) et une fin. Cela peut être l'impression de faire un infarctus avec une oppression, voire une douleur intense à la poitrine, des sueurs, des vertiges, des tremblements, des palpitations, une boule dans la gorge, l'impression de partir. Assez typiquement, il existe une impression de mort imminente ou le sentiment de devenir fou. Les crises se répètent plusieurs fois par semaine et peuvent être uniquement nocturnes, ce qui provoque des réveils très désagréables.

La grande complication des paniques est l'agoraphobie, avec peur de sortir de chez soi et de subir dehors une nouvelle attaque de panique. Le grand problème est que, au bout d'un certain nombre d'attaques de panique, les personnes vivent dans l'attente permanente de la suivante, provoquant ce que l'on appelle l'anxiété d'anticipation. « Je ne peux plus sortir car je vais avoir un malaise dans la rue » est la grande phrase des paniqueurs.

Souvent, au cours de la crise, il existe une envie de se suicider, non pas due à une dépression ou même à une envie de mourir, mais juste pour que « ça s'arrête », un peu comme autrefois, ceux qui avaient des névralgies faciales pouvaient se jeter par la fenêtre pour ne plus avoir mal.

Malheureusement, dans ce cas, l'alcool a une action assez spécifique et presque magique… Un verre de vin peut être suffisant pour faire cesser la crise et procurer une grande impression de bien-être, ce qui peut entraîner les paniqueurs vers l'alcoolisme.

Même chose pour les tranquillisants dont le lecteur connaît maintenant les inconvénients quand ils sont pris trop longtemps.

Paniques nocturnes

Ce phénomène est assez rare et doit bien être distingué des apnées du sommeil. Ces dernières ne sont en général pas perçues, mais il arrive que les personnes apnéiques se réveillent avec l'impression d'étouffer, exactement comme celles qui ont des paniques. Le diagnostic entre les deux troubles est donc difficile et nécessite un enregistrement du sommeil. Il faut cependant savoir que le fait d'avoir l'impression angoissante d'étouffer au moment de l'endormissement est un signe d'angoisse et pas d'apnée, et traduit simplement la perception du changement de régime respiratoire.

Le traitement des apnées n'est évidemment pas du tout le même que celui des paniques.

Agoraphobie

L'agoraphobie caractérise la peur de sortir de chez soi. Ce trouble est souvent secondaire à la panique mais aussi à certaines phobies comme la peur des animaux. Je me souviens d'un jeune garçon qui ne pouvait plus se rendre à l'école (phobie scolaire) car il avait une peur panique des papillons et qu'il ne pouvait donc plus sortir de chez lui... au cas où il croiserait dans la rue un de ces lépidoptères. C'est également vrai pour les chiens, les chats, les araignées, les serpents et tous les animaux de la création.

Phobie sociale

La phobie sociale est la peur de rencontrer les autres, avec impossibilité de se rendre à des réunions, au restaurant, dans le métro, bref partout où l'on risque de croiser ses contemporains.

Ce désordre provoque un isolement progressif, des difficultés relationnelles majeures, qu'elles soient professionnelles, familiales ou amicales. L'éreuthophobie ou peur de rougir en public en fait partie et j'ai connu des jeunes gens dont la vie amoureuse a été ruinée par cette crainte irrationnelle. Malheureusement, certains phobiques sociaux traitent leur peur avec l'alcool, la drogue, les médicaments et sombrent dans la dépendance.

Autres phobies

C'est la peur irrationnelle de choses ou de situations spécifiques : phobie des animaux (chiens, chats, oiseaux, araignées, papillons, guêpes, serpents, insectes en général, etc.), de l'ascenseur, du métro, des tunnels, de l'avion, de la voiture, de l'eau, du noir, du vertige, des vomissements, du sang, de la viande saignante, peur de devoir affronter un animal entier dans son assiette comme une caille ou même un poisson. Crainte de la maladie, des microbes, de la saleté… Toutes ces peurs sont extrêmement répandues. De même, les enfants, en fonction de leur âge, traversent des périodes normales où ils ont peur des petits animaux (insectes) ou des gros animaux (chiens, chats, chevaux, veaux, vaches, cochons, couvée, etc.). On peut avoir peur de faire du mal à ceux que l'on aime comme par exemple de leur donner un coup de couteau ou de jeter son bébé par la fenêtre. Ces deux dernières peurs sont nommées phobies d'impulsion et rentrent dans le cadre des TOC.

TOC ou trouble obsessionnel compulsif

C'est cette étrange folie qui frappe des personnes non psychotiques, par conséquent parfaitement conscientes de leur trouble. Un besoin irrépressible de vérifier, de laver, de comptabiliser, de classer, de rendre les choses symétriques, une peur de tuer, de blasphémer. Un besoin de tout garder, de ne rien jeter, que ce soient des papiers, ou même ses excréments (TOC d'accumulation). Une vie gâchée par des rituels et des pensées obsédantes. Des heures à stériliser, passer la salle de bains, la cuisine, la chambre à la Javel et surtout, surtout, la honte de ces manies ridicules. Saccager la vie de ses proches en les obligeant à se plier à ses rituels. Ne jamais oser en parler, encore moins de consulter de peur d'être l'objet de moqueries. Ce qui le plus souvent ne manque pas tant il est difficile de comprendre ce genre de phénomène quand on n'est pas : informé.

Le TOC

Le trouble obsessionnel compulsif fait partie des troubles anxieux même si l'on peut se demander si ce classement est bien pertinent, certains des patients qui en souffrent n'étant pas particulièrement angoissés. Il est fait de deux éléments principaux :

– Les obsessions qui sont des pensées intrusives souvent considérées comme stupides, des ritournelles, des séries de chiffres, des phrases brèves qui se répètent à l'infini, pensées sexuelles obscènes et itératives ;

– Les compulsions qui sont des gestes que les patients trouvent débiles comme se laver les mains un nombre incalculable de fois, vérifier sans cesse que la porte est fermée, ainsi que le gaz, l'électricité, l'eau, etc. Ces rituels peuvent être terriblement envahissants, certains patients pouvant y consacrer plus de dix heures par jour, ce qui bien sûr leur interdit toute autre activité notamment professionnelle. Mais le pire de tout est que ces personnes ne sont pas du tout folles et qu'elles se reprochent leurs rituels auxquels elles ne peuvent pas résister et en général, elles éprouvent un horrible sentiment de honte.

La maladie démarre souvent dans l'enfance (30 à 50 %), peut gâcher des vies entières, dont celles de l'entourage, obligé d'obéir aux exigences de propreté, de vérifications du patient... Il ne faut pas confondre les TOC avec la névrose obsessionnelle faite de perfectionnisme, de méticulosité, de désir d'ordre. La majorité des personnes souffrant de TOC ne sont pas obsessionnelles. Il suffit d'ailleurs de voir le rangement de leurs chambres pour en être convaincu.

Les TOC frappent environ 1,5 à 2,5 % de la population, ce qui est énorme et donne une idée de leur nombre en Europe.

Il existe de nombreuses formes cliniques :

– TOC de propreté avec peur des microbes, de la contamination. Certains patients ne peuvent plus sortir de leur chambre car ils ne peuvent pas toucher la poignée de la porte, ni sortir à cause des microbes transportés par l'air, dans le métro... Ils passent souvent leur vie à se doucher et/ou à nettoyer leur maison, leur baignoire à la Javel.

– TOC de vérification à propos de tout et de rien. Un certain nombre de comptables et de pharmaciens sont concernés, ce qui peut être un atout dans leur métier quand cela reste dans des limites raisonnables.

– Phobies d'impulsion : peur de faire ou de dire quelque chose d'horrible, contraire à son éthique – blasphémer pour un prêtre, être pédophile, jeter son bébé par la fenêtre ou le larder de coups de couteau, etc. Certains en arrivent à murer leurs fenêtres ou à bannir tout objet coupant de leur logement.

– TOC d'accumulation : impossibilité de jeter quoi que ce soit. On découvre parfois des maisons après le décès de leur propriétaire qui sont littéralement remplies jusqu'au plafond de journaux, de détritus, d'excréments et où les rats courent. Les services d'hygiène connaissent bien le problème et parfois il faut y aller au bulldozer.

– Le fait de se ronger les ongles, de s'arracher les cheveux, les sourcils, les poils de barbe font partie des TOC.

– Certains rituels superstitieux comme toucher du bois, ne pas sortir par crainte de croiser un chat noir, un corbeau, répéter des litanies interminables de chiffres considérés comme magiques sont également assez fréquents. Toucher un nombre pair ou impair les objets, commencer à monter les escaliers du pied gauche ou droit et/ou finir de la même manière. Certains patients ne peuvent plus se déplacer car ils sont incapables de franchir les lignes du carrelage, du parquet ou de passer devant les lés du papier peint.

– Exiger que les objets soient symétriques, les remettre sans arrêt en place, faire un scandale si quelqu'un a le malheur de les déplacer ne serait-ce que d'un millimètre.

On le voit, la vie devient un calvaire quand on a cette maladie.

Prendre ses distances avec son TOC

Très souvent, les patients ont tendance à s'identifier à leur maladie. « Je suis diabétique », « Je suis cancéreux »... Ils oublient complètement que personne n'est que diabétique ou cancéreux, et que la maladie ne doit jamais occuper la totalité du champ de conscience d'un individu. En cas de TOC, cette remarque s'avère particulièrement pertinente, car il s'agit d'une maladie très envahissante, certains patients finissant par ne plus penser à autre chose et à ritualiser du matin au soir. Combien de malades ai-je entendus dire : « Je suis toqué » ?

Le docteur Monique Rey, spécialiste de renommée nationale des TOC, a mis au point une technique de groupe pleine d'humour qu'elle a appelée « TOC-théâtre » permettant de se séparer de cette saloperie en douceur et surtout avec humour. Dans un premier temps, c'est le moniteur qui incarne le TOC de manière burlesque en apostrophant le patient : « Je suis ton TOC de vérification et tu es dé-fi-ni-ti-ve-ment mon esclave car je suis plus fort que toi. Tu vas donc regarder sept fois si tu as bien fermé la porte, puis tu vérifieras le gaz avant de te laver les mains quatorze fois!», allant jusqu'à le secouer par le bras et en le menaçant: «Si tu ne m'obéis pas, des malheurs épouvantables s'abattront sur ta famille et ce sera entièrement ta faute.» Ce genre de dialogue doit être réalisé avec humour et respect, et ne doit en aucun cas donner lieu à une moquerie.

La consigne est ensuite donnée pour que chaque patient souffrant de TOC noue un dialogue avec son propre TOC en présentant et jouant un vrai scénario lors de la réunion suivante.

C'est de cette manière que chacun prend conscience du côté étranger de son trouble: «Je ne suis pas un TOC, mais j'ai des TOC qui ne font pas partie de moi et qui me pourrissent la vie comme s'ils étaient des abcès, des tumeurs, des parasites.»

Une distance s'établit de cette manière et, au fur et à mesure que l'hospitalisation se poursuit, on observe dans les scénarios que le personnage TOC s'affaiblit, s'étiole progressivement, tombe malade, entre en agonie et, si tout se passe bien, meurt juste avant, voire le jour de la sortie. Et ainsi de suite tant qu'il reste un TOC gênant chez une personne.

On a même vu des groupes de TOC-théâtre organiser les funérailles de leur TOC tout en pouffant de rire. Car l'humour fait partie des armes thérapeutiques et n'est sans doute pas assez utilisé en tant qu'outil de soins. Mais j'insiste, le rire thérapeutique ne doit jamais s'accompagner de la moquerie qui est la fille aînée du mépris et de ses autres enfants tels que la honte et la culpabilité.

III
Développement personnel

1. La psychanalyse

Sigmund Freud a eu l'immense mérite de réhabiliter en quelque sorte le « discours des fous ». Jusque-là, malgré certains auteurs comme Montaigne qui avaient défini dans les *Essais* la notion d'inconscient (« pour ce qui est de mon inscient »), personne ne prenait la peine d'écouter et de respecter comme pouvant avoir du sens ou de l'intérêt leurs productions délirantes, leurs hallucinations ou même leurs lapsus, oublis et autres actes manques. On peut donc considérer que le père de la psychanalyse a beaucoup fait pour l'image des malades mentaux, notamment pour les névrosés. À partir de là, une forme de respect est apparue pour l'aliéné.

En revanche, depuis quelques décennies, l'image de la psychanalyse a considérablement pâti et pâli. En effet, un beau jour, les compagnies américaines d'assurances ont exigé des psychiatres, psychologues et psychothérapeutes qu'ils démontrent l'efficacité de leurs méthodes psychothérapiques s'ils voulaient que leurs patients continuent à bénéficier de leurs prises en charge… ce qui peut malgré tout se concevoir. Du coup, les psys de tout poil ont commencé à imaginer des méthodologies pour évaluer les résultats de leurs techniques. Ces études extrêmement sophistiquées ont enfin permis d'évaluer de manière réellement rigoureuse les mérites comparés des thérapies cognitives et comportementales, de la psychanalyse et de différentes autres sortes de psychothérapies dans la plupart des maladies psychiatriques courantes, en particulier les dépressions et les troubles anxieux.

Les résultats ont fini par tomber et ils ont fait mal !

Très, très mal !

Autant les thérapies cognitives et comportementales ont tiré leur épingle du jeu en se montrant nettement efficaces dans l'insomnie, les troubles anxieux (trouble anxieux généralisé, paniques, phobies, TOC, phobies d'impulsion), les syndromes post-traumatiques, et assez efficaces dans la dépression, en particulier quand elles sont associées aux médicaments dont elles renforcent l'action, autant la psychanalyse n'a pas montré de différences avec les techniques placebo ou même avec l'absence de prise en charge. Et cela dans aucune des maladies étudiées : dépression, troubles anxieux, syndromes post-traumatiques, hystérie... Le seul domaine où elle a montré une utilité est représenté par les troubles de la personnalité. Malheureusement, tout le monde est persuadé que c'est le simple fait d'être vu fréquemment et régulièrement pendant de nombreuses années qui la rend efficace chez des gens dont le problème essentiel est la peur d'être abandonné. Rien ne prouve d'ailleurs que les directeurs de conscience, imams, rabbins et autres confesseurs ne réussissent pas aussi bien... et à moindres frais !

Évidemment, les psychanalystes français ont contesté les méthodes de leurs homologues américains qui en effet ont une pratique relativement différente de la leur. Malheureusement, ils n'ont pas réussi non plus à produire de preuves de leur efficacité. Cela n'a d'ailleurs pas tellement d'importance pour eux puisque la Sécurité sociale continue avec une belle constance à rembourser une méthode dont le rôle thérapeutique est pourtant plus qu'aléatoire... Tant il est connu que notre caisse nationale n'a pas de problème de déficit financier. De fait, il n'y a plus guère qu'en France et en Argentine que ce type de prise en charge interminable reste d'actualité à cause de son lobbying auprès des médias, du monde politique, de l'appareil judiciaire et de l'enseignement.

Freud attaqué

Deux ouvrages principaux ont donné des coups de boutoir à la psychanalyse: *Le Livre noir de la psychanalyse*[19] et *Le Crépuscule d'une idole, l'affabulation freudienne*[20].

Ces publications très critiques, argumentées mais, il faut bien le dire, peu diplomatiques et parfois même assez violentes, ont déclenché un déferlement d'invectives des tenants de la psychanalyse, leur pasionaria Élisabeth Roudinesco en tête: « L'auteur[21] projette sur l'objet haï ses propres obsessions – les Juifs, le sexe pervers, les complots – au point de faire de Freud un double inverti de lui-même, et de la psychanalyse l'expression d'une autobiographie de son fondateur transformé en criminel affabulateur. Face à cet alter ego, rejeté en enfer, l'auteur se veut un libérateur venant sauver le peuple français de sa croyance en une idole dont il annonce le crépuscule[22]. » Et, dans cette citation, on voit immédiatement le problème lorsqu'on veut discuter avec ce type de personnage, véritable vestale du temple freudien: plutôt que de parler tranquillement du contenu des textes, les psychanalystes, la plupart du temps, parlent des motivations inconscientes de l'auteur. Et c'est justement là que le bât blesse car la discussion devient dès lors impossible du fait de la certitude inébranlable de Freud et de ses suiveurs d'avoir toujours raison:

---

19. Catherine Meyer (dir.), *Le Livre noir de la psychanalyse, vivre, penser et aller mieux sans Freud*, 10/18, 2013.
20. Michel Onfray, *Le Crépuscule d'une idole, l'affabulation freudienne*, Le Livre de Poche, 2011.
21. Elle parle de Michel Onfray bien sûr.
22. Élisabeth Roudinesco, dans *Le Nouvel Observateur*, avril 2010.

> – Quand le grand Sigmund faisait une interprétation et que son patient était d'accord, c'est que l'interprétation était juste.
>
> – Mais si le patient réfutait l'interprétation, c'est que ses « défenses inconscientes » l'empêchaient d'accepter. Là encore, l'interprétation était juste. Or on sait qu'une discipline n'est scientifique que si elle est réfutable et si elle n'explique pas tout.

Cette inefficacité thérapeutique, que Lacan reconnaissait d'ailleurs (« la guérison vient *de surcroît*[23] »), ne doit pas faire perdre de vue l'extraordinaire intérêt de la psychanalyse comme instrument pédagogique et méthode d'introspection. Moderne avatar de la maïeutique de Socrate[24], la psychanalyse permet un voyage intérieur étonnant, extraordinaire, mais périlleux. Non exempte d'effets secondaires, voire de dangerosité, elle doit être évitée en cas de dépression car elle pousse le sujet à ruminer son passé, ce que la maladie a déjà tendance à provoquer. Le suicide est parfois au rendez-vous. C'est pour cette raison que le célèbre adage « La psychanalyse fait d'autant plus de bien que l'on va bien… et d'autant plus de mal que l'on va mal » est selon moi justifié. Il faut par conséquent être en pleine forme pour se lancer dans ce périple au pays de son inconscient.

Pour ceux qui doivent soigner les malades mentaux, enseigner, voire faire de la politique, savoir pourquoi on réagit toujours de la même manière face à certains types de personnages est extrêmement utile et permet d'anticiper et de maîtriser cer-

---

23. Jacques Lacan, *Le Séminaire, livre X, l'angoisse*, Seuil, 2004.
24. Littéralement, « art de l'accouchement. » Socrate pratiquait l'« art d'accoucher les esprits » en parlant beaucoup, en posant des questions faussement naïves, jusqu'à ce que ses interlocuteurs réalisent leurs contradictions, leurs à-peu-près, leurs fausses croyances et accèdent finalement au doute (au sens de Descartes).

taines attitudes inadéquates. Certains psys détestent tel type de malades porteurs de tel type de pathologie et, du coup, réagissent de manière incorrecte quand ils leur sont confrontés. Même chose pour les professeurs qui *sans raison* prennent en grippe certains élèves et peuvent se montrer totalement injustes. Comprendre ce *sans raison* peut les aider à corriger leur attitude. Même chose aussi pour les politiques qui font régulièrement des fautes de communication absolument incroyables, juste parce qu'ils n'ont pas réfléchi à ce qui leur fait perdre leur calme et leur sagesse.

C'est pour toutes ces raisons qu'après avoir beaucoup hésité, j'ai décidé de mettre la psychanalyse parmi les techniques de développement personnel.

Sciences modernes/sciences traditionnelles : encore un problème d'Œdipe !

Depuis la plus haute Antiquité, les savants ont dû se ranger dans un des deux camps :

– Celui de la science moderne ou progressiste dans lequel chaque chercheur fait des découvertes et par conséquent devient meilleur, plus savant que son prédécesseur. C'est le meurtre du Père et chaque génération fera mieux que la précédente. Les informaticiens sont les meilleurs dans ce domaine, eux qui nous expliquent tranquillement que le bel ordinateur acheté il y a trois mois et dont nous sommes si fiers est complètement dépassé !

– Celui de la science traditionnelle comme l'alchimie où l'adepte doit souffrir pour comprendre ; de là découlent les pièges (ou arcanes) destinés à perdre le profane. Au mieux, l'alchimiste espère trouver la pierre philosophale comme Nicolas Flamel... et, s'il veut trouver, il doit absolument respecter le *modus operandi* de ses prédécesseurs. Rien ne doit changer et par conséquent la notion de progrès est bannie.

- L'homéopathie de Hahnemann[25] correspond à ces critères avec un ouvrage fondamental, *Traité de matière médicale*, indiscutable ou du moins indiscuté par ses suiveurs, un langage ésotérique agrémenté de noms extraordinaires en latin, une irréfutabilité («Rien à prouver!» est leur devise, du moins pour les plus traditionnels et orthodoxes d'entre eux) et enfin des bagarres entre chapelles.

- La psychanalyse de Freud[26] et son livre sacré: *Cinq psychanalyses*, un hermétisme qui atteint des sommets avec Jacques Lacan, une histoire émaillée de querelles et d'excommunications. Je ne parle évidemment que des psychanalystes orthodoxes car, Dieu merci, j'en connais qui sont parfaitement créatifs.

---

25. Samuel Hahnemann, né en 1755 à Dresde, est le père de l'homéopathie. *Traité de matière médicale*, 3 vol., Similia, 2000.
26. Sigmund Freud, né en 1856 à Freiberg, est le père de la psychanalyse. *Œuvres complètes de Freud*, vol. I à XVIII, PUF, 1998; *Cinq psychanalyses*, PUF, coll. «Bibliothèque de psychanalyse», 2001.

2. Yoga

Le yoga est une autre méthode d'origine extrême-orientale, les cultures sud-asiatiques ayant cultivé depuis toujours des méthodes méditatives intégrant la personne dans sa globalité, corps et esprit. Exactement à l'inverse de nos cultures occidentales qui ont cultivé la séparation absolue entre l'âme, considérée comme d'essence divine, et le corps, objet de toutes les tentations, cible privilégiée du diable. Cette dichotomie, séparation absolue entre les deux parties de l'être, a abouti à ce qu'Antonio Damasio a appelé plus tard «l'erreur de Descartes[27]» qui faisait de l'animal une machine, sorte de robot mécanique.

Pour tenter de recoller les morceaux, au XXᵉ siècle, a été inventé un nouveau concept: la psychosomatique. Cette notion est incompréhensible pour les Chinois car, pour eux, la psyché et le soma sont de même nature et les séparer est inconcevable; les réunir n'a donc pas de sens. Pour ma part, je pense que, dans ce domaine, les Chinois ont bien raison.

Le mot «yoga» signifie «union» en sanscrit, ce qui indique que celui qui le pratique est toujours en lien avec quelqu'un ou quelque chose. C'est grâce à ce que les médecins appellent la proprioception que nous prenons conscience de notre corps: l'oreille interne nous renseigne sur notre position dans l'espace, différents capteurs nous informent au sujet par exemple de nos viscères (gargouillements), du contact avec le sol (plante des pieds), etc.

Nous ne sommes en principe pas entraînés à prendre conscience de ces phénomènes internes de notre corps. En fait, nous «savons» que nous sommes debout ou au contraire cou-

---

27. Antonio Damasio, *L'Erreur de Descartes, la raison des émotions*, Odile Jacob, 2010.

chés, que nous prenons appui sur le sol, que nous digérons, que nous respirons mais tout cela est automatique, ou presque, et nous n'y prêtons pas attention. Ce n'est que lorsque la mécanique se grippe que nous faisons appel à la médecine qui, par exemple, en cas de problème pulmonaire, va apprendre à la personne comment augmenter sa capacité respiratoire en la rééduquant.

À l'inverse, le yoga utilise les phénomènes engendrés par la respiration et la posture corporelle en tentant de les ramener à la conscience. Pour ce faire, une notion importante est celle de cavités, qu'elles soient dorsales, abdominales, thoraciques, pelviennes, crâniennes, etc. On peut donc considérer que l'objet du yoga est l'espace interne de chacun de nous et qu'il faut travailler aussi bien au niveau conscient, directement perçu (respiration) qu'inconscient, non perçu (digestion).

Les exercices sont bien connus même s'ils diffèrent plus ou moins d'une école à l'autre. Comme la relaxation, la méditation, la *mindfulness*, le résultat est une réduction de l'anxiété, de la tension liée au stress. Les conséquences ne peuvent donc être que bénéfiques et toutes les études au sujet de ces différentes techniques aboutissent à démontrer que la pratique quotidienne, voire biquotidienne de ce type d'exercice qui «calme le jeu» provoque une réduction des hormones du stress et, à terme, une régulation de l'expression des gènes du stress, d'où un bienfait général.

On ne peut donc pas dire qu'une de ces techniques soit supérieure aux autres. En réalité, c'est le plaisir, le bien-être que chacun éprouve en cours et après les séances qui doivent guider notre choix. Certaines personnes ont besoin d'une immobilité plus ou moins complète (relaxation, méditation, *mindfulness*, zazen), d'autres de faire participer plus ou moins leur corps (yoga, tai chi chuan, chi Kong), peu importe la méthode, la seule chose qui compte, c'est le bien-être, la libération de l'angoisse, des tensions nerveuses et corporelles, en un mot le bonheur.

Intermédiaire entre méditation et spiritualité, le yoga représente un excellent compromis pour ceux qui ont besoin de ne rien faire… tout en faisant un peu. Indienne et très mystique à l'origine, la pratique du yoga s'est solidement implantée en Occident où elle a progressivement perdu ce type de connotation.

Il s'agit donc au départ de parvenir à l'unicité de l'être humain (spirituel, psychique et physique) en pratiquant différents exercices :

– La méditation ;

– L'ascèse morale (n'oublions pas que le mot yoga a la même origine indo-européenne que le mot joug et suppose donc que le pratiquant doit accepter de se soumettre aux préceptes de cette doctrine…) ;

– Les exercices corporels, notamment la pratique des postures traditionnelles.

Il existe de multiples écoles et pratiques de yoga et, encore une fois, il est nécessaire de choisir celle où l'on se sent le mieux. Pour faire simple, il est possible de les classer selon quatre grands courants :

– Jnana yoga : le but est de parvenir à la connaissance transcendante ;

– Bhakti yoga : dévotion dans un but d'adoration ;

– Karma yoga : service et action désintéressée ;

– Raja yoga que l'on rattache directement à la méditation, laquelle constitue son principal outil.

Néanmoins, cette énumération qui peut sembler très ésotérique et spirituelle ne doit pas faire oublier que la grande majorité des pratiquants du yoga ne le font que dans un but de relaxation active à travers la pratique méditative de techniques posturales et sans plus aucune référence mystique orientale.

Hatha yoga

Pour certains, ce yoga est essentiellement une sorte de gymnastique douce alliant puissance et souplesse avec concentration et sérénité.

C'est en tout cas le yoga le plus pratiqué en Occident – et de loin. Même si elle apparaît comme affadie aux yeux des puristes des techniques philosophiques hindouistes, cette discipline à la fois corporelle et mentale se révèle particulièrement bénéfique pour toutes les personnes stressées, hyperactives, anxieuses, agitées, et je la prescris régulièrement. Elle est en revanche contre-indiquée et de toute manière impossible en cours d'accès dépressif où la tendance à ruminer est telle que toutes les techniques destinées à méditer sont automatiquement annihilées par la douleur morale.

Yoga de la kundalini

Selon cette doctrine ancestrale venue de l'Inde, la kundalini est l'énergie primordiale présente en chacun d'entre nous et résidant au centre de l'être humain, c'est-à-dire dans la colonne vertébrale, plus précisément au milieu de la moelle épinière, entre sacrum et sommet de la tête. Il s'agit dès lors de parvenir à la maîtrise de cette énergie grâce à l'utilisation de quatre moyens différents :
– La récitation de mantras ;
– La pratique de certaines postures ;
– Des techniques de respiration ;
– Des techniques de contraction et de fermetures.

Le premier Occidental à avoir mentionné ce courant est Cari Gustav Jung en 1932[28]. Il fut d'abord proposé aux toxicomanes comme technique destinée à les aider à se débarrasser de leur dépendance.

---

28. Carl Gustav Jung, *Psychologie du yoga de la Kundalini*, Albin Michel, 2005.

3. Méditations d'inspiration philosophique, voire religieuse

Vipassana

Cette très ancienne technique de méditation provient elle aussi d'Inde et, selon la tradition, aurait été découverte par Bouddha lui-même. Il s'agit littéralement de « voir les choses telles qu'elles sont réellement ». Le projet du *Vipassana* n'est rien de moins que de se transformer par l'observation de soi à travers l'attention portée aux diverses sensations que notre corps nous envoie. Ces sensations sont la vie du corps et leur exploration permet de voyager aux racines communes du corps et de l'esprit. Cette synthèse maladroitement appelée psychosomatique en Occident est nécessaire pour atteindre si possible, un jour, l'« éveil », synonyme de la totale sérénité. Il s'agit donc d'un art de vivre. Pour cette philosophie, l'esprit doit se débarrasser de ses impuretés et baigner dans un équilibre rempli d'amour et de compassion.

Pour pratiquer, il faut par conséquent :

– Avoir une conduite moralement irréprochable au moins pendant toute la durée du séminaire.

– Une fois ce prérequis atteint, la séance commence comme toujours par un exercice continu de concentration sur le flux respiratoire, à la différence près que cette attention doit se faire sur des journées entières (trois jours).

– Au quatrième jour, une fois que l'esprit a atteint calme et concentration, il s'agit d'entrer dans une phase d'observation des sensations corporelles, détecter et appréhender leur nature et surtout apprendre à les maîtriser, c'est-à-dire à ne pas y réagir. Ce que le Vipassana appelle l'équanimité.

– Enfin, pour conclure, le dernier jour, les participants pratiquent la méditation d'amour au cours de laquelle ils partagent leur expérience.

Attention aux sectes !

La méditation est un des champs d'activité thérapeutique que les sectes semblent avoir aujourd'hui le plus investi après qu'elles ont tenté de s'emparer de certaines formes de psychothérapies groupale ou individuelle. Il convient donc de faire preuve de la plus grande prudence, voire de méfiance, quand on envisage de fréquenter ce genre de cénacle. En cas de doute, il existe des organisations antisectes comme la très officielle MIVILUD (mission interministérielle de vigilance et de lutte contre les dérives sectaires) ou bien le GEMPPI (groupe d'études des mouvements de pensée en vue de la protection de l'individu) très actif à Marseille. Ce type d'organisation se fait un devoir d'informer les citoyens qui se posent des questions sur telle ou telle organisation.

Tai-chi et qi gong

Ces deux activités à la fois sportives et méditatives peuvent être considérées comme de véritables thérapeutiques de l'âme comme du corps. Cette discipline traditionnelle chinoise remonte à au moins cinq cents ans. Selon la tradition, ce serait le moine taoïste Chan San Feng qui l'aurait conçu en observant le combat d'une pie et d'un serpent. Combat en forme de match nul puisqu'il n'y eut ni vainqueur ni vaincu. Le moine eut alors l'idée d'inventer un art martial qui allie les techniques du volatile et du reptile.

En Chine, le matin, il est habituel d'observer de nombreuses personnes âgées qui pratiquent ce sport en compagnie de leur oiseau familier dont ils suspendent la cage à proximité. Ces mouvements lents et énergétiques ont là-bas la réputation de prolonger la vie, ce qui est sûrement vrai. Mais, encore une fois, il faut aimer l'extrême lenteur !

Zazen

Il s'agit de la pratique ancestrale du bouddhisme *zen* venu du Japon. Le mot *zazen* désigne lui aussi la posture qu'aurait adoptée Bouddha quand il entrait en méditation. L'objectif se révèle à la fois extrêmement simple et terriblement compliqué car le but de la méthode est de tenter de se concentrer exclusivement sur sa respiration et sur sa posture et de la maintenir le plus parfaitement possible. En tout état de cause, ce type d'ascèse augmente la concentration, la sérénité et agit aussi bien sur le corps que sur l'esprit.

Le zazen se pratique dans un temple appelé *dojo* et alterne séances de méditation assise (il existe quatre postures différentes) et marche méditative. Les séquences débutent et se concluent par trois tintements de clochette.

Il n'est possible d'atteindre la respiration consciente, ample et naturelle, que si la posture est correcte. Le souffle passe par le nez et la langue reste collée contre le palais. À partir de ce moment, les pensées, les images peuvent passer comme « des nuages dans le ciel » et il ne faut surtout pas chercher à les retenir et encore moins à les analyser, le but étant de parvenir à la non-pensée, véritable vacuité de l'esprit. Les maîtres du zazen se plaisent à citer cet aphorisme : « Un bol plein de riz ne peut plus rien accueillir de plus, un bol vide peut tout accepter. »

IV
Les techniques psychothérapiques validées

1. Les thérapies cognitives et comportementales (TCC)

Les thérapies cognitives et comportementales regroupent un grand nombre de techniques dont la plupart sont validées et officiellement recommandées par les différentes agences gouvernementales.

Ces techniques ont connu trois grandes vagues :

– Années 1960 : période comportementale ; il s'agissait de changer les comportements et eux seuls sans trop se préoccuper du contexte ou des mécanismes. Tout le mécanisme découlait d'une analyse fonctionnelle précise.

– Années 1980 : période cognitive ; il s'agit de changer les modes de pensées, les cognitions et donc de se livrer à une analyse des croyances, des convictions. L'effet des pensées négatives chez les patients déprimés puis chez les patients anxieux est mis en évidence. A. T. Beck, le pape de ce mouvement, lui-même ancien psychanalyste, travaille sur le lien entre les cognitions négatives et les émotions dans l'ici-maintenant.

Son élève Jeffrey Young va plus loin et propose de travailler sur l'origine de ces pensées négatives dans les schémas cognitifs qui se construisent dans l'enfance.

– Années 2000 : période affective ; une fantastique efflorescence de techniques métissées commence à apparaître. Afin d'utiliser les émotions, comme outils de soins, on s'appuie sur des méthodes connues pour mobiliser les affects : hypnose, relaxation, méditation, pleine conscience (*mindfulness*), psychanalyse même et surtout l'ACT (thérapie d'acceptation et d'engagement dans l'action avec Steven Hayes), qui travaille pour l'essentiel sur la prise de conscience du moment présent et sur une approche plutôt contextuelle des buts à atteindre.

Ces trois vagues sont utilisées le plus souvent de manière complémentaire et simultanée par les tenants des thérapies cognitives et comportementales, mais il est clair que ce mouvement évolue de manière harmonieuse en intégrant, en s'enrichissant des concepts des autres théories, ce qui est tout à son honneur.

L'abbé Coton, un précurseur du cognitivisme

Le bon roi Henri IV était un grand viveur, un jouisseur, un conquérant dans tous les domaines. Un sacré paillard aussi. Et comme tout paillard, il adorait blasphémer, ce qui était alors le comble. Son juron favori était «J'arni Dieu» (Je renie Dieu). Comme on peut l'imaginer, son confesseur, le bon père Coton, était scandalisé lorsqu'il entendait son illustre ouaille profaner ainsi le nom de son Créateur. Il imagina alors une stratégie que ne renieraient pas les modernes thérapeutes cognitivistes lorsqu'un patient est gêné par une pensée intrusive et embarrassante. Il dit au roi: «Sire, vous ne pouvez continuer impunément à insulter le nom de Dieu sous peine de vous exposer aux flammes de l'enfer. Chaque fois que vous aurez envie de sacrer, vous allez donc remplacer le mot Dieu par le nom de votre humble serviteur, moi-même.» C'est ainsi que Henri IV – et après lui la Cour pendant plusieurs générations – prit l'habitude de crier «Jarnicoton».

Récemment, un de mes patients, un homme croyant et souffrant de TOC était terriblement gêné par une pensée intrusive incessante qui s'imposait à lui des dizaines de fois par jour: «Dieu, fils de pute».

Je lui ai raconté l'histoire du père Coton qui l'a beaucoup amusé et je lui ai proposé de remplacer Dieu par Lemoine. Il a alors pris l'habitude de penser «Lemoine, fils de pute», ce qui l'a beaucoup soulagé car cette autre pensée intrusive de subs-

> titution n'était plus blasphématoire mais plutôt amusante. Il a même fini par la trouver tellement comique que, vexée sans doute, elle a disparu corps et biens! (Pour des raisons que le lecteur comprendra aisément, je pense, je n'ai jamais raconté cette histoire clinique à ma mère!)

Ce qui fait la force et la modernité des thérapies cognitives et comportementales est en effet leur capacité à évoluer, à s'adapter, à annexer d'autres domaines et surtout à s'autoévaluer, ce que n'ont pas su faire beaucoup d'autres techniques comme la psychanalyse ou l'homéopathie qui sont restées traditionnellement ancrées sur les textes des pères fondateurs et ont refusé toute forme (ou presque) d'évaluation. Cette position n'est tenable qu'en l'absence de prise en charge par les assurances maladie mais ne peut plus durer quand la crise se profile, que les déficits se creusent et que, de ce fait, les organismes payeurs exigent non seulement de l'efficacité mais qu'en plus, celle-ci soit prouvée, ce qui, après tout, est la moindre des choses puisque ce sont eux qui tiennent les cordons de la bourse.

Quelles sont ces techniques dites thérapies cognitives et comportementales ?

La psychoéducation
Le mot psychoéducation consiste à fournir un joli nom officiel aux psys (psychiatres, psychologues, psychothérapeutes, pharmaciens, infirmiers, éducateurs, travailleurs sociaux, etc.) et aux patients pour rebaptiser ce qu'ils faisaient depuis des décennies… s'ils étaient consciencieux. Un peu comme M. Jourdain qui fut ravi d'apprendre que sa manière de parler était de «faire de la prose», les soignants ont appris que, depuis des lustres, ils pratiquaient la psychoéducation ou mieux, l'éducation thérapeutique du patient (ETP officiellement).

Il s'agit donc d'informer correctement, c'est-à-dire selon les dernières données scientifiques, les patients souffrant de tel ou tel désordre. Il est en effet essentiel lorsqu'on lutte contre un mal, quel qu'il soit, d'en comprendre au mieux les causes et les mécanismes, car on ne se bat efficacement que lorsqu'on connaît son adversaire. C'est au fond un des objectifs principaux de cet ouvrage qui se veut donc avant tout psychoéducatif. Dans une guerre, et Dieu sait si la lutte contre la maladie est un sanglant affrontement, il est essentiel, vital même de bien connaître son ennemi (sa pathologie), sa stratégie, ses armes, ses faiblesses... avant de l'affronter pour si possible le terrasser.

Une fois franchie cette étape d'information, il s'agit d'acquérir les outils de base qui permettent de se soulager rapidement sans l'aide de la chimie.

Quels sont ces outils ?
– La respiration : il s'agit d'un des fondements essentiels de l'approche non médicamenteuse en psychiatrie. Le lecteur doit donc à ce moment de l'ouvrage s'astreindre, s'il ne l'a encore fait, à tester sur lui-même ou sur ses proches cette manière si particulière – et si efficace – de juguler son angoisse.

– La respiration diaphragmatique (ou rééducation respiratoire) : il s'agit là d'une des techniques de base les plus efficaces de lutte contre l'angoisse, en particulier l'anxiété aiguë (attaques de panique, crises d'angoisse, trac avant de prendre la parole en public).

Très facile à mettre en œuvre, elle est un moyen de contrôle du mal-être et induit une détente remarquable. L'objectif est de réduire les symptômes d'hyperventilation, car c'est malheureusement un réflexe chez chacun d'entre nous de haleter en cas de stress, et c'est ce halètement qui fait varier les taux d'oxygène et de gaz carbonique dans notre sang, ce qui aggrave la peur en créant un véritable cercle vicieux. Plus j'ai peur, plus je respire mal et plus je respire mal, plus j'ai peur! La respiration diaphragmatique peut être maîtrisée rapidement et doit devenir un véritable réflexe conditionné pour tous ceux qui sont sujets aux crises d'angoisse. Cela permet d'éviter un autre réflexe: celui qui consiste à avaler une pilule de bonheur chimique, à savoir un tranquillisant. Le jour même où j'écrivais ces lignes, une de mes patientes me disait avec une légitime fierté: «Aujourd'hui j'ai fait 103 exercices respiratoires et je n'ai pris aucun comprimé de tranquillisant!»

Le principe est simple: il suffit de s'isoler un moment dans un endroit calme où l'on est certain de ne pas être dérangé de manière intempestive et de compter dans sa tête tout en respirant profondément:
- Jusqu'à 6 (ou 8) en inspirant;
- Jusqu'à 6 (ou 8) en bloquant la respiration en inspiration;
- Jusqu'à 4 (ou 6) en expirant;
- Reprendre ensuite le cycle jusqu'à disparition complète des symptômes d'angoisse.

Comment conditionner son immunité (Pavlov chez les globules blancs!)

Cette expérience sur les animaux démontre que le système immunitaire peut être conditionné exactement comme Pavlov a conditionné des chiens à saliver quand ils entendaient une cloche annonçant un repas... même si le repas n'arrivait pas!

Un rat est anesthésié; on lui incise la peau du crâne avec un bistouri bien sale, on recoud le crâne, on lui installe solidement un gros pansement sur la tête et on le réveille. Une semaine plus tard, du fait des microbes introduits par le bistouri sale, les globules blancs se multiplient pour défendre l'organisme contre l'infection naissante. Un peu plus tard, tout est rentré dans l'ordre au niveau des globules. On recommence l'opération exactement de la même manière:

anesthésie, incision sale, pansement, réveil, multiplication des globules blancs, retour à la normale. On recommence une troisième fois et on observe encore la même chose. La quatrième fois, on procède de la même manière sauf que l'on n'incise pas le crâne : le rat est anesthésié, on lui met le pansement et on le réveille. Et on observe une multiplication identique des globules blancs ! On peut donc considérer que le système immunitaire a été feinté, que les globules blancs ont été conditionnés, persuadés que des microbes ont été introduits dans le corps de leur propriétaire.

Il est tout à fait probable que les choses se passent de la même manière chez l'homme. Ainsi, quand j'étais chercheur aux États-Unis, mes enfants allaient à l'école américaine. Mais comme ils étaient français, quand ils prenaient leur goûter et que leur *cookie* tombait par terre, ils le ramassaient et le mangeaient. Horreur et scandale des *teachers* qui nous convoquèrent pour comprendre un comportement aussi aberrant et antihygiénique. Étions-nous si pauvres ou maltraitants que nos enfants « crevaient » de faim ou bien étions-nous si primitifs en tant que Français que nous n'apprenions pas la propreté alimentaire ? Notre qualité de médecins et de chercheurs à la prestigieuse université de Stanford (de ma femme et moi-même) ne les rassura qu'à moitié, mais ils ne nous signalèrent pas comme maltraitants aux autorités sanitaires. Un mois plus tard, une épidémie de gastro-entérite se propagea dans l'école et tous les enfants ou presque furent touchés... sauf les nôtres. Nous essayâmes d'avoir le triomphe modeste mais répétâmes : « Il faut conditionner notre système immunitaire à lutter contre les microbes. » La ville la plus propre du monde est Auckland en Nouvelle-Zélande... C'est aussi celle où il y a le plus d'asthme et aussi de maladies auto-immunes !

L'élucidation cognitive

De nombreux signes d'angoisse sont liés à des croyances erronées. Prenons par exemple le cas d'une personne qui a des TOC de propreté car elle dit avoir peur des microbes. De fait, elle n'ose plus toucher les mains des autres et si, d'aventure, elle effleure la peau d'un passant, si elle touche une poignée de porte dans le métro, elle se sentira obligée de se purifier par des lavages désinfectants interminables et agressifs pour la peau. Il est important alors qu'elle se documente en lisant des articles scientifiques sérieux lui démontrant que si elle ne veut pas tomber malade, elle a tout intérêt à entretenir une flore microbienne «amie» qui la protégera des germes «ennemis». En d'autres termes, passer son temps à détruire les microbes qui montent la garde sur sa peau, ses muqueuses, dans son tube digestif, c'est ouvrir une brèche à ses ennemis, c'est-à-dire aux germes pathogènes. Bien sûr, cette approche rationnelle ne suffira pas à supprimer les rituels et les obsessions, mais elle contribuera à faire baisser la tension et tarira en partie la source irrationnelle des symptômes.

Par exemple, dans le domaine de l'ESPT, on observe souvent des sentiments de culpabilité à l'égard de l'agresseur à l'origine du traumatisme. Cette culpabilité est due à une pensée magique : «Si je lui en veux et si je le hais, il va lui arriver un malheur et ce sera de ma faute» ou bien : «S'il m'a violée, c'est sans doute que quelque chose dans mon attitude était provocateur, qu'il n'a donc pas pu se retenir. Je suis une allumeuse et tout est de ma faute.»

Récemment, un jeune homme un peu trop beau, un peu trop blond et vivant dans une banlieue un peu trop sensible se plaignait d'être sans arrêt agressé par des voyous, d'avoir à se battre et d'être régulièrement blessé. Pour lui, il existait un code de l'honneur particulier et il était impensable de ne pas répondre aux insultes raciales et autres provocations. Je lui ai expliqué que, dans la nature, il existe une horreur de la différence et que dans de nombreuses espèces animales, l'individu « autre » était purement et simplement éliminé. De même, dans l'espèce humaine, certaines ethnies africaines exécutaient sans pitié les albinos, et les Romains agissaient de même avec les jumeaux. Il s'agissait donc de lui faire comprendre que sa blondeur et ses iris bleus pouvaient apparaître comme une véritable provocation aux yeux de bandes adolescentes dominantes appartenant à d'autres cultures. Je lui ai donc expliqué dans un premier temps que, compte tenu de son niveau d'éducation et de son intelligence, il ne devait pas s'abaisser à se battre comme un voyou avec… des voyous. Que, dans certaines circonstances, le véritable courage était dans le refus de l'affrontement, comme l'avait si bien démontré Gandhi.

Il était hospitalisé pour de violentes colères qui le submergeaient régulièrement et au cours desquelles il pouvait se montrer assez brutal et pour une angoisse quasi permanente.

Je lui ai ensuite donné l'exemple des mousquetaires qui se battaient en duel pour rien, ou presque, à condition que celui qui était supposé leur avoir manqué de respect (en les bousculant, par exemple) était de leur rang, mais qui ne se seraient jamais abaissés à combattre avec un manant. Il devait donc se comporter en mousquetaire, utiliser ses armes (son intelligence avec la parole), affronter les gens de son niveau, ne pas se bagarrer avec des vilains. Quoique peu politiquement correcte car méprisante envers la « racaille de banlieue », cette explication sembla lui convenir. Le psychiatre est parfois obligé de s'adapter aux circonstances qui régissent la vie de ses patients.

Une fois ce point acquis, je lui ai exposé les principes éthologiques qui régissent la vie des grands primates dont nous faisons partie. « Si d'aventure, au coin d'une rue, vous croisez un gorille, par exemple un grand mâle à dos argenté, vous devez immédiatement adopter une posture de soumission : ne jamais le regarder dans les yeux (forte provocation chez nombre de mammifères), baisser la tête, adopter une posture d'abaissement. Dans ce cas, le gorille passera son chemin et ne vous accordera aucune attention. Dans le cas contraire, si vous le regardez droit dans les yeux en relevant la tête, il aura tôt fait de vous transformer en puzzle ! »

Le week-end suivant, cela n'a pas manqué. Il est tombé sur une bande de voyous qui ont commencé à l'insulter en cherchant à l'humilier à propos de ses « cheveux de meuf ». Contrairement à son habitude, il n'a rien répondu, a baissé la tête, a passé son chemin et… Rien ne s'est produit. Au retour, il a jugé préférable de changer de route et a contourné la fameuse rue pour ne pas tomber à nouveau sur eux.

Le jeune homme a eu du mal à avaler ce qu'il a qualifié de lâcheté et il m'a fallu à nouveau faire preuve d'éloquence pour qu'il admette enfin qu'il s'était montré plus intelligent et au fond nettement plus courageux que ses adversaires qui étaient à cinq contre un et que, pour reprendre ma comparaison, ne pas affronter un gorille à dos argenté dans la jungle quand on est un simple humain n'a vraiment rien de déshonorant !

Je pense que maintenant, il a bien intégré le modèle.

En tout cas, il ne se bagarre plus.

Importance de l'écrit et du dessin[29]

J'ai le tragique souvenir d'un enfant de 8 ans qui avait reçu un splendide vélo comme cadeau d'anniversaire. Il en rêvait depuis des mois. Au cours de la fête, son petit frère de 7 ans lui avait « emprunté » sans lui demander la permission sa belle bicyclette et était parti sur la route sans demander son reste. Furieux, l'enfant avait couru derrière lui et, ne parvenant pas à le rattraper, lui avait hurlé sans réfléchir : « Tu n'es qu'un méchant, je voudrais que tu te fasses écraser ! » Malheureusement, le petit

---

29. Merci au docteur Régis Chomier qui nous a enseigné ce type de technique.

frère s'était effectivement fait écraser. Pendant de nombreuses années, le survivant a été la proie d'une intense culpabilité, persuadé que c'était sa malédiction qui avait provoqué le drame. Il ne travaillait plus à l'école, car il disait ne pas mériter d'avoir un bon métier, rêvassait pendant les cours, sans arrêt distrait par des flash-back au cours desquels il voyait son petit frère démarrer sur le fameux vélo, tourner au coin de la rue, le cri, le bruit, l'ambulance… Ses nuits étaient tout aussi épouvantables, peuplées qu'elles étaient de cauchemars terrifiants où il voyait du sang, un petit corps sans vie. Parfois aussi, il se voyait brûler en enfer. Quelques années plus tard, alors qu'il avait 15 ans, je lui ai proposé une technique que j'ai construite au fil des années : « Tu vas écrire une longue lettre à ton petit frère où tu vas vraiment t'expliquer avec lui. »

Une fois le courrier rédigé, je l'ai lu devant lui (il s'est mis à pleurer à chaudes larmes) à haute voix en essayant de mettre le ton et j'ai continué : « Ton petit frère, là où il est, a reçu et lu ton message et, maintenant, tu vas rédiger sa réponse. »

Au bout de plusieurs allers-retours, l'adolescent s'était réconcilié avec son petit frère et donc avec lui-même. Il a pu très progressivement se remettre en mouvement, reprendre le cours normal de ses études, lorgner et siffler les filles… bref, envisager de mener sa vie de jeune homme.

De même que Freud avait parlé du travail du rêve en tant que moyen de digérer les problèmes inconscients non résolus, on peut parler du travail d'écriture (ou de dessin pour les petits ou pour ceux qui sont plus à l'aise dans la représentation graphique que dans l'écrit). L'acte qui consiste à rédiger de manière correcte oblige à mettre en forme les idées, les hiérarchiser, les classer, l'ensemble représentant un travail de digestion, d'élaboration, de classification et finalement d'archivage. C'est un travail qui souvent mène à la guérison. C'est dans les deuils pathologiques que cette technique se révèle la plus efficace car elle permet de rétablir la communication avec le «cher disparu» dont on n'a pas accepté la désertion. Une sorte d'avatar des tables tournantes et des spirites du siècle dernier.

Certaines personnes ne sont pas à l'aise avec l'écriture. Dans ce cas, je leur propose de dessiner, voire de peindre. Peu importe que le résultat soit «joli» ou non. Pour cet adolescent, par exemple, j'aurais pu lui proposer de faire une sorte de bande dessinée qu'il aurait adressée à son petit frère.

J'ai ainsi le souvenir d'un homme qui avait été violé par un aide-soignant alors qu'il gisait semi-comateux sur son lit d'hôpital (incapable de bouger, mais suffisamment conscient). Il n'en avait jamais parlé à personne mais toutes les nuits, il était terrorisé par la crainte d'une effraction de sa maison par un cambrioleur violeur. À l'hôpital, il n'arrivait pas à se soigner, car chaque fois que les infirmières passaient à proximité de sa chambre, il était réveillé en sursaut et sentait son cœur s'emballer. Il mettait ensuite des heures à se rendormir. Je lui ai proposé de dessiner une chambre parfaitement sécurisée. Le travail a pris plus d'une semaine et le résultat final a été étonnant: un dessin de plus de quatre mètres carrés avec une chambre toute simple mais comportant des dispositifs surréalistes: des détecteurs à infrarouges aux quatre coins de la pièce, tous reliés à un service de vigiles prêts à intervenir, des caméras à l'intérieur et à l'extérieur, trois molosses en liberté dans le jardin, des fils de fer barbelés, des miradors et, à l'extérieur du jardin, une petite armée avec mitrailleuses, mortiers, blindés… C'est à partir de ce moment qu'il a commencé à rire de son symptôme.

Par la suite, il a dormi avec son dessin étalé sous son lit et son sommeil s'est progressivement amélioré. Enfin, un beau jour, il est venu avec son œuvre roulée sous le bras et il m'a dit qu'il était prêt à la brûler avec moi, ce que nous avons fait. En découvrant la créature pulpeuse qui l'accompagnait, j'ai facilement compris qu'il avait trouvé mieux qu'un dessin pour se sentir en sécurité la nuit.

Je propose souvent à mes patients de brûler leurs lettres thérapeutiques ou leurs dessins avec un double objectif en fonction de leurs croyances :
– Soit il s'agit de s'assurer que le secret de cette correspondance sera définitivement gardé et qu'il restera entre lui et moi ;
– Soit de calciner un passé douloureux mais révolu ;
– Soit de sacrifier à une sorte de rite chamanique afin que la fumée de l'holocauste parvienne jusqu'aux narines de la divinité ou bien jusqu'au ciel où réside désormais le disparu.

Contrôle du stress et maladies

Il a été montré chez l'animal de laboratoire que le fait d'exercer un certain contrôle sur le stress va lui permettre ou non de développer plus ou moins vite un cancer. Par exemple, si des souris reçoivent des chocs douloureux de manière aléatoire et inopinée, au bout de quelques semaines de ce régime, elles voient leur taux de globules blancs qui permettent de détruire les cellules cancéreuses s'effondrer, exactement comme cela a été observé chez les veufs et veuves, 18 mois après la disparition de leur conjoint.

À l'inverse, si les souris sont informées quelques secondes à l'avance par un signal lumineux de l'imminence du choc électrique, on les voit se préparer psychologiquement en se mettant en boule dans un coin de la cage... Au bout de quelques semaines, les taux de globules blancs restent normaux et stables.

Lorsque les rats auxquels on a greffé un cancer et qui sont soumis au même régime que les souris ne comprennent ni ne contrôlent rien, on voit le cancer exploser. Celui-ci se développe moins chez ceux qui peuvent interrompre le choc avec une petite manette. Non seulement le contrôle du stress évite l'explosion du cancer, mais en plus, il est anticancéreux, ce qui a stupéfié le monde des cancérologues. C'est de cette manière que l'on peut comprendre l'efficacité des groupes de patients : il a en effet été prouvé que, chez des femmes qui ont un cancer du sein, celles qui participent à un groupe de femmes ayant la même maladie ont une espérance de vie très nettement augmentée par comparaison avec celles qui n'échangent pas sur leur maladie. En effet, nous appartenons à une espèce sociale pour ne pas dire grégaire. Souvent, les cancéreux se sentent rejetés de la société du fait de leur maladie. Quand ces femmes se retrouvent dans une microsociété où elles peuvent parler librement de ce qui les angoisse, échanger des trucs et astuces avec leurs «collègues», rire et pleurer avec elles, elles se sentent réintégrées dans un monde, une culture où elles ont droit de cité et où elles peuvent à nouveau se «lâcher».

La thérapie de LeShan, qui ressemble au *reiki*[30], s'est particulièrement intéressée aux patients cancéreux en phase avancée. Ce psychologue américain a étudié la personnalité de centaines de personnes souffrant d'un cancer et a trouvé qu'elles avaient très souvent subi des deuils importants et qu'au fond la vie ne valait plus tellement la peine d'être vécue. Je ne me sens pas très compétent pour aborder ce sujet mais il me semble qu'il faut prendre des pincettes pour ce type d'approche qui peut être rapidement culpabilisante car elle peut être mal interprétée comme : «Vous avez le cancer par votre faute» à l'image de l'approche de Bruno Bettelheim : «Votre enfant est autiste par votre faute.»

---

30. Méthode d'origine japonaise qui réalise une synthèse du Tao, du shintoïsme, du bouddhisme Zen, des arts martiaux et même de la philosophie hindoue (activation des sept chakras). Il s'agit de soulager les souffrances, d'apporter un calme mental, une paix intérieure et un bien-être en général. Les écoles du reiki sont multiples et variées et j'invite le lecteur à se documenter plus précisément sur chacune d'entre elles.

Résolution des problèmes

Cette technique très caractéristique des thérapies cognitives et comportementales consiste à favoriser une position plus réaliste en comparant les souffrances fantasmées avec les souffrances réellement vécues et à vivre. Dans la succession des étapes à traverser, il s'agit donc de préparer une feuille blanche divisée en plusieurs colonnes et de :

– Définir (si possible par écrit) et avec un maximum de précision le problème ; il est d'ailleurs souvent utile d'écrire parallèlement sa propre biographie, cette méthode de longue haleine permettant aussi la digestion du traumatisme ;

– Imaginer des solutions : à droite de chaque problème, doit correspondre, dans une nouvelle colonne, la solution à appliquer ;

– En imaginer les avantages et les désavantages.

Par exemple, dans la clinique, il arrive souvent que des petits groupes se constituent par affinité et prennent l'habitude de manger à la même table. Lorsqu'un patient nouveau se présente pour la première fois au restaurant, il est souvent un peu perdu et se précipite sur la première chaise vide… pour se faire remballer par un tonitruant : « Cette place est réservée ! » Lorsque cette mésaventure se produit plusieurs fois de suite, les personnes souffrant d'une mauvaise estime de soi pensent : « J'ai l'air – et je suis – tellement nul que personne ne veut de moi. » (Pensée automatique à mettre dans la colonne de gauche.) Il convient alors d'imaginer une explication rationnelle et raisonnable : « C'est quand même normal pour ces gens d'avoir envie de manger avec leur ami, leur attitude n'a donc rien à voir avec ma personne » (colonne du milieu). Il faut enfin d'élaborer une pensée positive : « La prochaine fois, je vais repérer une table de nouveaux comme moi, m'y asseoir et tâcher de favoriser l'émergence d'une petite bande et m'y intégrer » (colonne de droite).

La suite consiste ensuite à tester tranquillement ces solutions, d'en évaluer les résultats et, le cas échéant, de les modifier, de les adapter à la situation ou en cas d'échec, d'en imaginer une autre.

Jeu de rôle

Le psychodrame et le jeu de rôle existent depuis longtemps et sont bien codifiés, aussi bien chez les psychanalystes que les cognitivistes. Il m'arrive néanmoins de proposer au débotté à mes patients de mettre en scène leur problème, en jouant d'abord avec moi puis en répétant le scénario avec une personne de confiance (complice) de leur entourage, quelqu'un de respectueux (ni ironique ni moqueur). Le principe est le suivant : on définit le scénario, de préférence simple. Par exemple, pour quelqu'un qui n'arrive jamais à dire non et qui, du coup, se retrouve régulièrement dans des histoires gênantes, la scène sera : « Un ami vous demande de lui prêter 10 euros pour s'acheter des cigarettes et vous devez lui refuser sans vous fâcher avec lui. »

La règle du jeu est que l'on ne joue jamais son propre rôle, ce qui signifie que c'est la personne qui n'arrive pas à gérer le refus qui jouera le rôle du tapeur, et le complice qui jouera le patient. Cela devra être joué en utilisant plusieurs solutions :

– « Ce n'est pas écrit La Poste », en se tapant le front avec un beau sourire ;

– « Je n'ai pas envie de t'encourager au tabagisme car je t'aime trop pour avoir envie de te voir avec un cancer du poumon auquel j'aurais un peu contribué ; pourquoi n'en profiterais-tu pas pour arrêter de fumer ? » ;

– « Le meilleur moyen de perdre ses amis est de leur prêter de l'argent » ;

– « Désolé, je n'ai pas un rond sur moi » ;

– …

Le fait de tenir la place de l'autre permet de ressentir en soi l'impact des différents types de réponses fournies, de les analyser et de les hiérarchiser. Ainsi, en général, la personne se rend compte que ce n'est pas si terrible pour l'autre d'essuyer un refus à partir du moment où ce « non » est émis avec gentillesse, humour ou bien qu'il est solidement argumenté.

Une fois que l'on a bien assimilé la bonne manière de dire « non », on passe à l'étape suivante qui est l'exposition, d'abord en milieu protégé (clinique, groupe thérapeutique) puis, enfin, dans la vraie vie.

Restauration narcissique

De manière à valoriser toutes les petites victoires quotidiennes que représentent les actions que je viens d'exposer, je propose à mes patients de créer un carnet spécial avec une page par jour à remplir le soir avec l'énumération de cinq actions dont ils se sentent fiers. Avoir souri à une vieille dame seule, avoir su répondre avec gentillesse et humour à une provocation gratuite, avoir réussi à vaincre une phobie ou un TOC, avoir réussi à ne pas reprendre d'un plat pourtant savoureux, etc.

Le lecteur doit savoir que j'ai été louveteau et que le listing des BA le soir m'a été inculqué dès mon plus jeune âge !

L'exposition graduée

C'est la méthode reine des thérapies cognitives et comportementales. Sans doute aussi la plus importante, mais pas la plus facile à mettre en œuvre en fonction du type de peur. Il s'agit dans ce cas d'affronter ce qui fait peur avec l'aide du thérapeute d'abord puis tout seul. Il importe de ne pas brûler les étapes et de bien suivre les recommandations car chaque fois qu'une angoisse est déclenchée par une exposition trop rapide ou brutale, on observe une aggravation des peurs avec un retour en arrière. Le principe est simple : quel que soit le stimulus, à force de s'exposer, on finit par s'habituer car il n'existe aucune émotion qui ne finisse par s'épuiser. À force de se la répéter encore et encore, toute peur finit par s'épuiser.

La technique la plus sophistiquée mais encore rare et plus ou moins à l'état de recherche est la réalité virtuelle (voir plus loin).

Exposition en imagination

En l'absence de logiciel en réalité virtuelle, la thérapie d'exposition en imagination consiste à aider le patient à évoquer la situation traumatisante uniquement dans sa tête en essayant d'identifier les images, les bruits, les odeurs, les sensations cutanées qui l'accompagnent et qui lui font peur.

J'ai le souvenir d'un patient qui m'avait été adressé car il était terrorisé par la fumée et aussi par le fait d'uriner. Complètement obnubilé par ces deux épouvantes irrationnelles, il n'osait plus sortir de chez lui à l'idée d'être confronté à l'un de ces deux phénomènes : être obligé d'uriner hors de chez lui ou bien voir de la fumée. Ce n'est qu'après plusieurs entretiens que le pot aux roses fut découvert : il avait eu un gros accident de moto quelques mois plus tôt dont il pensait s'être remis. Lors de l'accident qui avait eu lieu en plein hiver, alors qu'il faisait très froid, il s'était retrouvé sous sa moto, les jambes fracturées et complètement coincées par le poids de son véhicule ; il avait dû assister impuissant au spectacle de son sang qui s'écoulait du haut de sa jambe et qui coulait dans la neige et, du fait du froid, dégageait de la vapeur, de même que son moteur qui fumait encore sur le verglas. Le sang, ce liquide tiède qui s'écoulait dans son pantalon, avait été associé à l'urine et la fumée était le déclencheur de la peur. Une séance d'explicitation rationnelle suivie de deux séances d'exposition par l'imagination aux stimuli générateurs de la phobie ont suffi pour que les liens soient suffisamment compris de manière que tous les symptômes disparaissent. Et qu'il reprenne son travail et sa vie.

Cependant, dans la plupart des cas, l'imagination ne suffit pas et il est nécessaire de se confronter à la réalité. Il s'agit donc par la répétition sans angoisse de réduire progressivement l'impact négatif de la confrontation à ce qui fait peur et que l'on cherche à éviter à tout prix. L'organisme finit par se dire que puisque la vue de l'objet de la phobie, d'abord en compagnie du psychothérapeute, puis seul, ne déclenche plus d'émotion palpable comme des sueurs, des palpitations, une boule dans la gorge, des tremblements, c'est qu'au fond, cette chose épouvantable ne l'est finalement pas tant que ça !

Le protocole peut donc être :

1. Visualisation en imagination de ce qui fait peur (bruit, odeur, vue, toucher, goût).

2. Visualisation en photo ou en vidéo de ce qui fait peur.

3. Affrontement en vrai de ce qui fait peur en compagnie d'un thérapeute ou à défaut d'un ami rassurant.

4. Affrontement en vrai et tout seul de ce qui fait peur.

5. Multiplication de ces « expositions » en se rapprochant de plus en plus de ce qui fait vraiment peur jusqu'à épuisement complet de l'émotion.

À chaque exposition-confrontation, il est très important d'avoir le réflexe de faire des exercices de relaxation, en particulier tout ce qui concerne la respiration en 8– 8 – 6 (voir plus haut), afin de ne pas laisser se développer l'angoisse, ce qui ramènerait à la case départ. Souvent, au cours de cette période préparatoire, il est demandé d'accomplir un travail sur ses émotions et de prendre conscience du fait que celles-ci sont utiles, voire nécessaires à la communication avec les autres. Ce travail permet de les accepter et, donc, de ne plus les redouter. Cette méthode simple est particulièrement efficace mais nécessite une réflexion qui consiste à se convaincre de renoncer à l'évitement qui devient très vite automatique chez les phobiques; il faut reconnaître que la présence d'un psychothérapeute au moins au début facilite grandement les choses.

C'est sans doute la phobie des transports en commun qui est la plus facile à traiter par expositions graduées. Si quelqu'un a peur de prendre le car ou le métro :

– On commence par lui faire expliquer sa peur, éventuellement par écrit ;

– On l'entraîne à respirer en 8 – 8 – 6 pour maîtriser ses émotions ;

– Ensuite, on lui demande de prendre le métro en imagination ;

– Puis d'aller jusqu'à l'arrêt de métro et d'acheter un ticket ;

– Puis de prendre le métro à une heure creuse en compagnie d'un ami et de descendre au premier arrêt, quitte à revenir à pied, en surface ;

– Puis d'augmenter progressivement le nombre de stations jusqu'au terminus ; (retour libre, marche, taxi, bus, etc.)

– Puis de recommencer seul : une station, puis deux, puis trois, etc.

Carnet de fierté

Lorsque quelqu'un a un problème d'estime de soi, se trouve nul, bête, sans intérêt, incapable de soutenir une conversation, je lui propose là aussi de tenir ce que j'appelle un carnet de fierté : tous les soirs, avant de se coucher, il faut décrire cinq raisons d'être fier de soi :

– J'ai laissé ma place assise à une vieille dame dans le métro ;

– J'ai réussi à me limiter à deux carrés de chocolat (ou à trois cigarettes) ;

– Je suis allé à mon premier cours de gym ;

– J'ai osé adresser la parole à quelqu'un que je ne connaissais pas ;
– Je ne me suis pas plaint de la journée ;
– Je suis resté souriant et accueillant quand ma femme est revenue énervée de son travail ;
– J'ai réussi une recette compliquée ;
– J'ai souri à la femme de ménage du supermarché et elle m'a rendu mon sourire…

Ce type d'astuce est en général bien utile pour renforcer l'image de soi souvent délabrée d'un grand nombre de personnes en souffrance et prêtes à basculer dans ce qu'il est convenu d'appeler la dysthymie ou névrose dépressive. Pour elles, la tristesse, le pessimisme sont devenus une seconde nature. La bouteille est toujours à moitié vide, jamais à moitié pleine. Tout événement est interprété comme susceptible d'avoir des conséquences négatives. Plus on a présenté de rechutes dépressives et plus on a de chances de sombrer dans un tel marasme, d'où la nécessité de prendre des mesures de lutte contre ce fléau qui handicape le sujet comme son entourage.

2. Thérapie centrée sur les schémas de Jeffrey Young[31]

Même si cette thérapie se réclame comme partie intégrante des thérapies cognitives et comportementales, il s'agit encore d'une technique métissée, c'est-à-dire intégrant des modèles venus d'horizons divers. Elle y a ajouté les notions de schémas précoces inadaptés (SPI) et de modes et stratégies d'adaptation (processus de perpétuation). En définitive, cette approche synthétique intègre des façons de concevoir et de faire, provenant pour l'essentiel de ces trois courants théoriques majeurs :
– Le courant cognitif-comportemental ;
– Le courant psychodynamique (psychanalyse) ;
– Le courant existentiel-humaniste.

Qu'est-ce qu'un schéma en psychologie ?

Pour J. Young le schéma désigne « tout grand principe organisateur ayant pour but d'expliquer les expériences vécues par un individu[32] ». Selon J. Cottraux, « ces schémas sont faits de croyances et d'interprétations, de postulats conditionnels ou inconditionnels concernant soi-même, les autres et le monde[33] ». Selon cette théorie, des « schémas précoces inadaptés » se constituent par interaction entre la pression de l'environnement (en particulier les expériences précoces de l'enfance) et la constitution biologique de l'individu (tempérament affectif) ; cela permet de comprendre que, si ces schémas ont eu une valeur adaptative dans l'enfance, leur persistance

---

31. Merci à Ludovic Scarna qui nous a permis d'utiliser son remarquable mémoire de psychiatrie pour rédiger ce chapitre.
32. Jeffrey E. Young, *La Thérapie des schémas, approche cognitive des troubles de la personnalité*, De Boeck, 2005.
33. Jean Cottraux, *Les Thérapies comportementales et cognitives*, Elsevier-Masson, 2004.

est la cause d'importantes difficultés dans le présent du sujet. Un schéma précoce inadapté (SPI) est « un thème important et envahissant, constitué de souvenirs, d'émotions, de cognitions et de sensations corporelles concernant soi-même ou sa relation avec les autres, constitué au cours de l'enfance et de l'adolescence, enrichi tout au long de la vie et dysfonctionnel de façon significative[34] ». Ces SPI sont activés dans le présent par des événements de vie que la personne perçoit inconsciemment comme identiques aux expériences nocives répétées et/ou traumatiques de son enfance ; leur activation suscite généralement une émotion négative intense chez le patient ; ils sont par essence dysfonctionnels et destructeurs ; ils se perpétuent et sont difficiles à modifier ; enfin ils peuvent avoir différents niveaux de gravité et d'envahissement.

Une des remarques importantes de cette approche est la constatation évidente et pourtant peu souvent notée de la coexistence chez un même individu de plusieurs problèmes. Par exemple, dans le mémoire du docteur Ludovic Scarna, entre un trouble bipolaire et un trouble de la personnalité. Or c'est justement ce fait si fréquent qui complique la prise en charge. Ainsi, le trouble bipolaire nécessite une approche de type biologique rigoureuse avec une prise très régulière du médicament régulateur de l'humeur, exactement comme un diabétique doit prendre son insuline à vie tout en vérifiant très exactement sa glycémie. Mais quand le trouble bipolaire existe chez une personne qui souffre par ailleurs d'un trouble de la personnalité (ou d'un état limite), il existe une impulsivité naturelle avec une tendance à passer à l'acte, ce qui est fâcheux car on observe régulièrement des arrêts intempestifs du traitement suivis de rechute qui aggrave encore plus le tableau d'ensemble. On peut donc dire qu'il y a incompatibi-

---

34 Jeffrey E. Young, *La Thérapie des schémas…*, *op. cit.*

lité entre le trouble de la personnalité et la gestion rigoureuse du médicament puisque chaque rechute du dépressif ou du maniaque déclenchée par l'interruption immotivée du traitement aggrave le pronostic ultérieur, et il est aujourd'hui bien connu que chaque épisode appelle le suivant.

C'est dans ce cas de figure que s'applique le mieux la thérapie des schémas que nous avons tendance à penser prometteuse, car c'est une des rares à avoir été soumise à au moins deux études d'évaluation de niveau international. En effet, les patients porteurs de trouble de la personnalité acceptent difficilement de se soumettre aux thérapies cognitives et comportementales auxquelles de toute manière ils répondent peu et mal. Celles-ci sont en effet surtout adaptées aux patients qui souffrent d'un problème précis (phobie, panique), très motivées et capables de faire confiance au thérapeute, c'est-à-dire de nouer une alliance forte et durable avec lui.

C'est pour tenter de pallier toutes ces difficultés que J. Young a emprunté aux autres techniques psychothérapiques : théorie de l'attachement, gestalt-thérapie, constructivisme, psychanalyse. Ces noms barbares recouvrent des courants historiques importants de la psychiatrie.

En premier lieu, Young a introduit une notion typiquement métissée de la psychanalyse et des thérapies cognitives et comportementales : les schémas précoces inadaptés (SPI). Ces mauvais conditionnements se passent tôt dans la vie et sont liés, d'une part, à l'environnement (culturel, sociologique, familial, événements de vie) et, d'autre part, au terrain à travers la constitution génétique de l'individu (tempérament affectif). La définition du SPI est la suivante : « Un thème important et envahissant, constitué de souvenirs, d'émotions, de cognitions et de sensations corporelles concernant soi-même ou sa relation avec les autres, constitué au cours de l'enfance et de l'adolescence, enrichi tout au long de la vie et dysfonctionnel de façon significative[35]. »

Cette approche a l'avantage de tenir compte de l'ensemble des facteurs constitutifs d'une personnalité tout en évitant (enfin !) de culpabiliser les parents. Une autre idée intéressante est que ces SPI ont peut-être eu un intérêt pendant l'enfance en tant que mécanisme d'adaptation et que c'est leur persistance qui pose problème actuellement : un sujet qui a été abusé au cours de son enfance développe une peur des inconnus, ce qui représente une sauvegarde pour lui. En revanche, une fois devenu adulte, s'il est terrorisé chaque fois qu'il voit une tête nouvelle, il y a un vrai problème. Les SPI seraient liés à la frustration d'un ou plusieurs des besoins fondamentaux de toute personne :
– sécurité/attachement ;
– autonomie/compétence ;
– liberté d'exprimer ses besoins/émotions ;
– spontanéité/jeu ;
– limites/autocontrôle.

On voit que ces besoins sont ou non satisfaits par l'environnement. Chaque individu fait face grâce à sa constitution, donc à son tempérament qui peut avoir sept composantes :
– émotif/non réactif ;
– pessimiste/optimiste ;
– anxieux/calme ;
– obsessionnel/distractif ;
– passif/agressif ;
– irritable/jovial ;
– timide/social.

À partir de ces données de base issues de son environnement et de son tempérament propre, chaque personne va développer

---

35. Jeffrey E. Young, *La Thérapie des schémas…*, *op. cit.*

des stratégies de survie de manière plus ou moins souple mais qui risquent de se rigidifier avec le temps. Ces stratégies peuvent être au nombre de trois :

– La capitulation : le sujet se soumet à son mauvais schéma ;
– La fuite : le sujet évite de s'y confronter ;
– La contre-attaque : le sujet fait exactement le contraire, mais de manière excessive, voire caricaturale.

Cependant, selon les circonstances, le sujet va développer un des modes de réaction à la situation, les personnes états limites pouvant passer rapidement d'un mode à l'autre, de la colère contre autrui à la haine de soi ou bien de la détresse psychologique au détachement. Au cours de la thérapie, il sera proposé de se centrer sur le mode ressenti, au moment présent, le fameux *ici maintenant* de la *Dasein analyse*[36], et surtout d'adopter un mode de réaction d'adulte sain plutôt que de se cantonner à des modes maladifs comme des modes d'enfant, d'adaptation anormale ou de parent anormal.

Après une phase de diagnostic des schémas et des styles d'adaptation à ceux-ci, une information détaillée est fournie pour décrire la façon dont va se dérouler la psychothérapie, laquelle va utiliser quatre outils principaux :

– Les méthodes cognitives : il s'agit d'aider le sujet à prendre de la distance en lui fournissant des explications et en développant sa logique, sa rationalité ;
– Les méthodes émotionnelles : le sujet s'expose à des émotions liées aux fameux schémas et s'entraîne à y réagir. Nous ne sommes plus dans le domaine de la raison mais dans celui de l'expérience ;
– Les méthodes comportementales : il s'agit maintenant d'appliquer dans la réalité ce que l'on a découvert au cours des deux phases précédentes en abandonnant les anciens modes de réaction ;

---

36. Martin Heidegger, *Être et Temps*, Gallimard, 1986.

– Les relations thérapeutiques : c'est une sorte d'antidote partiel qui est composé de deux ingrédients principaux :
- La confrontation empathique : le thérapeute montre à son patient qu'il comprend son vécu subjectif tout en lui montrant ce qu'ils ont de négatif pour lui ;
- Le reparentage partiel qui lui permet dans les limites de la thérapie de satisfaire ses besoins affectifs.

Tout cela peut paraître bien compliqué et théorique mais le lecteur doit comprendre que cette méthode de soins s'adresse aux personnes les plus difficiles à soigner du fait de leur structure psychologique particulière et de la difficulté à obtenir une vraie confiance et une alliance complète. Souvent, ces personnes ont en effet été tellement trompées, abusées au cours de leur vie qu'elles sont d'une méfiance extrême. De plus, un de leurs principaux symptômes est l'abandonnisme ou la crainte d'être abandonnées, car elles en ont fait l'expérience très tôt dans leur vie. Du coup, plus elles se sentent entourées, aimées, plus elles se sentent en danger d'être encore une fois déçues. Cela risque de déclencher le « syndrome de Gribouille », ce petit héros qui avait tellement peur d'être mouillé par la pluie qu'il s'est jeté à l'eau. Ces patients ont tellement peur d'être abandonnés qu'ils provoquent l'abandon en se montrant odieux ou tout simplement en ne revenant plus. J'ai même vu des patients qui avaient tellement peur de la mort qu'ils se sont suicidés, pour se donner la terrible impression de maîtriser, de dominer leur propre trépas.

Selon Young, cette méthode permet des améliorations qui restent longtemps partielles ; il faut souvent de longues années avant qu'une réelle guérison puisse enfin être espérée.

Les hospitalisations séquentielles

Cette technique particulière propre aux institutions psychiatriques privées ou publiques consiste à poser les bases d'un contrat de soin très spécifique qui va engager la personne pour de nombreuses années. Il s'agit d'une méthode relativement coûteuse pour la société, à réserver aux cas les plus lourds, ayant présenté de nombreuses rechutes avec passages à l'acte: tentatives de suicide, actes de violence, scarifications. Après une première hospitalisation de durée variable, généralement assez longue, le contrat consiste à dire: « Je vous propose de revenir dans x mois pour une durée de y jours. Vous serez hospitalisé, que vous alliez bien ou que vous alliez mal, et vous sortirez au bout du temps fixé, que vous alliez bien ou que vous alliez mal. »

Il s'agit donc de dissocier l'hospitalisation de l'état clinique car beaucoup de personnes, de manière inconsciente, déclenchent une rechute, font un passage à l'acte de manière à être hospitalisées et rechutent encore au moment de sortir. Le message est donc clair: il ne sert à rien de vous rendre malade pour revenir puisque, de toute manière, vous reviendrez même si vous allez parfaitement bien.

Avec le temps, on allonge progressivement le temps passé à l'extérieur et on diminue celui à l'intérieur de l'institution. J'avoue que cela m'a souvent ravi de constater que, contrairement à ce qui a longtemps été dit dans la littérature médicale, les personnes qui acceptent ce type de prise en charge évoluent progressivement et finissent par guérir en changeant leur comportement et même leur structure. J'en connais qui étaient de véritables états limites au début et qui ne le sont plus.

Cette méthode est donc particulièrement efficace mais nécessite qu'elle soit poursuivie pendant de très nombreuses années (dix en moyenne).

Les contrats de non-suicide

Lorsqu'une personne est désespérée au point de tenter de manière répétitive de mettre fin à ses jours, je lui explique que je ne peux pas la soigner car, pour y arriver, j'ai besoin de toute mon intelligence. Or, quand je me fais du souci pour quelqu'un, que j'ai trop peur qu'il se suicide ou se fasse du mal, je ne parviens plus à penser ou, plutôt, je ne pense plus qu'à ça et donc plus vraiment à elle. Ainsi, le contrat consiste à écrire de sa main: «Je m'engage sur l'honneur à ne pas me faire du mal jusqu'à la prochaine consultation avec le docteur Lemoine. Si je ne respecte pas ce contrat, je sais qu'il pourra m'interner et par conséquent ne plus me suivre.» Il est manuscrit sur une ordonnance dupliquée et signée par le patient et par moi. Chacun des deux en garde un exemplaire, comme chez le notaire!

Lorsque j'ai observé cette approche au cours de ma période de travail en tant que chercheur à Stanford, je l'ai d'abord trouvée vraiment simple pour ne pas dire simpliste, voire débile, puis je me suis aperçu que cela marchait! Toute l'astuce repose sur la durée spécifiée. Il ne s'agit pas de dire: «Je ne me ferai plus jamais de mal!» Non, il s'agit d'un vrai contrat au sens juridique du terme, donc limité dans le temps. J'ai le souvenir d'une patiente en pleine crise suicidaire, dont le contrat ne courait que sur deux heures. Au bout de deux heures, je l'ai fait renouveler pour douze heures et ainsi de suite. Plusieurs fois, des personnes m'ont dit: «J'ai affiché mon contrat devant mon lit, en face de moi. À plusieurs reprises j'ai eu envie d'en finir et c'est ce fichu bout de papier qui m'a retenu!» Plusieurs de mes patients viennent me voir une fois par an, certains depuis vingt ans, rien que pour renouveler leur contrat. Mais, attention, cela demande beaucoup de rigueur dans le temps. Ainsi, j'ai vu aux États-Unis un interne qui avait mis en route un tel contrat qui devait être renouvelé le lendemain à 15 heures. L'interne a oublié. À 16 heures, le patient avait mis fin à ses jours.

3. Psychothérapies interpersonnelles[37]

Cette forme particulière de psychothérapie est à l'heure actuelle particulièrement développée et reconnue aux États-Unis, alors qu'en France et dans les pays francophones européens, elle reste assez confidentielle, ce qui est certainement très dommage.

Les origines de la psychothérapie interpersonnelle sont particulièrement piquantes : en 1969, lorsqu'une recherche doit être menée pour évaluer l'efficacité d'une technique particulière, il est indispensable de créer un groupe contrôle, c'est-à-dire une cohorte de patients ne recevant aucun traitement ou alors un traitement inefficace (groupe placebo). De ce fait, un chercheur américain demanda à son assistante, une psychologue, d'inventer une méthode « bidon » qui servirait pour le groupe placebo. Elle s'exécuta et imagina une technique qu'elle pensait inactive. Plusieurs groupes de patients furent constitués par tirage au sort, tous recevant des traitements dits actifs, à l'exception du groupe dont le traitement était supposé placebo. Bien entendu, les patients étaient informés qu'ils risquaient d'avoir un traitement placebo et avaient donné leur accord. Et là, grosse surprise, c'est le groupe placebo qui se montra le plus efficace !

Du coup, les chercheurs se penchèrent sérieusement sur la fameuse technique conçue comme un placebo et découvrirent avec surprise qu'en effet elle n'en était pas un. Aujourd'hui, l'efficacité de la méthode est scientifiquement démontrée par de nombreuses études. C'est probablement la mieux validée sur le plan international après les thérapies cognitives et comportementales.

---

37. Ce chapitre s'est inspiré du remarquable site du docteur Neveux : doc.vadis.fr.

Le champ d'action principal des psychothérapies interpersonnelles est la dépression ainsi que les troubles bipolaires anciennement appelés psychoses maniaco-dépressives. Cependant, pour ces derniers, il convient de se rappeler que l'utilisation de ce type d'approche ne dispense en rien de la prise de médicaments régulateurs de l'humeur, seuls capables de prévenir les rechutes potentiellement mortelles du fait du haut risque de suicide. Le principal objectif des psychothérapies interpersonnelles dans cette indication est d'aider la personne à repérer les modifications des situations interpersonnelles qui risquent de la déséquilibrer et de favoriser une rechute… un peu comme dans le cadre de la psychoéducation pratiquée au sein des associations de patients, qui font un travail absolument remarquable à cet égard.

Les associations d'usagers

Les premiers groupements d'entraide de patients sont d'abord venus du champ de l'alcoolisme et c'est le docteur André Requet de Lyon qui, à ma connaissance, a suscité la première expérience dans le domaine en mettant en place une association d'anciens alcooliques dans la période de l'après-guerre. À l'heure actuelle, les AA ou Alcooliques anonymes sont les plus célèbres mais il en existe bien d'autres comme Vie libre, etc.

Dans le domaine plus spécifiquement psychiatrique, la plus importante des associations d'usagers s'appelle l'UNAFAM ; elle regroupe plus particulièrement les familles des malades mentaux. Il s'agit d'une institution active, utile, indispensable qui s'est montrée particulièrement efficace dans le domaine de la protection des patients schizophrènes, même si elle ne se désintéresse pas des autres maladies. Force est en effet de reconnaître que ce sont les psychotiques qui sont les plus vulnérables, les moins capables de se défendre par eux-mêmes et qui, par conséquent, ont le plus besoin d'être soutenus par leurs familles. Une autre association est la FNAPSY, également très dynamique, composée d'usagers, donc forcément plus orientée vers la dépression, les troubles anxieux... France-Dépression est également un mouvement très important. Enfin, certaines associations comme l'AFTOC (Association Française des TOC), France Parkinson, France Alzheimer, ANC (narcolepsie-cataplexie) sont carrément spécialisées et accomplissent un travail fantastique.

L'entraide, la solidarité ne sont pas que des bonnes paroles, des bons sentiments. Cela va bien au-delà. L'être humain est une espèce sociale et il a en permanence besoin de se sentir membre d'une tribu au sein de laquelle il joue un rôle, est reconnu par ses pairs (voir encadré Contrôle du stress et maladies).

C'est la même chose en ce qui concerne les maladies mentales. Je conseille très souvent à mes patients d'adhérer à un groupe même si je sais bien que, souvent, on « casse du psy » dans ce type d'association, ce qui ne doit pas poser problème à un professionnel digne de ce nom. Je pense même que je suis en partie payé pour accepter cela.

Liens utiles :

www.unafam.org

www.fnapsy.org

www.france-depression.org

www.aftoc.org

www.aafrance.fr

www.vielibre.org

www.francealzheimer.org

www.franceparkinson.fr

www.anc-narcolepsie.com

La base est donc de travailler sur les relations que l'on entretient avec les autres et qui sont dites interpersonnelles. Or force est de constater que les déprimés souffrent d'un énorme problème à ce niveau-là: ils ont une capacité impressionnante à faire le vide autour d'eux en adoptant des attitudes de retrait, de repli sur eux-mêmes, de négligence de l'entourage, qui peut alors les considérer égoïstes.

Dans le cas, par exemple, des dépressions réactionnelles à un licenciement ou à un veuvage, il est évident que ce genre de situation modifie en profondeur les relations sociales. Le statut d'un chômeur n'est pas celui d'un travailleur, celui d'un veuf n'est pas celui d'un conjoint. Les interactions employé/entreprise, patron/salarié ont disparu. Les échanges de couple aussi.

L'idéal bien entendu est de tenter de repérer les situations relationnelles qui risquent de rompre l'équilibre psychologique de la personne et, partant, de favoriser une rechute dépressive. Il s'agit donc en premier lieu d'une action de prévention particulièrement utile dans le trouble bipolaire, la dysthymie (dépressivité, anciennement appelée névrose dépressive), la dépression récurrente…

Quatre grands domaines d'action ont été étudiés pour cette méthode psychothérapique:

– Le déficit interpersonnel qui se traduit par un isolement; les personnes qui souffrent d'un manque de relations sociales et qui s'en plaignent. En un mot, tous ceux qui se sentent isolés et qui n'en sont pas satisfaits… Car il ne faut pas oublier qu'il existe des sortes d'ermites, des loups solitaires qui sont pleinement heureux de leur sort ou du moins qui le prétendent.

– Le deuil; dans certains cas, le disparu peut même être un animal familier. Dans mon expérience, la mort d'un chat ou d'un chien est catastrophique chez les personnes seules ou chez celles qui viennent de subir une série de deuils qu'elles semblent avoir assumés mais que la perte du compagnon à quatre pattes ou à deux ailes déséquilibre. C'est la goutte d'eau qui fait déborder le vase.

– Le conflit ; il s'agit d'une indication particulièrement très fréquente et, dans ce cas, le problème interpersonnel est particulièrement clair : il faut apprendre à gérer les conflits, donner les pistes qui permettront de résoudre les situations engendrant les disputes. Le contexte des conflits au travail, du harcèlement professionnel se prête particulièrement bien à la TIP, de même que les conflits parents-enfants.

– Les situations de transition dans l'existence : c'est peut-être un des contextes les plus difficiles à cerner, puisqu'il s'intéresse au vécu difficile consécutif à un changement de statut. Voici quelques exemples parmi les plus fréquents de situation de transition de rôle :

- Promotion ou licenciement : la modification des responsabilités et du regard de l'autre, de la nature des relations est au centre des problèmes. De manière assez étonnante, j'ai souvent observé des décompensations avec suicide ou tentative de suicide au moment où une promotion, une récompense (décoration), un poste, un titre était obtenu, comme si, maintenant que le but ultime était atteint, on n'avait plus rien à attendre de l'existence ;
- Adolescence : c'est sans doute un des moments de la vie où le changement de statut est le plus flagrant. Avant, les garçons pour les filles étaient bêtes et brutaux et, pour les garçons, les filles étaient moches et sournoises. Tout à coup, avec les changements liés à la puberté, l'autre sexe devient brutalement digne d'intérêt. Toutes les questions habituelles se font jour, pousse de la barbe et des poils pubiens, longueur du pénis avec complexe du vestiaire pour les uns, taille des seins et dates des premières règles pour les autres. Les relations sociales changent, les bandes se constituent et deviennent mixtes.

Tout cela est parfaitement normal mais peut poser problème chez certains ;
- Ménopause : au Moyen Âge, une femme ménopausée qui se maquillait, faisait attention à sa toilette, se montrait aguicheuse, était considérée comme une sorcière et pouvait se retrouver sur le bûcher. C'est dire quel statut la femme ménopausée a dans l'inconscient occidental. Même si les choses ont changé, pour une femme, le fait de ne plus pouvoir avoir d'enfant est parfois vécu comme une castration, une entrée dans la sénescence. Là encore, les relations changent ;
- Retraite, entrée dans le troisième, puis dans le quatrième âge : sentiment d'inutilité. Impression d'être exclu du monde des productifs, sans parler du monde des jeunes dont on se sent définitivement exclu en tant que « croulant », *has been* « amorti », senior, ancêtre… j'en passe et des meilleures ;
- Mariage : éloignement de la bande de célibataires insouciants à laquelle on appartenait, nécessité d'accepter un certain nombre de règles conjugales : rentrer à l'heure pour les repas, avoir des égards pour l'autre, comme ne pas laisser la salle de bains en chantier, nettoyer la cuvette des W-C, ne plus décider d'une nuit blanche au dernier moment ;
- Divorce : là aussi, on change de club, la plupart des amis choisissent leur camp, certains sont perdus ou au contraire récupérés, toutes les cartes sociales sont redistribuées, on se retrouve sur le marché de la drague et du sexe ;
- Maternité ou paternité : le passage du statut de jeune, d'étudiant, de célibataire éventuellement bringueur à celui de père ou de mère responsable avec tout ce que cela comporte : nuits blanches, recherche de la baby-sitter et, en cas d'échec, impossibilité de sortir, d'accepter des invitations, perte des amis célibataires avec toutes les mises en boîte de rigueur ;
- L'entrée dans la maladie : on passe du statut de bien-portant, de valide à celui de malade, d'handicapé, avec tout ce que cela va

changer dans sa vie et dans son statut. Il faut aussi commencer à méditer sur l'ultime transition (sa propre mort) qui devient dans ce cas beaucoup moins abstraite, malheureusement ;
- Échouer à un examen : comment renoncer à un certain nombre d'espoirs. C'est la fin du rêve, tout le monde descend ! Il faut bien revenir à la dure réalité, assumer la divergence qui va apparaître entre les relations espérées et celles qui auront réellement lieu ;
- Réussir à un examen et laisser un certain nombre de copains sur le quai, assumer un nouveau rôle, des responsabilités, sélectionner ses relations.

Au cours d'une vie, les occasions sont nombreuses de rencontrer des situations dites interpersonnelles susceptibles d'entraîner une déstabilisation et la souffrance qui souvent l'accompagne.

En psychologie et en psychiatrie, le poids du style de relations interpersonnelles et la tristesse ou la dépression qui en découlent sont largement sous-estimés. La spécificité de la thérapie interpersonnelle est de permettre de traiter spécifiquement les problèmes qui leur sont attachés.

Comment se déroule la thérapie ?

Une des principales caractéristiques de la TIP est d'être envisagée un peu à la manière de travaux à entreprendre chez soi avec une sorte de devis initial, tout du moins en ce qui concerne sa durée. Elle se déroule en trois étapes sous la direction d'un psychiatre-psychothérapeute :

– La phase initiale semble (à tort) assez classique : prise de contact, identification du cadre de travail, présentation du principe de la TIP, détermination du nombre total de séances. Identifier le cadre de travail consiste essentiellement à choisir si la TIP portera plutôt sur un déficit interpersonnel, un deuil, un conflit, ou sur une transition de rôle, adolescence, chômage, licenciement, etc., mais, au fond, peut-être cette phase n'est-elle pas aussi classique qu'elle en a l'air car elle s'attache à réaliser un inventaire interpersonnel de sa propre histoire, à remplir un schéma en forme de cercle de proximité (retraçant toutes les personnes importantes gravitant autour de l'intéressé), à attribuer le rôle de malade (*sick role*) comme base de départ, visant à éviter tout déni de la souffrance psychique, et à s'en servir comme d'un starting-block dans le top départ d'une thérapie qui se veut très dynamique.

– Ensuite, on attaque le travail spécifique en fonction du type de problème identifié. C'est le psy TIP qui va diriger la thérapie selon la problématique en question. La thérapie comprend plusieurs stades de progression. Chacun de ces stades a des caractéristiques et des objectifs particuliers.

– Enfin, c'est la phase de terminaison, préparant la fin de la thérapie. C'est sans doute une des plus grandes originalités de la cure.

Le nombre de séances est donc déterminé à l'avance au cours de la phase initiale. Il atteint en général 16 à 20 rencontres. Cela permet d'éviter un désinvestissement dans la thérapie, aussi bien de la part du soigné que du soignant car, dans ce cadre, la routine est impossible. C'est en effet la chronicité qui est le principal écueil de tous les soins psychologiques, ce que l'on ne répétera jamais assez. Toutefois, selon les circonstances, il pourra être décidé d'un commun accord d'augmenter le nombre de séances ou bien, si la séparation se révèle trop difficile, une thérapie de maintenance peut être envisagée, en particulier dans les situations de plus grande vulnérabilité : adolescence, femme enceinte, personne âgée, entrée dans une maladie grave comme un cancer, etc.

Il me faut encore insister sur le fait que cette technique est d'emblée conçue comme devant se terminer un jour, ce qui tranche avec les prises en charge habituelles par les psys de tout poil qui en général éprouvent les plus grandes difficultés à se séparer de leurs patients tant ils se pensent indispensables à la survie de leurs ouailles… et vice versa car les patients ont eux aussi du mal à quitter leur béquille psychothérapique.

Enfin, cerise sur mon gâteau chronobiologique, je me suis aperçu avec bonheur que cette forme de thérapie cherche à intégrer la question des rythmes : c'est Ellen Frank qui a eu l'idée d'intervenir dans l'aménagement des rythmes sociaux, ce qui représente une partie importante de cette thérapie, tout particulièrement pour les personnes sensibles aux changements intempestifs d'heures de coucher et de lever, déstabilisant ainsi leur rythme de vie veille-sommeil et par voie de conséquence leur humeur.

Et maintenant, afin que le lecteur ait une idée pratique du déroulement d'une cure, je laisse le clavier à mon ami, le docteur Frédéric Kochman, grand expert de la méthode. Qu'il en soit chaleureusement remercié :

Mélanie, 28 ans, traverse en ce moment une phase compliquée dans sa vie tant privée que professionnelle. Elle est infographiste dans une entreprise du Nord et la qualité de son travail a récemment été reconnue par ses supérieurs au point de lui confier la charte graphique d'un grand musée de la région et de lui proposer un déménagement dans un beau bureau au siège de la société ainsi qu'une augmentation substantielle de son salaire. En contrepartie, cette promotion brutale et inattendue a engendré de fortes frictions et jalousies de la part de ses collègues, amies et copines de promotion, ainsi qu'une surcharge majeure de travail. Désormais, Mélanie rejoint rarement son domicile avant 20 heures, ce qui a considérablement aggravé des tensions préexistantes dans son couple. La plupart des soirées se soldent par des disputes entamées par son conjoint : « Je ne te vois plus, tu rentres fatiguée, nous n'avons quasiment plus de vie intime, tu es tout le temps préoccupée par ton boulot et ne t'intéresses plus à moi. »

De fait, depuis quelques semaines, Mélanie ne dort plus ou très mal, se sent fatiguée dans la journée, et exténuée le soir. Elle est hyperémotive et fond en larmes pour un rien (ces derniers jours, elle a dû se précipiter à plusieurs reprises dans les toilettes de son entreprise). Elle devient très irritable. Mélanie a perdu confiance en elle, se sent incapable de mener à bien ses nouvelles tâches professionnelles et vit dans la peur constante d'être perçue par ses collègues, par ses patrons comme une imposteuse, inapte à réaliser les projets qui lui ont été confiés.

C'est dans ce contexte que son médecin généraliste l'a adressée à une psychothérapeute interpersonnelle.

Cette dernière l'a longuement reçue et a pu établir un inventaire de ses relations actuelles : l'éloignement et le froid actuel avec son conjoint, que pourtant elle aime, engendrant une souffrance dépressive et une forte culpabilité, la jalousie de ses copines de faculté employées dans la même entreprise, qui viennent de partir en vacances pour la première fois sans lui proposer de les rejoindre, ses parents et sa sœur qui se plaignent de son absence et de la raréfaction de ses coups de fil. À l'issue de cette focalisation sur ses relations avec ses proches, deux dimensions ressortent, clairement reliées au maintien et à l'aggravation progressive de son état dépressif : le conflit avec son conjoint et la transition de rôle (promotion professionnelle brutale et angoissante). La psychothérapeute met en exergue le cercle vicieux qui s'est créé au fur et à mesure entre ces dimensions et son humeur : les disputes avec son compagnon aggravent ses sentiments dépressifs, ce qui augmente son autodépréciation et, donc, son irritabilité. Ces facteurs vont précipiter les risques de nouvelles querelles renforçant ainsi cette boucle conflit-dépression.

Mélanie, après mûre réflexion avec sa thérapeute, estime que la transition de rôle est le domaine le plus lié et relié à sa dépression car cette promotion est l'origine principale des tensions qui surviennent au sein de son couple.

La phase intermédiaire de la thérapie sera donc consacrée à mieux vivre et gérer cette transition de vie, notamment en faisant le deuil symbolique de sa position professionnelle antérieure et en investissant peu à peu, avec une confiance retrouvée, sa promotion et tous les avantages acquis. Par l'intermédiaire de jeux de rôle, apportant un aspect parfois ludique à la psychothérapie, d'analyses de la communication (réflexions visant à repérer et réadapter des difficultés de communications interpersonnelles), d'analyses décisionnelles (répertorier les choix et solutions possibles afin de résoudre et régler certains problèmes), Mélanie a entamé un travail très dynamique qui se concrétise par des tâches précises, tels des défis à accomplir entre deux séances thérapeutiques. Mélanie a ainsi modifié ses horaires de travail et rejoint son domicile désormais vers 19 heures, consacre plus de temps à son conjoint en agrémentant leurs soirées de surprises (dîner aux chandelles, vie intime enrichie de petits fantasmes de couple), de sorties, de soirées avec leurs amis. Sa thérapeute a contribué à lui faire regagner confiance en elle et à affronter avec conviction et motivation ses nouvelles tâches professionnelles. Mélanie a pu se rendre compte à quel point elle est fière de ses récentes responsabilités, qui sont somme toute ce dont elle avait toujours rêvé sur le plan de sa carrière.

Mélanie a entamé récemment la phase finale de sa thérapie. Elle est à nouveau souriante, épanouie, a renoué les liens d'amitié avec ses copines et vient d'annoncer à sa thérapeute un événement qui prouve de manière éloquente le chemin parcouru sur le plan personnel et conjugal au cours de ces dernières semaines : elle est enceinte de deux mois et forcément, aux anges[38]…

---

38. Une association, le CREATIP (cercle de recherche et d'études adaptées à la thérapie interpersonnelle), organise une formation diplômante, détaillée sur notre site. Pour ceux que cette forme nouvelle de prise en charge intéresse ou concerne, voici ses coordonnées : www.therapie-interpersonnelle.fr.

4. Hypnose, autohypnose

Pendant plusieurs dizaines d'années, l'hypnose a été injustement bannie du monde officiel de la psychiatrie et reléguée au rang de numéro de music-hall. La faute en revient probablement à Freud et à la psychanalyse. Le grand Sigmund et ses suiveurs se sont tellement passionnés pour leur propre méthode qu'ils ont exclu l'hypnose, ce qui a eu un impact énorme du fait de leur succès médiatique planétaire. Pourtant, le père de la psychanalyse s'était enthousiasmé dans ses débuts pour cette technique que, malheureusement pour lui, il semble ne pas être parvenu à maîtriser correctement, d'où son idée de développer autre chose. Une méthode originale qu'il puisse forger et dont il serait la référence incontestée et incontestable, ce qui l'a amené par la suite à excommunier la plupart de ses élèves qui selon lui s'étaient trop éloignés de la doctrine pour ne pas dire du dogme.

Cette captation de l'hypnose par le music-hall où elle est présentée entre un prestidigitateur et un acrobate lui a donné la fâcheuse réputation d'une méthode capable de provoquer une soumission totale à l'hypnotiseur à l'insu de l'hypnotisé. Selon François Roustang, un des maîtres français de l'hypnose thérapeutique : « Si l'hypnose est le plus souvent réduite à un phénomène de soumission, de fascination, d'insensibilité, c'est que notre culture, qui a peu de moyens pour la penser, en retient seulement le négatif ou l'ombre portée. En réalité, l'hypnose est un état de veille intense, à l'instar du sommeil profond à partir duquel nous rêvons. De même que ce sommeil profond conditionne l'éclosion du pouvoir de rêver, de même cette veille intense nous fait accéder au pouvoir de configurer le monde[39]. »

---

39. François Roustang, *Qu'est-ce que l'hypnose ?*, Minuit, 2003.

Ni soumission, ni fascination, l'hypnose est plutôt un état de conscience modifiée particulièrement intense, une transe pendant laquelle le cerveau est capable de réinitialiser ses programmes, reconfigurer le monde. À l'opposé d'un état de passivité, l'hypnose permet grâce à l'imagination libérée d'anticiper, de prévoir, de transformer nos comportements. Pour certains, cette « autre forme de veille » prend la place d'un nouvel art de vivre. Cette transe autoprogrammée n'a en réalité rien d'ésotérique et ne fait que puiser dans les propres ressources de chaque être.

Finalement assez proche dans ses objectifs des thérapies cognitives et comportementales, elle propose une reprogrammation de certains de nos logiciels, agira exactement comme un antivirus va nettoyer un ordinateur de ses bugs, de ses défauts de programmation, capables de ralentir l'ordinateur, de lui faire commettre des erreurs, voire de le planter complètement.

Cette méthode qui se situe à l'opposé des techniques souvent considérées par les patients comme « prise de tête » a donc beaucoup souffert de l'amalgame dans l'esprit du grand public avec les numéros d'hypnotiseurs de cabaret. C'est pourtant une technique parfaitement codifiée et qui a largement sa place dans l'arsenal thérapeutique moderne. Rappelons que l'hypnose ne permet pas de prendre le contrôle sur un individu. Il est en effet impossible, heureusement et contrairement à la légende, de faire accomplir à quelqu'un une action contraire à son éthique ou à sa volonté. Que le lecteur oublie donc toutes ces histoires de sujets programmés des années à l'avance pour commettre un meurtre dont ils n'ont aucune conscience. Tout cela n'est que fadaises, fariboles et billevesées !

Il s'agit donc d'une véritable déclaration de guerre à l'intellectualisation du soin psychiatrique. On ne peut d'ailleurs qu'être d'accord avec lui puisque cette position pseudo-intellectuelle a littéralement pourri la vie des patients en introduisant une hiérarchie entre eux :

– d'un côté les élus, ceux qui avaient envie de comprendre, qui étaient ainsi les seuls capables d'accéder à l'approche psychodynamique considérée comme la voie royale vers l'inconscient et donc vers le « nirvana » thérapeutique et qui passaient des années allongés sur le divan à se raconter encore et encore sans pour autant réduire leurs symptômes.

– d'un autre côté les non-initiés, ceux qui avaient juste envie de se sentir mieux et qui se contrefichaient de comprendre les mécanismes inconscients de leur souffrance. Et qui se faisaient taxer – et tacler – de « résistance à découvrir son inconscient » par les tenants de la psychanalyse.

Une autre idée complètement originale de Dominique Megglé est que le psychiatre doit être gentil, attitude souvent oubliée depuis que Freud, qui avait parlé de *neutralité bienveillante*, a été dévoyé et que ses suiveurs pratiquent la neutralité frustrante, angoissant à plaisir, dirait-on, les analysants par leur silence prolongé. Combien de patients ont-ils été poussés au désespoir par le silence interminable de leur analyste ?

Que le lecteur ne se méprenne pas. Je ne suis pas un adversaire de la psychanalyse qui garde selon moi deux raisons d'être :

– Le développement personnel, support d'un désir de voyage intérieur dont elle reste le meilleur véhicule actuellement connu ;

– La formation professionnelle de ceux qui ont envie de comprendre et maîtriser leurs réactions : psys de toutes sortes, enseignants, juges, journalistes, managers...

Mais qu'on ne vienne pas me parler de soins psychanalytiques car j'ai trop vu de ces patients qui se sont allongés pendant de longues années sur des divans dans l'attente improbable d'une guérison qui ne venait jamais, et qui pour tenir le coup étaient bourrés de psychotropes en tous genres.

L'impuissance masculine

Beaucoup de personnes ont une mauvaise estime d'elles-mêmes et, par conséquent, se considèrent comme nulles, incapables, voire mauvaises. Donc impuissantes. Daniel Araoz a défini cet état comme une autohypnose négative[40]. Le problème est que ce type de certitude est généralement inconscient et échappe à la volonté. Les phénomènes d'impuissance répondent typiquement à une mauvaise programmation souvent issue d'un défaut du conditionnement déclenché par un événement ou une série d'événements défavorables. Si un homme qui a connu de nombreux échecs dans son enfance ou sa vie d'adulte s'est convaincu au fond de lui-même qu'il n'y arrivera jamais et que, en plus, il n'en est pas conscient, il a toutes les chances en effet de... ne jamais y arriver!

L'hypnose vise à provoquer une dissociation du moi ; les thérapeutes la favorisent en conseillant un dialogue intérieur, la personne s'adressant à la partie d'elle-même qui ne fonctionne pas bien dans une véritable conversation interne. Dans un premier temps, il est nécessaire de se fixer un objectif clair et précis comme, par exemple, avoir une érection importante et stable jusqu'à sa conclusion. Ensuite, plutôt que de se dire : « Je ne vais pas y arriver », il est conseillé de se formuler à plusieurs reprises en cours de séance : « Je suis parfaitement capable d'apporter beaucoup de plaisir à ma partenaire. » Cette méthode s'apparente à la méthode Coué si injustement décriée, voire ridiculisée, et qui connaît à l'heure actuelle un certain renouveau, notamment à Nancy où habitait le grand pharmacien Émile Coué.

Ensuite, en cours de séance, l'« autohypnotiseur » doit s'obliger à visualiser sa guérison, dans l'exemple qui nous occupe, lui-même en train de bander, ce qui d'ailleurs, très souvent,

---

40. Daniel Araoz, *Hypnose et sexothérapie, une thérapie des troubles sexuels*, Albin Michel, 1994.

provoque une érection. Cet exercice est nommé «visualisation créatrice[41]».

Hypnose et arrêt du tabac

De nombreux sites Internet proposent des soins miracles, notamment avec l'autohypnose. Ce sont le plus souvent des sites commerciaux proposés par des thérapeutes qui s'apparentent plus aux charlatans, bateleurs de foire et autres arracheurs de dents et dont le lecteur aura intérêt à se méfier.

Toutes les méthodes marchent pour arrêter de fumer –de l'auriculothérapie au magnétisme en passant par les patches, la cigarette électronique, l'hypnose, le pèlerinage à Lourdes, l'acupuncture, la psychothérapie, rien… – à partir du moment où la décision est vraiment prise…

Je mettrai cependant à part la cigarette électronique qui représente une aide majeure en particulier pour ceux qui ne sont pas très motivés pour arrêter mais qui ont envie de réduire leur tabagisme. La plupart des fumeurs à qui j'ai conseillé de vapoter ont divisé par trois ou quatre leur consommation sans en souffrir, beaucoup d'entre eux ayant pris l'habitude de ne garder que la ou les deux ou trois cigarettes plaisir, en général celle du matin et d'après les repas.

La cigarette électronique ne contient pas les goudrons et toutes les substances fabriquées à partir de la combustion du papier et du tabac. Certes, elle contient de la nicotine, mais ce n'est probablement pas le pire de la cigarette. Quant aux suspicions concernant les substances contenues dans le liquide de ce dispositif, elles ne me paraissent guère concluantes.

---

41. Voir le site Internet «Comment pratiquer l'autohypnose» : www.metamorph.fr/pratique_autohypnose.html

L'ulcère et la chaussette

Cette histoire que j'ai vécue illustre que l'on peut faire pratiquer l'autohypnose sans le savoir.

C'est l'histoire d'une adorable dame de 75 ans qui avait très mal au ventre. À l'époque, dans les années 1970, alors que je n'étais qu'interne, il n'existait que très peu de traitements médicamenteux pour l'ulcère, et comme celui-ci saignait en permanence, son gastro-entérologue avait décidé de lui faire enlever l'estomac par un chirurgien. Il s'agissait d'une opération assez lourde avec des suites souvent compliquées, notamment des difficultés pour s'alimenter, et, de peur qu'elle ne résiste pas et qu'elle s'effondre au cours de suites opératoires, on m'avait demandé de la voir en tant que psychiatre afin de la préparer psychologiquement.

Cette dame était sans aucun doute une personne remarquablement futée.

Je lui ai dessiné un estomac à main levée et je lui ai demandé à quoi cela lui faisait penser.

Elle m'a immédiatement répondu: «Mais à une vieille chaussette, docteur!»

J'ai alors gommé un bout du dessin pour figurer une perforation dans la paroi, c'est-à-dire son ulcère et je lui ai alors posé cette question: «Que faites-vous lorsque l'une de vos chaussettes a un trou?»

Et elle de me répliquer en souriant: «Je glisse un œuf en bois à l'intérieur, je prends un fil, une aiguille et je la ravaude.»

Manifestement, le tour de la conversation l'amusait beaucoup car elle n'avait jamais imaginé au cours de sa vie que, un jour, elle parlerait couture avec un psychiatre!

J'ai alors pris mon air le plus sérieux, le plus solennel pour lui énoncer: «Ceci est une prescription et vous devrez l'exécuter: tous les jours, deux fois par jour, vous allez vous installer dans votre meilleur fauteuil, vous allez fermer les yeux, vous allez prendre en imagination un œuf en bois que vous allez glisser dans votre estomac et vous allez le ravauder minutieusement pendant quinze minutes. Attention, je veux un travail parfait!»

Bien que non dupe de ma pseudo-assurance, la gentille grand-mère m'obéit scrupuleusement et, moins de deux semaines plus tard, non seulement elle n'avait plus mal, mais les radios montraient un estomac avec une paroi parfaitement intacte. Au final, elle a pu s'en sortir sans autre forme de procès.

Quelque temps plus tard, je recevais par la poste un colis avec une paire de chaussettes en laine écrue (sans trou) qu'elle avait tricotées elle-même à quatre aiguilles!

Il est évidemment impossible de tirer des conclusions scientifiques à partir d'un cas unique. On peut bien entendu parler d'un effet placebo; on peut aussi comprendre qu'il s'agit d'une forme d'autosuggestion assez proche de ce que les thérapeutes en hypnose cherchent à obtenir.

Maintenant, chaque fois que je rencontre quelqu'un qui souffre d'un ulcère, voire d'un cancer, je lui demande comment il se représente sa maladie. Les réponses sont variables. Un des cas qui m'a le plus marqué est celui d'une dame plutôt gourmande et bonne cuisinière qui avait un cancer du sein. À ma question, elle répondit: «Ce n'est pas original, mais je me le figure comme un crabe.»

Je lui prescrivis alors d'imaginer chaque jour une recette différente et originale de crabe, de l'écrire sur un cahier, de le cuisiner en imagination et enfin de le déguster virtuellement. Elle aussi m'a obéi scrupuleusement. Elle a écrit plus de quatre cents recettes incroyables, certaines probablement réalisables, d'autres complètement surréalistes. Elle en a tiré un ouvrage, sorte de polycopié qu'elle a fait relier et a distribué à toute sa famille. Je la revois en train de dire avec un beau sourire : « Je suis devenu sadique avec mes pauvres crabes et je prends plaisir à les faire souffrir, je perfore en imagination leur carapace alors qu'ils sont vivants, je verse dans leur plaie du cognac ou de l'harissa et je jouis de les voir mourir dans d'atroces convulsions... »

Cette dame était bel et bien rentrée en guerre contre son cancer et chacun sait que dans une guerre on ne fait pas de quartier. Aujourd'hui, aux dernières nouvelles, il n'y a plus trace de tumeur chez elle.

Je ne suis pas en train de dire que l'on va traiter les maladies organiques avec de l'autosuggestion. Je pense simplement qu'en tant que traitement complémentaire de la chimio ou de la radiothérapie anticancéreuse, on peut aider activement l'organisme à fabriquer des antimitotiques naturels qui vont coopérer avec le traitement conventionnel et renforcer son action.

De nos jours, les patients ne doivent plus avoir une attitude passive vis-à-vis de leur maladie et de leur traitement, ils doivent prendre les armes, faire alliance avec leur médecin et... gagner en éradiquant sans pitié et définitivement leur maladie !

L'anneau gastrique virtuel

Les personnes obèses se voient de plus en plus souvent proposer la chirurgie pour résoudre leur problème. Il faut bien reconnaître que les résultats sont impressionnants même si cette pratique est loin d'être sans danger ni complications, lesquelles souvent conduisent à retirer le dispositif au bout de quelques mois ou années.

Dans le cadre de l'autohypnose, il s'agit pour le patient d'imaginer qu'il a été opéré et que le chirurgien lui a posé un anneau gastrique. Et qu'il ne peut donc plus avaler de grandes quantités de nourriture sous peine de vomissements. Le patient obèse est ainsi « contraint » de fragmenter ses repas et de se soumettre à un régime « comme s'il avait réellement été opéré ». Cette technique fondée sur l'imagination et la suggestion grâce à l'hypnose est particulièrement intéressante et efficace mais requiert bien entendu, comme toutes celles décrites dans cet ouvrage, un grand engagement de la part du patient. Car l'hypnose ne fonctionne que sur la base du volontariat.

Hypnose et fibromyalgie

Le domaine de prédilection de l'hypnose est la douleur, notamment chronique ; c'est pourquoi cette technique est utilisée pour combattre la migraine, certaines névralgies, les maux de tête, les douleurs rhumatologiques et la fibromyalgie. Elle semble particulièrement intéressante pour aider les personnes qui souffrent de cette maladie relativement nouvelle. L'efficacité assez remarquable de l'hypnose dans cette indication fait qu'elle est de plus en plus souvent utilisée dans les centres antidouleur.

En effet, comme l'insomnie, la douleur est un processus très subjectif et le problème est en général plus lié à la tolérance à la souffrance qu'à la douleur elle-même, même si les médecins ne doivent jamais oublier la réalité objective du phénomène douloureux. Certains patients sont douillets, d'autres stoïques pour parler un langage non médical. Cela ne veut pas dire qu'ils ont plus ou moins mal, mais leur personnalité, leur culture, font qu'ils acceptent plus ou moins bien la sensation douloureuse.

5. Hypnose thérapie stratégique mouvements alternatifs (HTSMA)[42]

Comme le lecteur a pu l'observer de manière quasi systématique tout au long de cet ouvrage, l'HTSMA est également une approche thérapeutique intégrative, conçue par le docteur Éric Bardot, psychiatre, ce qui veut dire qu'elle est issue du métissage de l'hypnose ericksonienne, des approches systémiques (étude des objets dans leur complexité et de leurs interactions) et narratives[43], associé aux mouvements alternatifs dans la lignée de l'EMDR. C'est une approche résolument optimiste quant aux possibilités de l'être humain, même très malade, à évoluer en puisant dans ses propres ressources.

L'HTSMA se propose de répondre à un certain nombre de questions que se posent des psychologues comme Harlène Anderson.

– La première et sans doute la plus importante est : comment la thérapie pourrait-elle être plus proche de la vie de tous les jours ?

– Une autre de ces questions également fondamentale pour moi est : comment combiner professionnalisme et humanité ?

– De ces deux premières questions en découle une troisième : comment les thérapeutes peuvent-ils parvenir à se démarquer

---

42. Un grand merci au docteur Thierry Sage, expert dans le domaine, pour son aide dans la rédaction de ce chapitre.
43. L'approche narrative considère que notre histoire n'est pas un compte rendu de notre vie, mais à l'inverse, que ce sont nos récits sur notre expérience qui donnent forme à notre vie et à notre identité. Cela s'applique aux individus, mais également aux groupes et aux communautés qui se constituent et se structurent autour d'histoires partagées.

et à dépasser les traditions thérapeutiques trop orthodoxes qui réduisent leurs possibilités ?

Dans cette approche relationnelle, le thérapeute s'implique résolument en tentant d'amplifier tout ce qui est thérapeutique dans la relation humaine qu'il vit avec son patient et ainsi permettre d'activer les ressources propres et les compétences du patient. Le postulat de base est que chacun de nous détient au fond de lui les richesses et les outils qui lui permettront de progresser et que c'est en s'appuyant sur la force de la relation chez l'être humain, animal social, que les choses pourront avancer.

Comme toute psychothérapie, l'HTSMA est une approche relationnelle, mais, ici, le thérapeute doit s'impliquer personnellement à l'image des chamans brésiliens qui effectuent un voyage thérapeutique en compagnie de leur malade, sauf que, dans l'HTSMA, l'usage de substances hallucinogènes n'est évidemment pas recommandé[44]. De ce fait, les deux acteurs du soin, soignant et soigné, s'engagent ensemble dans une expérience commune qui les réunit sur le plan des sens, des mouvements, de l'imagination et de l'esprit.

Ce postulat de départ nécessite que le soignant accepte de se débarrasser de son savoir, de tous ses oripeaux intellectuels

---

44. L'utilisation de substances hallucinogènes est pratiquée dans des conditions rituelles et nécessite une véritable initiation d'un chaman au sein de cultures plus ou moins traditionnelles comme on en trouve par exemple au Brésil. Il existe par ailleurs un débat chez les psychiatres occidentaux, en particulier américains, mais aussi européens, comme le docteur Olivier Chambon de Lyon, qui préconisent l'utilisation de substances comme le LSD, la kétamine dans certaines maladies mentales… Rappelons que pour le moment ces produits sont interdits par la loi et que leur usage ne peut pas être recommandé en dehors de situations de recherches autorisées par les autorités compétentes ; certaines sont actuellement en cours et rien ne dit que, dans quelques années, la kétamine par exemple ne sera pas prescrite dans la dépression résistante, les douleurs chroniques… Cela paraît en tout cas extrêmement prometteur.

et adopte une position de modestie, au même niveau que son patient. De ce fait, il crée un espace de sécurité à l'intérieur duquel le soigné va pouvoir vivre des expériences nouvelles pour lui, en tout cas différentes de celles auxquelles il est accoutumé et pour lesquelles il consulte. Les deux protagonistes construisent ensemble une sorte de voyage thérapeutique.

La stratégie globale de la thérapie consiste à transformer le problème afin de le remettre en forme ou, plutôt, dans une forme nouvelle qui rendra possible son incorporation. Ce processus nécessite l'induction d'une transe hypnotique dans le cadre sécurisé de la relation thérapeutique soignant-soigné. Dans cet état particulier le couple patient-thérapeute va pouvoir inventer ensemble une métaphore du problème, c'est-à-dire une histoire, une image, un récit, qui permettront d'évoquer sans crainte ce qui faisait trop peur pour travailler dessus, un peu comme le loup des contes d'enfants qui fait quand même moins peur que le chien ou que la figure du père puisque, au fond, tout le monde sait bien que le loup n'existe plus dans nos contrées. Par la suite, il s'agit d'externaliser ce problème pour travailler sur les rapports, les interactions qu'ils entretiennent avec celui-ci. Ce travail d'externalisation et de métabolisation ou digestion du problème à l'intérieur d'une boucle d'interactions permet au patient de beaucoup mieux déployer ses ressources et de dénicher en lui un joli espace où son problème retravaillé et «métaphorisé», puis devenu ressource, pourra tranquillement se déployer et, au final, se substituer à ses vieilles lunes.

Quant à la partie malade (dysfonctionnelle), elle sera utilisée par le processus d'hypnose comme une sorte de contre-exemple à ne pas suivre. Les deux personnages de l'HTSMA, soignant et soigné, vont ensuite retisser les liens qui existent entre partie saine et partie dysfonctionnelle, réduire la fracture qui existe entre ces deux parties de manière à rendre possible une nouvelle position du sujet par rapport à ses troubles et, ainsi, lui permettre de mieux anticiper les difficultés qu'il devra affronter dans le futur. Le sujet va ainsi vivre et ressentir directement une expérience de changement au cours de la séance.

Selon les théoriciens de la méthode, l'expérience représente beaucoup plus qu'une expérience émotionnelle correctrice, car elle vise à engager le sujet dans son entier (sur le plan sensoriel, émotionnel, comportemental, cognitif) dans sa relation avec lui-même, avec les autres et avec le monde. Il s'agit d'initier, de mettre en mouvement grâce à la partie saine du sujet ce changement positif sur lequel le thérapeute va s'appuyer de manière à l'amplifier et, ainsi, à provoquer une vraie, une profonde transformation.

Cette expérience est destinée à tenter de rompre les «boucles dysfonctionnelles» (que l'on pourrait aussi appeler répétition névrotique, ce qui n'est rien d'autre qu'une suite de tentatives de solutions contre-productives, nocives, qui aggravent le problème, un peu comme les cauchemars ou les flash-back répétitifs) que le sujet entretenait avec lui-même, les autres et le monde, et permettre l'expression d'autres modes relationnels, plus adaptatifs.

La pertinence du travail thérapeutique s'évalue ensuite à partir de ce qui change chez le sujet dans sa vie quotidienne, allant vers une autre histoire de vie.

Les techniques utilisées par l'HTSMA sont, d'une part, des méthodes de questionnement inspirées des thérapies brèves et, d'autre part, des stimulations qualifiées d'alternatives qui concernent l'individu dans sa globalité. Ces stimulations alternatives[45] sont par exemple les mouvements oculaires, le tapotement rapide et alternatif (en passant d'un côté à l'autre) des faces externes des genoux, l'émission d'un bruit qui passe successivement d'une oreille à l'autre, etc. Exactement comme dans l'EMDR.

---

45. Alternatif: à comprendre comme des stimuli qui font travailler alternativement les deux hémisphères cérébraux.

Ces stimulations alternatives jouent plusieurs rôles dans le processus thérapeutique :
– induction de transes fractionnées ;
– maintien dans l'expérience et le ressenti par décrochage du mental ;
– métaphore de la relation thérapeutique ;
– tissage des parties ressources et problèmes ;
– ancrage final des ressources.

Je laisse maintenant la plume au docteur Thierry Sage, psychiatre pratiquant l'HTSMA, afin que le lecteur comprenne comment les choses se passent au cours de ce type de thérapie :

Madame M. a 50 ans. Elle se présente comme une dépressive « chronique ». Elle attribue son mal-être à des difficultés professionnelles qu'elle considère comme du harcèlement. Aucun traitement antidépresseur ni régulateur de l'humeur n'a montré une efficacité suffisante chez cette dame pourtant très en demande. Je suis le quatrième psychiatre qu'elle vient consulter à la demande de son médecin généraliste.

D'emblée, le contact est de bonne qualité mais je note de sa part un important besoin de contrôle sur son environnement qu'elle examine avec attention dès son entrée dans le cabinet.

Cette patiente qui travaille dans une administration m'explique alors en détail ses difficultés avec sa chef de service, plus jeune de quinze ans, et qui « la persécute depuis cinq ans ».

Elle ne présente pas de signes suffisants pour que je puisse porter le diagnostic d'état dépressif majeur caractérisé même si l'intensité de sa souffrance ne fait aucun doute.

Mme M. explique qu'elle ne comprend pas ce qu'elle a bien pu lui faire, car elle a « toujours aidé tout le monde », toute sa vie, d'ailleurs « tout le monde l'aime » ; de plus, elle affirme qu'elle a été « très bienveillante » vis-à-vis de cette jeune supérieure allant même jusqu'à la considérer initialement comme sa « propre fille». Les relations se sont ensuite dégradées sans qu'elle comprenne pourquoi. Sa supérieure a pris de la distance ; elle est même devenue blessante avec elle jusqu'à ce que la situation devienne une souffrance quotidienne.

En évoquant la biographie de cette patiente, on se rend compte qu'elle s'est toujours occupée de tout le monde dans son entourage, se «sacrifiant», comme elle l'explique, en permanence pour les autres.

Il est étonnant, et il faut bien le dire consternant pour elle, de constater qu'au milieu de toutes les personnes pour lesquelles elle est une ressource, elle a fini par se sentir très seule, incomprise et peu, voire pas soutenue par ses proches. Elle reconnaîtra ensuite qu'elle refuse presque toujours le soutien des autres qui, du coup, à l'image de son mari, se sentent impuissants à l'aider.

Mme M. pense qu'elle a «depuis toujours» adopté cette position personnelle et explique qu'à la maison, quand elle était petite, sa mère lui disait tout le temps qu'il ne fallait pas se plaindre car elle-même avait «vraiment» souffert, qu'elle, au moins, elle avait de la chance, qu'il fallait «avancer dans la vie» et, au final, que cette mère était très dure et exigeante avec elle.

La séance d'HTSMA va se formaliser à ce moment par la présence d'une sensation physique au niveau de «sa gorge qui se met à serrer». Sensation qu'elle connaît très bien. Je lui demande si elle souhaite obtenir mon soutien vis-à-vis de cette sensation oppressante et elle accepte.

Les mouvements oculaires alternatifs vont finir par induire une transe centrée sur cette sensation ; à ce moment, je lui offre une aide concrète en lui proposant sans autre explication de placer le dos de sa main sur la paume de la mienne (geste implicitement métaphorique d'un soutien direct et concret). Elle doit alors porter son attention sur ce contact qui représente une expérience de support acceptable pour elle. À la fin de chaque série de mouvements alternatifs, je l'invite à me dire ce qui lui vient de différent dans son ressenti. Sa main n'est pas vraiment en contact avec la mienne et se soulève légèrement, alors qu'un sentiment de forte colère monte contre sa mère. Colère qu'elle ne s'est jamais autorisée à vivre et encore moins à dire.

Nous commençons ensuite un travail d'externalisation imaginaire de cette colère qui prendra la forme d'une boule noire au creux de sa main. Cette boule va par les séries de mouvements alternatifs se dissoudre progressivement jusqu'à disparaître dans sa main qui rentre enfin en contact véritable, de confiance, d'acceptation avec la mienne. À ce moment, Mme M. s'effondre en larmes qui «font du bien», me dit-elle tout de suite pour me rassurer.

S'ensuit alors un sentiment d'apaisement intérieur amplifié par les mouvements alternatifs jusqu'à devenir une expérience ressource, ancrée par un geste symbolique qui pourra à l'avenir servir à Mme M. pour induire une autohypnose.

En répondant à la consigne: «Observez qui va venir vers vous, là, maintenant, lorsque vous éprouverez ce ressenti», elle ressent une forte émotion positive en constatant que cette personne n'est autre que sa mère qu'elle perçoit pour la première fois différemment, au final comme quelqu'un de bienveillant mais qui n'a jamais elle-même connu de soutien dans sa vie et qui a donc été incapable d'en transmettre l'essence.

La fin de cette phase de la thérapie permettra à la patiente d'amplifier ce ressenti pour pouvoir enfin s'appuyer sur cette part bienveillante de sa mère, puis de se projeter dans l'avenir par une prescription de tâches en rapport avec ses nouveaux apprentissages afin de tout de suite les ancrer dans un comportement différent et adapté.

Au cours de sa vie, Mme M. s'est fabriqué une vision du monde où on ne peut compter que sur soi-même.

Elle s'est donc créé un contexte de vie où tout le monde peut compter sur elle mais où elle n'a à s'appuyer sur personne de peur de se retrouver alors dans l'insécurité de son enfance. C'est typiquement ce que j'appelle la tragédie du saint-bernard : tout le monde, sauf lui, a accès au tonneau de rhum, ce qui le rend tellement sympathique à nos yeux de bipèdes.

Or sa supérieure a certainement refusé avec vigueur d'être sur le long cours l'« otage » de la vision du monde de Mme M. et l'a pour le coup franchement rejetée.

Notre sympathique patiente, face à cette forme « d'accident de vie », n'a pas pu, d'une part, accepter le soutien de son entourage et prendre appui dessus, et, d'autre part, changer de comportement, car ce dernier remettrait en cause sa vision du monde (ce qui implique l'expression interdite de la colère contre sa mère de lui avoir transmis ses carences affectives).

C'est l'expérience de soutien métaphorisé par le contact entre les deux mains qui va lui permettre de libérer la colère (et certainement la peur) qui empêchait Mme M. de prendre appui sur l'ensemble des soutiens potentiels de son environnement de vie et sur le mien en séance. Ce soutien enfin possible va à partir de ce moment précis lui permettre de faire face et de faire sortir, d'externaliser la souffrance toujours maîtrisée de son enfance (« tu n'as pas à te plaindre ») qui résonne avec sa situation actuelle.

Sa mère (ou plutôt la représentation de la partie de sa mère qui l'a toujours soutenue) va alors pouvoir reprendre son rôle sécurisant et lui permettre de lâcher son style relationnel qui tordait le bras de ses proches et dont sa supérieure avait violemment rejeté la sujétion qu'elle impliquait.

Cette nouvelle « donne relationnelle » a fini par aboutir à une redistribution des places respectives des différents personnages et par ouvrir un contexte propice au changement pour le plus grand bénéfice de Mme M. et de ses proches[46].

---

46. Lien utile : Institut INFLUENCES, www.institut-influences.fr

6. EMDR

Il n'y a pas de médicament officiellement indiqué pour traiter le syndrome de stress post-traumatique. Ce ne sont que pour les complications dépressives, anxieuses, insomniaques ou psychotiques que certaines molécules peuvent être utilisées pour réduire ces symptômes, mais elles n'ont pas d'action thérapeutique au niveau de la cause du mal. De ce fait, seules deux techniques non pharmacologiques ont réussi à démontrer leur efficacité dans ce domaine : l'EMDR et les thérapies cognitives et comportementales, surtout lorsque la personne a tendance à éviter les situations qui lui rappellent le traumatisme, allant parfois jusqu'à ne plus mettre le nez dehors. Lorsque c'est l'anxiété qui prédomine, l'hypnose est sans aucun doute un des moyens thérapeutiques les plus anciens et les mieux validés.

Cette technique spécifique a été introduite en Europe francophone par David Servan-Schreiber. Même si elle a été purement et simplement annexée par les thérapies cognitives et comportementales, elle n'en reste pas moins une forme de technique essentiellement dérivée de l'hypnose visant à placer le sujet en état de conscience modifiée (transe) et à lui faire revivre pas à pas, de manière ultraprécise et réaliste, le ou les traumatismes à l'origine de ses troubles.

René a 64 ans. Il est chef de chantier et déclare qu'il n'a « jamais pris un seul jour d'arrêt de travail de sa vie ». Il adore son petit-fils Aurélien âgé de 12 ans. Celui-ci, dans le feu d'une amitié enfantine, a donné à un de ses petits camarades sa médaille de baptême en or. Au moment de partir en colonie de vacances, René s'aperçoit de la chose et ordonne à Aurélien de récupérer le cadeau de sa marraine. L'enfant obéit. Au cours d'une promenade avec la colo, un orage éclate et, bêtement, les moniteurs se réfugient sous un grand chêne isolé. Un éclair foudroie Aurélien qui tombe mort au milieu de ses camarades. Le grand-père arrivé en catastrophe découvre son petit-fils, le corps brûlé au niveau de la poitrine, sa médaille incrustée au fer rouge dans la peau. Il est effondré et s'accuse d'avoir provoqué la mort d'Aurélien en lui imposant de porter cette maudite médaille qui a attiré la foudre. Je le rencontre un an plus tard. Il a commis trois tentatives de suicide, ne travaille plus depuis l'accident, boit des litres et des litres de bière. Toutes les nuits il rêve de foudre, d'éclairs et de tonnerre et, dans la journée, dès qu'il cherche à se reposer, il a des flash-back et revit ce moment maudit où il a contemplé le cadavre du petit Aurélien. René est désespéré, avale des poignées de tranquillisants. « La mort est ma seule issue », répète-t-il à l'envi.

Au bout de deux séances d'EMDR, il est décidé d'un commun accord qu'il est possible de les arrêter, car, dit-il, « maintenant, je suis triste mais je ne suis plus déprimé ». Pourtant, je le revois quelques mois plus tard ; ses symptômes de dépression, mais pas de syndrome post-traumatique, sont réapparus, bien que de manière atténuée. C'est la culpabilité qui domine. Je ne comprends pas jusqu'au moment où je réalise une évidence qui n'avait jamais été évoquée entre nous : il est inconcevable de prétendre qu'une médaille en or ait pu attirer la foudre car elle ne dépassait pas de l'enfant et n'était pas pointue comme par exemple un clocher d'église. Si l'enfant était brûlé au niveau du thorax autour de la fameuse médaille, c'est que la chaleur est toujours beaucoup plus importante sur les métaux. Cette brûlure était donc la conséquence et non la cause de l'accident. René repart convaincu par mon argumentation. En conclusion, et pour être bref, il était illogique et non scientifique de sa part de s'attribuer la moindre responsabilité dans le drame. Cinq ans plus tard, René va bien. Certes, il est et sera toujours triste et endeuillé, mais il n'a plus aucun symptôme de dépression, ne prend plus de médicaments et ne boit plus.

Et il ne voit plus du tout de psychiatre, ce qui est la marque d'une véritable guérison !

L'EMDR, qu'est-ce que c'est et comment ça marche ?

L'EMDR est un sigle construit avec les initiales de *Eyes Movments Desensitization and Reprocessing* ou en français « désensibilisation et reprogrammation par les mouvements des yeux » ou « intégration neuro-émotionnelle par les mouvements oculaires ». Dérivée en partie de l'hypnose et réalisant un pont entre psychanalyse et thérapies cognitives et comportementales avec quelques emprunts à la *Daseins analyse*, l'EMDR aurait probablement enchanté Sigmund Freud, car elle permet de traiter rapidement ce qu'il appelait la névrose actuelle aujourd'hui nommée syndrome de stress post-traumatique. Il s'agit de faire revivre le traumatisme de la manière la plus réaliste, la plus sensorielle possible (catharsis par l'utilisation des cinq sens) afin que le cerveau puisse enfin faire son travail de « digestion » de l'événement stressant. Inventée en 1987 par Francine Shapiro, une Américaine de San Francisco, elle a été introduite en France par David Servan-Shreiber. Elle a été étudiée par l'Inserm et est recommandée par la HAS (Haute Autorité de santé) depuis 2007 pour le traitement du syndrome de stress post-traumatique ; également par le NIMH (*National Institute of Mental Health*), qui est l'agence gouvernementale américaine proche de l'Inserm et du CNRS.

Il faut bien comprendre que, le plus souvent, nous sommes capables de guérir rapidement les bleus au corps et à l'âme que la vie nous réserve. Si par exemple je me couronne un genou en m'étalant sur du goudron, j'aurai cicatrisé en une ou deux semaines, il ne restera plus rien ou au pis une petite marque sur la peau, alors que si je me casse une jambe, j'aurai sans doute besoin de la médecine (plâtre), voire de la chirurgie (clou).

Si j'ai un ennui comme une contravention avec retraits de points, je serai probablement furieux, persécuté, culpabilisé ou découragé, selon mon tempérament, j'aurai peut-être même quelques cauchemars, mais, au bout de quelques jours, ce ne sera plus qu'un mauvais souvenir qui disparaîtra complètement lorsque j'aurai récupéré tous mes points. Si je suis victime d'un braquage, d'un enlèvement, d'un viol, d'un accident, si, étant enfant, j'ai été l'objet de sévices (sexuels ou non) ou si, étant pompier, j'assiste à la désincarcération de corps calcinés d'une voiture incendiée, si j'ai dû dépendre de son crochet le corps de mon père ou de ma mère ou si j'ai vécu n'importe quel autre traumatisme sévère, je risque au bout de quelques mois de développer un syndrome de stress post-traumatique. J'aurai alors besoin d'aide car mon cerveau n'arrive pas à traiter tout seul le souvenir du dramatique événement.

De manière imagée (mais ce n'est qu'une métaphore destinée à bien faire comprendre au lecteur), on considère que l'information émotionnelle « chaude » est stockée dans le cerveau droit pour les droitiers, le temps d'être traitée et transférée au cerveau gauche où elle est archivée comme un souvenir classé, donc dépouillé de tout contenu affectif. Ce souvenir peut éventuellement être désarchivé plus tard et consulté si besoin. Il ne s'agit donc pas d'oublier mais de prendre de la distance vis-à-vis du traumatisme. Puis de stocker.

C'est en principe pendant le sommeil que le cerveau traite l'information, sans doute au cours du sommeil paradoxal (rêves), avant qu'elle soit téléchargée comme un message Internet depuis le cerveau droit jusqu'au cerveau gauche. C'est probablement pour cette raison que nous rêvons souvent pendant plusieurs nuits de nos ennuis, parfois sous forme de cauchemars. Les anciens psychiatres parlaient de rêves traumatolytiques (littéralement : « qui détruisent le traumatisme »), ce qui était exact, car ces rêves traduisent souvent l'effort de l'esprit pour « digérer » le traumatisme. Lorsque ce sont toujours les mêmes cauchemars qui reviennent nuit après nuit, c'est que cette digestion échoue malgré les efforts du cerveau ; et c'est sans doute le même mécanisme pour les flash-back, qui sont aussi une tentative du traumatisé de revivre son traumatisme pour l'intégrer, l'élaborer avant de l'archiver. Là encore, si ces souvenirs trop vivants, trop intrusifs se répètent, c'est que le processus de cicatrisation spontanée ne fonctionne pas. On peut dire que la pièce jointe (traumatisme) est trop lourde et que le mail ne passe pas, d'où le bug et le fait que le logiciel cérébral se met en boucle. Une cure « chirurgicale » psychiatrique s'impose alors. Et, comme toute chirurgie, le processus peut se révéler douloureux.

Pour prendre une autre image, on peut considérer le traumatisme enfoui comme une sorte d'abcès infectieux qui, de temps en temps, se fissure et envoie des décharges de microbes (des cauchemars et des flash-back), avec des complications, une septicémie (ici, une dépression).

L'EMDR est comme un coup de scalpel dans l'abcès douloureux, suivi d'un drainage. Cela fait mal au moment de l'intervention et pendant quelques jours, le temps que le pus s'écoule totalement.

L'EMDR consiste donc à placer le sujet dans une sorte d'état de conscience modifiée et à lui faire raconter (et revivre) séquence par séquence son ou ses traumatismes tout en lui faisant travailler les deux lobes cérébraux, droit et gauche, soit en suivant le doigt du thérapeute, une baguette ou un point sur un écran, soit en tapant alternativement la face externe des genoux, soit en faisant entendre un son à droite et à gauche toujours de manière séquentielle. L'important est que les deux hémisphères soient stimulés de manière séquentielle ou alternative. Il est étonnant de voir à quel point les personnes revivent de manière extrêmement précise leur traumatisme. Ainsi, une jeune femme que j'ai traitée pour les suites d'un braquage me disait : « Lorsque le jour de l'attaque du magasin, j'ai déposé à la police, j'ai été incapable de dire quel type d'armes ils avaient et si leur cagoule était percée ou non au niveau de la bouche… Maintenant que j'ai tout revu en détail, je le sais : c'étaient des carabines à canon scié et il n'y avait pas de trou au niveau de la bouche ! »

Lorsque je l'ai accueilli à la clinique, Aurélien, un jeune homme obèse de 22 ans, m'a dit d'entrée de jeu : « Bonjour docteur, vous savez, je suis traité pour une schizophrénie… D'ailleurs je reçois des neuroleptiques depuis des années, au moins sept ans. » Et je lui ai répondu quasiment du tac au tac : « Ah bon ? Vous n'en avez pourtant pas l'air ! » Il faut dire que, cliniquement, la schizophrénie se traduit par un contact très particulier, empreint d'une certaine étrangeté, d'une froideur du contact, un peu comme si l'autre n'existait pas. Et ce jeune homme avait un contact plutôt chaleureux, enjoué, en un mot, normal. Il m'a alors répliqué : « Pourtant, tous les psychiatres que j'ai vus depuis que j'ai 16 ans m'ont confirmé ce diagnostic et m'ont donné de l'olanzapine. D'ailleurs, depuis que je prends ce médicament, j'ai pris 37 kilos. Ils m'ont dit que c'était le prix à payer.

– Pourquoi vous ont-ils dit que vous êtes schizophrène ?

– Parce que j'ai des hallucinations !

– Racontez-moi.

– À partir de l'âge de 5 ans, j'ai été abusé sexuellement pendant de nombreuses années par mon beau-père. Abusé et battu. Depuis, je revois les images de ces abus.

– Vous les revoyez ou vous les revivez ?

– Je les revis.

– Je pense que ce ne sont pas des hallucinations visuelles mais des flash-back et que vous ne souffrez pas de schizophrénie mais d'un syndrome post-traumatique.

– Oui, et qu'est-ce que ça change ?

– Ça change tout ! Je vais commencer par arrêter votre traitement antipsychotique car je ne vous pense pas psychotique et je vais vous traiter par EMDR.

Le traitement a été rude, long, douloureux. Parfois à la limite de l'insupportable tant il avait été torturé. Le sevrage du médicament s'est accompagné comme c'est habituel d'une période « parano » de persécution. Mais lui et moi avons tenu bon, persuadés que ce délire de persécution n'était pas dû à une psychose mais à un effet rebond du sevrage de l'olanzapine. Petit à petit les choses sont rentrées dans l'ordre malgré quelques « fausses rechutes » de « fausses hallucinations ». Aujourd'hui, Aurélien a 27 ans. Il est mince car ses kilos sont partis tout seuls dès qu'il a arrêté de prendre l'olanzapine. Il a trouvé un emploi d'éducateur, s'est marié, sa femme est enceinte et, surtout, il ne prend plus aucun médicament. Il en veut un peu aux psys qui, selon ses termes, lui ont fait perdre sept ans de sa vie.

Debriefing

Souvent, on entend les médias conclure à la fin d'un reportage sur une catastrophe naturelle, par exemple : « une cellule psychologique a été mise en place ». Et cela m'agace chaque fois ! Pourquoi ? Il semblerait que la stimulation et l'exercice de mémorisation que représente le fait d'en parler interfèrent avec les processus naturels de guérison et surtout ancrent le traumatisme dans les souvenirs des victimes. Mieux vaut en fait chercher à oublier et éviter d'en parler. Car le refus d'en parler comme un déni de l'événement, l'oubli, l'hébétude pourraient être des moyens naturels de guérison entravés par le debriefing qui favorise la mémoire traumatique. Toujours est-il que si l'on compare les traumatisés ayant « bénéficié » d'un debriefing par une de ces fameuses cellules à ceux qui n'ont rien eu, ce sont les seconds qui ont le plus de chance d'aller bien six mois plus tard. En effet, les processus de résilience sont efficaces chez la majorité des traumatisés, en particulier ceux qui arrivent à ne plus penser

> à leur traumatisme. Finalement, il semblerait bien que, moins on en parle, mieux ça va, du moins dans les premiers temps. Ce n'est que si les choses tournent mal plus tard qu'il faut s'en occuper. Et, dans ce cas, il vaut mieux recourir à l'EMDR ou aux thérapies cognitives et comportementales qu'aux médicaments, sauf en cas de dépression grave – alors, de manière limitée dans le temps.

Enfin, pour l'état de stress post-traumatique, les thérapies cognitives et comportementales sont validées depuis très longtemps et constituent certainement un apport important. Nous allons les aborder en détail dans le chapitre suivant.

7. Emotional Freedom Techniques (EFT) ou techniques de libération émotionnelle

Cette méthode intégrative a été créée par Gary Craig et tente de manière, il faut bien le dire, osée, une synthèse entre l'acupuncture et les thérapies cognitives et comportementales. Il s'agit donc de tapoter soi-même sur les points d'entrée et de sortie de ses propres méridiens en prononçant des phrases-clefs d'inspiration comportementaliste. Un des intérêts de la méthode est bien résumé par le docteur Frédéric Rosenfeld : « À la différence d'autres approches de soins, le patient d'EFT finit par être son propre thérapeute. Le praticien lui fait partager une technique afin qu'il la maîtrise et puisse s'autotraiter, sauf dans des cas complexes bien sûr[47] ». Comme l'autohypnose ou la relaxation, pour ne citer que les plus courantes, cette méthode permet en effet assez rapidement de s'affranchir du thérapeute.

Comme dans beaucoup de techniques plus ou moins exotiques (acupuncture, méditation zen), les présupposés de base peuvent apparaître comme bizarres, incompréhensibles, voire discutables à nos yeux d'Occidentaux. C'est pourquoi il importe de se « décrasser » des stéréotypes médicaux occidentaux et de se pencher sans *a priori* sur la méthode.

L'idée de base développée par l'EFT repose sur ce que Gary Craig appelle l'« inversion psychologique[48] ». Selon lui, chez les patients, il se produit une sorte d'interférence électrique avec

---

47. Interview de Frédéric Rosenfeld par Geneviève Gagos, extraite de son site Internet : www.technique-eft.com/frederic-rosenfeld-medecin-psychiatrie-clinique-lyon-lumiere.php
48. Gary Craig, *Le Manuel d'EFT : Emotional Freedom Techniques*, Dangles, 2012.

inversion des pôles, comme si les piles de l'appareil étaient placées à l'envers. Forcément, ça marche moins bien!

Comme préalable à toute séance d'EFT, il s'agit de lever l'inversion psychologique en frottant un point situé entre clavicule et sein tout en répétant: «Même si j'ai *ce problème* (énoncer le problème dont on souffre), je m'aime et je m'accepte complètement.»

Une séance d'EFT consiste ensuite à tapoter successivement toute une série de points d'acupuncture en répétant sans se lasser la phrase rituelle: «Même si j'ai *ce problème*, je m'aime et je m'accepte complètement.»

L'EFT revendique une efficacité dans les allergies, les peurs et les phobies (serpents, araignées, chiens, oiseaux, papillons, etc.), les problèmes scolaires des enfants (moqueries, énurésie, colères…), le stress en général, les crises d'angoisse, le chagrin, le deuil, la douleur…

Véronique a 57 ans. Elle a subi de nombreux traumatismes, dont les nombreuses infidélités de son mari suivies de son départ définitif avec une «gamine de 25 ans» ne sont pas les moindres. Elle en a conçu une très faible estime de soi et a fini par se persuader qu'elle ne vaut rien en tant que femme et qu'elle est incapable de garder un homme. Les crises d'angoisse s'enchaînent sans relâche et lorsqu'elle n'est pas paniquée, elle vit dans la peur de la suivante. C'est l'anxiété d'anticipation. Lorsqu'elle arrive à l'hôpital, elle a une consommation effarante de tranquillisants, avalant les comprimés de Xanax comme des bonbons. Au bout d'un mois d'EFT, elle a appris à contrôler seule son angoisse et sa consommation est devenue pratiquement nulle.

Deux hypothèses peuvent être formulées et comme toujours, il est difficile de trancher:

– Comme toute technique dotée d'un protocole contraignant en faveur de laquelle il existe une forte conviction du thérapeute comme du patient, l'EFT pourrait agir tout simplement comme un distracteur fort; en d'autres termes, on ne pense plus à son angoisse et, donc, on l'oublie.

– Ou alors, il s'agit bien d'une méthode spécifique, même si les acupuncteurs puristes restent perplexes sur la pertinence des points invoqués et sur l'efficacité de ce type de digitopression.

Toujours est-il que dans toutes les cliniques où j'ai favorisé l'implantation de l'EFT en proposant une formation aux infirmiers, aux psychologues et aux psychiatres, la consommation en tranquillisants a chuté. Il est d'ailleurs plaisant et aussi touchant d'observer les patients connus comme particulièrement anxieux s'isoler dans un coin tranquille et commencer à se tapoter en énonçant la phrase: «Même si j'ai *ce problème*, je m'aime et je m'accepte complètement», de toute manière nettement préférable à la demande rituelle: «Je suis angoissé, s'il vous plaît, donnez-moi mon Lexomil®!»

Pour moi, un patient qui ne réclame pas un médicament pour soulager un symptôme représente une immense victoire. Il est en route vers la prise de contrôle personnelle sur sa maladie, ce qui devrait être le but de tout thérapeute.

Et de tout patient!

Séquences d'une séance d'EFT

Mettre les trois doigts sur le haut du sternum (index), le médius et le pouce étant environ à sept centimètres à droite et à gauche en dessous de l'index. Puis masser ces points dits sensibles. Une variante consiste à trouver le point dit karaté qui est au centre de la tranche de la main gauche pour les droitiers et à le tapoter.

– Penser au problème;

– Évaluer l'intensité de ce que l'on ressent comme souffrance ou plus simplement comme gêne sur une échelle de zéro à dix;

– Pour traiter l'inversion psychologique, répéter trois fois la phrase de rappel en massant les trois points sensibles ou en tapotant le point de karaté : « J'ai *ce problème* » (comme « Je n'arrive pas à sortir de chez moi » ou bien « J'ai besoin de tout vérifier ») ;

– Commencer la séquence de tapotements des points en redisant à chaque point la phrase « J'ai *ce problème*… ». Les points sont au nombre de huit ; chaque point (situé à gauche pour les droitiers) doit être tapoté sept à neuf fois :
- extrémité interne du sourcil ;
- coin externe de l'œil, sur le petit os (pas sur la tempe) ;
- sous l'œil, au milieu ;
- sous le nez ;
- sous la bouche ;
- sous la clavicule à son extrémité interne ;
- sous le bras (tapoter la cage thoracique une dizaine de centimètres sous l'aisselle) ;
- sous le sein.

– Continuer avec les points de la main ; ils se situent à la base des ongles :
- coin du pouce ;
- coin de l'index ;
- coin du majeur ;
- coin de l'auriculaire ;
- et enfin, à nouveau le point de karaté.

– Évaluer à nouveau l'intensité de ce que l'on ressent comme souffrance ou plus simplement comme gêne sur une échelle de zéro à dix et recommencer jusqu'à arriver à zéro. Ne pas hésiter à affiner les phrases d'inversion psychologique et de rappel.

V
Autres approches

1. L'acupuncture

Cette technique ancestrale de la médecine chinoise a fait l'objet d'un assez grand nombre d'études scientifiques qui tendent toutes à démontrer son efficacité dans la lutte contre la douleur et le stress. Une expérience récente réalisée à l'université de Georgetown aux États-Unis apporte un fondement supplémentaire à cette technique : des rats sont soumis à des situations stressantes. Certains d'entre eux bénéficiant d'une séance d'acupuncture. Chez eux, le niveau des deux principales hormones liées à l'anxiété (corticostérone et adrénocorticotrophine) était nettement moins élevé que chez leurs petits copains qui n'avaient pas reçu les mêmes soins. On peut bien entendu se demander comment on arrive à transposer les méridiens de l'homme sur l'animal et aussi si les rats n'ont pas développé un effet placebo mais, malgré tout, cette expérimentation laisse assez rêveur.

Le grand problème de l'acupuncture est que si en Occident cette technique précise résume quasiment à elle seule toute la médecine chinoise, elle ne devrait en réalité trouver sa place qu'au sein de la médecine chinoise dont elle représente environ 10 % ; en d'autres termes, les fameuses petites aiguilles ne sont que la partie émergée de l'iceberg. Les véritables médecins chinois savent que ce n'est que dans un contexte de nourriture contrôlée, de massages, de conseils d'hygiène de vie, de gymnastique traditionnelle et de plantes médicinales que l'acupuncture prend toute son efficacité.

La médecine chinoise

Depuis la nuit des temps, c'est-à-dire bien avant l'ère chrétienne, la pratique médicale chinoise est reconnue par un diplôme d'État et est enseignée dans les universités. Contrairement à une idée répandue, il ne s'agit pas d'une science traditionnelle, c'est-à-dire figée, mais d'une approche évolutive, progressiste, même si elle s'appuie sur des textes très anciens.

De nos jours, il existe deux systèmes parallèles de médecine officielle en Chine, tous les deux sanctionnés par des diplômes après sept ans d'études, avec des praticiens, des traitements et des hôpitaux des deux bords :

– La médecine chinoise qui n'est en rien une médecine douce, alternative ou traditionnelle. Il s'agit d'une approche qui évolue sans arrêt, même si elle s'appuie sur une très longue tradition. Les traitements proposés sont souvent rudes, les praticiens se plaisant à dire que leur problème est surtout la tolérance plutôt que l'efficacité. Elle repose sur les massages, les plantes, l'acupuncture, mais aussi sur des conseils d'hygiène de vie, rythmes, régimes...

– La médecine occidentale, exactement comme chez nous.

Selon leurs tendances, leur culture, les Chinois fréquentent indifféremment l'un ou l'autre des réseaux de soins, les campagnards se tournant plus naturellement vers leur médecine ancestrale alors que les bobos de Shanghai, Pékin et des autres grandes villes se font un point d'honneur de ne consulter que des praticiens se référant aux techniques occidentales. Exactement comme les nôtres qui raffolent des médecines exotiques tellement tendance ! Il arrive que les deux systèmes coopèrent ou qu'ils s'adressent mutuellement des patients quand ils jugent que leurs cas relèvent plus de l'autre camp. Il faut cependant reconnaître que lorsque la maladie est grave et surtout si elle a une origine lésionnelle, anatomique,

> curable, c'est la médecine occidentale qui entre en scène alors que si la pathologie est fonctionnelle (majorité des cas), ce sont les praticiens de médecine chinoise que l'on va consulter. Bien que les chiffres soient imprécis et qu'ils évoluent très rapidement, comme la Chine elle-même, il semble que, dans 90 % des cas, les Chinois consultent d'abord un praticien de médecine chinoise.

Le problème pour évaluer chez nous l'efficacité de l'acupuncture est d'abord le contexte occidental : les sujets ne sont pas dans un bain culturel propice à ce genre de technique puisqu'ils ne vivent ni ne mangent comme il le faudrait pour que la méthode se trouve dans les meilleures conditions d'efficacité. D'autre part, il existe une grande variabilité des techniques et des praticiens, ce genre de méthode, comme les psychothérapies, dépendant beaucoup de la qualité et de l'empathie du médecin. Un acupuncteur gentil, qui sait prendre son temps, écouter, qui se montre capable d'expliquer sa technique, sera évidemment beaucoup plus efficace qu'un technicien, même très savant. De ce fait, les bonnes études sont rares et concernent surtout la douleur où l'acupuncture semble avoir bien prouvé son efficacité.

Pour ce qui est de l'anxiété, une importante étude australienne a montré son intérêt quand elle est associée à une psychothérapie comportant une désensibilisation aux stimuli anxiogènes.

Dans les domaines de la dépression et de l'insomnie, les résultats sont contradictoires et, pour ma part, je n'ai guère observé d'effet chez mes patients. Mais il est vrai que ce constat s'est fait dans un contexte strictement occidental.

2. Psychiatrie thermale

Le thermalisme, quand il est pratiqué de manière rigoureuse, réalise un bon compromis entre le soin ambulatoire et l'hospitalisation. Une des meilleures indications est le sevrage des médicaments. Il est parfois difficile de débarrasser son organisme de produits devenus inutiles mais pénibles à arrêter tant ils sont capables d'induire une dépendance. Le fait de se retrouver en dehors de son cadre normal, sans obligations professionnelles ou familiales est un atout considérable, car il est psychologiquement plus simple de se sevrer et donc de prendre le risque de mal dormir et d'être fatigué quand on n'est pas obligé d'être en forme pour travailler ou s'occuper des siens.

De même, les multiples activités de massage, d'hydrothérapie, de gymnastique, de piscine, obligent l'insomniaque, le déprimé, à se lever tôt à horaires fixes et représentent un moyen élégant – et agréable – de se synchroniser.

En France, c'est à Saujon, en Charente-Maritime que se situe le seul établissement spécialisé dans ce domaine. Contrairement aux autres stations thermales qui vantent les qualités de leurs eaux en allant jusqu'à se féliciter de leur pureté… donc de leur absence de vertus thérapeutiques (!), Saujon joue l'honnêteté en expliquant que leurs eaux n'ont rien de particulier (comme les autres donc, sauf qu'eux, ils le disent), mais que la manière dont ils s'en servent explique les résultats qu'ils obtiennent. Ce qui est probablement tout à fait vrai, les publications produites par ce centre étant suffisamment éloquentes.

Outre le sevrage des médicaments, domaine où les preuves thérapeutiques sont les plus solides, Saujon prend en charge les patients souffrant d'état de stress et les fibromyalgies, associant le thermalisme classique aux thérapies cognitives et comportementales.

3. L'approche narrative

Il s'agit dans ce type de théorie de tenir compte du contexte ou de l'environnement sociologique, culturel, familial dans lequel un sujet raconte son histoire. Ce type d'approche permet de relativiser les vécus car si quelqu'un dit quelque chose et que ce quelque chose est influencé par son contexte, celui qui l'écoute est tout aussi influencé par son propre contexte, lequel est forcément différent. Il existe donc un problème de point de vue… Si chaque personne est influencée par sa propre expérience, comment le thérapeute peut-il aider son patient à s'orienter vers ce qui lui convient le mieux tout en évitant de lui imposer son propre point de vue, ses propres valeurs ? Je me souviens encore de l'époque où certains gynécologues catholiques traditionalistes refusaient de prescrire la pilule à des patientes athées… Leurs points de vue étaient difficilement conciliables.

C'est probablement la psychanalyse qui a la première réfléchi à cette question fondamentale en introduisant la notion de contre-transfert : le psychanalyste est formé de manière à mettre au jour la ou les raisons de ses attitudes positives, neutres ou négatives envers ses patients et par conséquent à les maîtriser. Par exemple, je sais que lorsque je me trouve en face d'un patient alcoolique, je m'ennuie et je commence à lutter contre une terrible envie de dormir qui est probablement une défense contre une angoisse induite par ce type de patient. Cette angoisse en moi est peut-être liée à un épisode de mon histoire personnelle… Mais cela devient indiscret et, n'étant pas de nature exhibitionniste, je n'ai aucune raison de transformer mes lecteurs en voyeurs.

Pour en revenir à l'approche narrative, une autre des questions posées par ses promoteurs a été : qu'arrive-t-il si le thérapeute s'adresse à la partie saine, c'est-à-dire au potentiel caché en chacun de nous plutôt qu'à sa partie malade ?

Et puis, après tout, qui décide de ce qui est normal ou de ce qui est pathologique ? Le contexte culturel dans lequel nous sommes en permanence immergés est puissamment relayé par les mass-médias qui nous imposent leurs propres canons. Par exemple, du temps de Rubens, la cellulite était un signe de beauté pour les femmes et il suffit de regarder avec quel amour du pinceau il caressait la peau d'orange des femmes replètes… Du temps de Renoir, ce que nous considérons aujourd'hui comme l'obésité était à la mode. De nos jours, cinq kilos de trop par rapport à une norme fixée par des *spécialistes* et vous vous retrouvez cloué au pilori et au régime ! Du temps de la comtesse de Ségur, une jeune fille devait être modeste, réservée et la timidité était haussée au titre de vertu. De nos jours, on convoque les parents quand un enfant est (trop) sage. Et s'il ne l'est pas assez, on lui donne de la Ritaline® (méthylphénidate) car il souffre (peut-être) d'un TDHA.

La narration –ou récit– est l'histoire des expériences de vie d'un individu. Elle fait autant appel à la raison qu'aux émotions. Si je vous raconte ma vie, je vais forcément mettre en exergue certains passages, certains événements que je juge importants. Je narrerai des faits en les sélectionnant selon mes valeurs, mais si vous demandez à ma mère, mon père, ma sœur, ma femme, mes enfants de vous raconter l'histoire de ma vie, il est probable qu'ils vous diront la même chose sur mes grandes dates (naissance, mariage, voyages, déménagements, diplômes, etc.), mais qu'en fait, ils raconteront tout autre chose car ils insisteront sur des événements, des circonstances essentiels à leurs yeux, insignifiants pour moi. C'est ça le point de vue personnel. Ainsi, quand on demande à quelqu'un de se décrire, si le quelqu'un est joyeux, il racontera des épisodes où il est le héros, où il a réussi des choses, s'il est déprimé, il sélectionnera les passages où il a été ridicule, rejeté, mauvais, ceux où il s'est couvert de honte et où tout était de sa faute.

Le récit peut être influencé non seulement par l'état clinique (dépression ou non) mais aussi par l'éducation, laquelle découle de la culture. Telle jeune fille élevée «à l'ancienne» par des religieuses dans un pensionnat s'interdira toute sa vie de se mettre en avant, de raconter ses exploits et insistera sur sa modestie, son humilité… histoire de gagner son paradis. Un riche Lyonnais ne refera pas sa façade, à l'inverse d'un riche Monégasque, car il ne faut surtout jamais «paraître» dans la capitale des Gaules.

Trois présupposés sont à la base de la thérapie narrative :
– Les problèmes sont en bonne partie liés au contexte dans lequel chacun baigne ;
– Je n'ai pas *choisi* d'avoir des problèmes ;
– Mes problèmes ne me représentent pas complètement et ils masquent ma véritable richesse.

Dans cette approche, comme dans la psychanalyse et comme dans la maïeutique socratique, tout est contenu par le patient. Il est celui qui sait, mais ce qu'il sait est influencé par son contexte culturel et par ses valeurs. De ce fait, sa narration est insidieusement obscurcie, épaissie car ses croyances modifient son vécu.

Le travail du thérapeute consiste à s'orienter dans la «géographie narrative» de son patient. Il peut être tenté d'emprunter les autoroutes, ces histoires si souvent racontées qu'elles ne sont jamais remises en question et dominent le sujet, mais il préférera parfois s'aventurer hors des sentiers battus, dans les petits chemins, qu'ils sentent ou non la noisette. Les sentiers oubliés, négligés, les histoires peu racontées, peu alimentées qui pourtant sont des richesses essentielles et peuvent donner un sens différent à la vie.

Bonnes fées et méchantes sorcières

Chacun de nous possède une réserve de récits issus de la geste familiale à l'image de la *Chanson de Roland* avec ses traîtres comme Ganelon, ses amis comme Olivier, ses méchants Sarrasins, ses génies protecteurs à l'instar de Charlemagne. Ce genre d'histoires qui parfois nous rassurent et parfois nous inquiètent.

La pratique narrative consiste à favoriser la construction d'un récit alternatif. Comme je demande aux enfants qui font des cauchemars d'inventer un scénario de bonne fin, les thérapeutes narratifs s'évertuent à favoriser le développement de récits alternatifs féconds de manière à détacher le patient de l'emprise des récits qui le briment. Il s'agit de faire émerger une nouvelle geste porteuse de nouvelles richesses, de nouvelles possibilités. Les histoires comportant des problèmes seront dès lors progressivement rejetées à l'extérieur, un peu comme des corps étrangers et les « histoires trésors » seront incorporées pour se déployer dans la psyché du sujet ou du groupe considéré, car ce type de thérapie est très souvent utilisé en entreprise. Dans ce genre d'approche, seul le « client » est à même de juger du caractère fécond ou non, positif ou négatif de ces changements dans son histoire.

Les praticiens narratifs s'emploient à comprendre comment les croyances personnelles des individus ou des groupes, leurs perceptions et les interprétations qu'ils en tirent façonnent à la fois l'image qu'ils se font d'eux-mêmes et le type de relations qu'ils construisent avec les autres. À partir de là, les acteurs de la saga sont invités à reconstruire leurs représentations d'eux-mêmes, l'idée qu'ils se font de leur vie d'une manière qui convienne mieux à leurs idéaux, leurs valeurs, leurs désirs. Cela les amène automatiquement à adopter des relations interpersonnelles plus conformes à ce qu'ils souhaitent.

La méthode narrative en entreprise consiste à susciter des réunions de groupe avec des témoins qui participent à l'environnement immédiat de l'individu ou de l'ensemble considéré et qui interviennent en soutien à cette nouvelle narration avec pour objectif d'ancrer chaque acteur-auteur dans une nouvelle réalité partagée. Il s'agit donc de «dissoudre» les vieilles lunes et de mettre au firmament du groupe de nouveaux astres plus brillants car correspondant mieux à ses idéaux.

En un mot, la narration consiste à déconstruire les rumeurs propagées aussi bien par moi que par les autres pour reconstruire une bonne histoire.

4. L'argent

Je ne voudrais pas que le lecteur me prenne pour un affreux cynique, mais force est de constater que la fortune est un des plus puissants médicaments psychotropes qui soit. Si «l'argent ne fait pas le bonheur», il est clair qu'il y contribue fortement. Je préfère un aphorisme que j'ai forgé pour la circonstance: «L'argent est la condition nécessaire mais pas suffisante pour être heureux.»

Les chiffres parlent d'ailleurs d'eux-mêmes: si les hôpitaux psychiatriques ont enregistré une baisse sensible du nombre d'hospitalisations au long cours au moment de l'avènement des neuroleptiques, ce n'est rien à côté de l'hémorragie de malades, notamment de psychotiques, lorsque la loi sur l'allocation handicapée adulte a été promulguée. Beaucoup de personnes croupissaient dans des institutions de type asilaire depuis de nombreuses années et ne pouvaient en sortir faute de moyens pour manger, se loger, s'habiller. L'arrivée de cette manne inespérée a permis à ces personnes réputées incurables et donc insortables au sens étymologique du terme, de vivre à l'extérieur, à peu près comme tout le monde.

Il est bien connu par ailleurs que les taux de suicide, de dépression, d'alcoolisation, explosent chez les personnes au chômage ou ruinées.

Une étude récente (6 septembre 2013) publiée dans le *Quotidien du médecin* sous la plume d'Isabelle Trocheris vient encore ajouter une pierre à ce sordide édifice de la misère psychiatrique.

«La pénurie d'argent et ses conséquences mobilisent tellement d'énergie cérébrale chez les pauvres que ceux-ci ont moins de capacités intellectuelles à consacrer aux autres domaines de leur vie», déclarent des économistes et des psychologues d'universités britannique, canadienne et américaine qui ont effectué deux études complémentaires pour arriver à ce résultat.

Dans la première étude, les chercheurs ont sélectionné 400 personnes fréquentant un centre commercial dans le New Jersey. Le revenu moyen de ces sujets était de 70 000 dollars (53 000 euros) par an et le revenu le plus bas de 20 000 dollars (15 000 euros) par an. Ces individus ont été répartis en deux groupes «pauvres» ou «riches» en fonction de leurs revenus. Les chercheurs leur ont ensuite soumis des scénarios concernant des problèmes financiers. Il s'agissait, par exemple, de prendre une décision dans le cas d'une réparation inattendue à faire à une voiture: paieraient-ils tout, emprunteraient-ils de l'argent ou repousseraient-ils la réparation à une date future? Dans un scénario «difficile», la réparation coûtait cher, 1 500 dollars (1 100 euros); dans un scénario «facile» la réparation ne coûtait que 150 dollars (110 euros). Pendant que les participants réfléchissaient aux différentes options proposées, ils ont été soumis à deux séries de tests indépendants destinées à mesurer leurs fonctions cognitives.

Les groupes «pauvres» et «riches» exposés au scénario «facile» ont obtenu des résultats bons et équivalents aux tests de cognition. Mais lorsqu'ils ont été confrontés au scénario le plus coûteux, les «pauvres» ont atteint des scores beaucoup moins bons, tandis que les «riches» n'ont pas été affectés.

Pour mesurer l'influence de la pauvreté dans un contexte naturel, les chercheurs se sont aussi intéressés, dans le cadre de la seconde étude, à 464 cultivateurs indiens. Pour ces fermiers, la récolte annuelle représente 60 % des revenus et n'a lieu qu'une fois par an. Ils sont donc riches après la récolte mais pauvres avant. Chaque cultivateur a été soumis aux tests de cognition avant et après la récolte. Ils ont obtenu de meilleurs résultats après la récolte qu'avant.

En moyenne, un individu préoccupé par des problèmes d'argent a montré une baisse des fonctions cognitives équivalentes à une baisse de QI de 13 points ou à la perte d'une nuit entière de sommeil.

Les chercheurs en concluent que la fonction cognitive est affectée par l'effort constant nécessaire pour faire face aux effets immédiats du manque d'argent que sont les privations et les emprunts. Cela laisse peu de ressources cognitives disponibles pour les autres activités de la vie, éducation, formation professionnelle et même gestion du temps. En conséquence, affirment-ils, les personnes avec des ressources financières limitées ont plus de risque de commettre des erreurs, de prendre de mauvaises décisions et de ne pas considérer les voies qui pourraient leur permettre de sortir de la pauvreté.

Eldar Shafir, professeur de psychologie à l'université de Princeton, et l'un des auteurs de l'enquête, indique au *Quotidien* : « La révélation la plus profonde de cette étude est qu'elle constitue une indication assez claire que n'importe qui d'entre nous pourrait être affecté de la même manière dans une situation de pauvreté... Ces personnes sont capables de réussir. Ce n'est pas à cause de qui elles sont, c'est le fait de vivre dans la pauvreté. »

Pour remédier à cette situation, les chercheurs suggèrent de réduire les demandes cognitives faites aux pauvres de la même façon que l'on réduit leurs impôts : simplifier leurs démarches, tolérer un retard ou une absence occasionnelle, rendre la garde d'enfants plus facile...

« Un médecin, conseille Eldar Shafir, ne devrait pas imposer plus que le minimum au patient pauvre, il devrait préférer un médicament à prise quotidienne à celui qui doit être pris plusieurs fois par jour, envoyer des rappels pour les rendez-vous, etc. »

Néanmoins, une autre interprétation, moins morale et en tout cas moins politiquement correcte, pourrait être proposée : c'est parce qu'ils sont plus intelligents que certains individus deviennent plus riches que les autres et vice versa.

C'est triste dans les deux cas car aucun médecin ne peut prescrire de l'argent (1 000 euros par jour à renouveler pendant vingt ans) sur son ordonnance, ni ne peut augmenter le quotient intellectuel d'un individu à sa naissance !

VI
Les techniques psychothérapiques non (encore) validées marchent-elles ?

1. Les « autres » psychothérapies

Dire qu'une technique n'est pas validée ne signifie pas nécessairement qu'elle ne marche pas ou qu'elle est dangereuse. Par exemple, en ce qui concerne la cigarette électronique qui a fait le buzz car la ligue contre le cancer a considéré que les preuves scientifiques de son « innocuité » manquaient, ce qui signifiait qu'il n'avait pas été prouvé qu'elle n'était pas dangereuse. Du coup, immédiatement, de nombreux médias ont repris l'information avec un raccourci : la cigarette électronique est dangereuse. Peut-être est-ce vrai mais, selon moi, elle ne peut en aucun cas être aussi nuisible pour la santé que la cigarette tabac qui est la plus immonde « saloperie » qui ait jamais été inventée puisqu'elle a probablement fait des centaines de millions de morts depuis que le sinistre Jean Nicot a rapporté de la poudre de tabac du Portugal. Rien d'ailleurs ne peut être aussi dangereux que la cigarette puisqu'un fumeur sur deux est certain d'en mourir dans des circonstances plus que pénibles. En outre, c'est le produit le plus addictif de la planète : une seule cigarette, la première, peut suffire à créer la dépendance de manière définitive. Le pire est que, pour un fumeur, passer de vingt cigarettes par jour à trois ou quatre ne servirait à rien et que le risque encouru resterait le même. Heureusement, pour se consoler, et j'insiste sur ce point, la cigarette électronique est à ce jour le plus efficace moyen de se sevrer à condition de vapoter au début presque sans arrêt de manière à entretenir un taux de nicotine suffisant dans le sang, car ce sont les variations en baisse de la nicotinémie (taux de nicotine dans le sang) qui provoquent l'envie d'en « griller une ».

Pour en revenir à nos moutons, donc aux psychothérapies « autres », il s'agit souvent d'approches nouvelles qui n'ont pas encore fait l'objet d'études suffisamment longues et approfondies pour que les autorités les reconnaissent comme valables.

En revanche, d'autres techniques utilisées depuis très longtemps n'ont jamais réussi à démontrer une quelconque efficacité, ce qui ne change en rien la position de la généreuse Sécurité sociale qui persiste à rembourser pendant de longues années des séances parfois bihebdomadaires de psychothérapies sans effet démontré.

De toute manière, il ne faut jamais oublier un paramètre essentiel : ce qui fait l'efficacité d'une psychothérapie n'est pas tant la théorie ou la technique mais avant tout la qualité du thérapeute. S'il est compétent, gentil, empathique, s'il sait prendre son temps, s'il est fiable et fidèle, s'il maîtrise bien son sujet, toutes les conditions sont réunies pour espérer de bons résultats.

Il existe malheureusement une donnée que personnellement je trouve navrante : les femmes réunissent mieux toutes ces caractéristiques que les hommes et les résultats détenus sont donc globalement meilleurs que chez les hommes. Et il faut reconnaître, toute plaisanterie mise à part, que le « prendre soin » fait appel à la mère, à l'épouse… Voilà pourquoi j'espère avoir suffisamment développé ma partie féminine pour espérer ne pas être trop mauvais.

2. La psychosynthèse

Bien que son auteur, le docteur Roberto Assagioli[49], ait été contemporain de Freud et de Jung, cette méthode reste très peu connue à l'heure actuelle. Tout comme la psychanalyse, il s'agit en réalité d'une méthode de développement personnel qui cherche des applications en tant que psychothérapie.

La psychosynthèse se veut une approche systémique et intégrative qui prend en compte l'ensemble des interactions de l'humain en tant que système vivant corps/esprit interagissant avec son environnement. Il ne s'agit donc plus d'analyser, c'est-à-dire de fragmenter, mais de réunir le corps avec l'esprit, l'esprit avec la culture et l'homme avec son univers.

Comme toute méthode peu répandue, les études scientifiques sont rares pour ne pas dire inexistantes. Néanmoins, à l'instar de toute psychothérapie, c'est avant tout la qualité du psychothérapeute qui compte. En effet, les études publiées en particulier par l'école de Lausanne montrent que, finalement, c'est moins la théorie que la compassion, l'attention, la maîtrise qui importent.

Selon Tan Nguyen, « Plus qu'une psychologie explicative, il s'agit d'une pratique de l'ouverture à l'autre, d'un art du vivant. Cette méthodologie est montrée et vécue à travers des techniques et exercices pratiques de réflexion sur soi, de dialogues intérieurs créatifs, de visualisations, d'écoute et de mobilisation du corps, des affects et de l'intuition, des jeux interactifs. C'est la manière d'utiliser la technique qui donne sa spécificité à la psychosynthèse, plus que la technique en soi. Une pratique de psychothérapie en découle, en même temps qu'un proces-

---

49. Roberto Assagioli, *Psychosynthèse, principes et techniques*, Desclée de Brouwer, 1997.

sus éducatif et de formation personnelle s'appliquant à divers domaines : éducation, psychothérapie, entreprise, sciences. Elle utilise à l'intérieur de son cadre les outils du travail thérapeutique intégrant les dimensions du corps, des émotions, de l'intellect et de l'âme. Approchant la psyché-soma (le corps/esprit) comme un système global, elle apprend à analyser l'inconscient inférieur (les désirs refoulés), à clarifier les choix du moi conscient de la vie présente, et à être réceptif aux aspirations créatives et intuitions du supra-conscient[50] ».

---

50. Tan Nguyen (dir.), *Pourquoi la psychothérapie ? Fondements, méthodes, applications*, Dunod, 2005.

3. L'homéopathie

De nombreuses personnes recourent à l'homéopathie avec succès et force est de reconnaître que cette médecine alternative est loin d'avoir dit son dernier mot, alors qu'elle existe depuis 1796. Avant d'entreprendre l'étude de cette discipline particulière, il faut bien comprendre que les trois principes qui la régissent constituent à la fois sa force et sa faiblesse. Sa force car ils viennent contredire notre médecine occidentale dans ce qu'elle a de mauvais, son hypertechnicité, sa manière paternaliste de considérer les malades comme des assemblages d'organes et des empilements de symptômes. Sa faiblesse car, il faut le reconnaître, il ne ressort pas grand-chose de scientifique du *corpus homeopathicum*.

Quels sont ces grands principes ?

– La similitude : c'est le fameux aphorisme latin *similia similibus curentur* : les semblables sont guéris par les semblables. Autrement dit, « il faut soigner le mal par le mal ». L'idée est au fond la même que celle que nous utilisons pour la vaccination : en injectant une petite quantité inactivée d'un microbe, on oblige l'organisme à fabriquer des défenses, les anticorps, qui vont empêcher, voire traiter la maladie. Ce principe-là est donc tout à fait logique, scientifique, et ne souffre pas de contradiction, même si l'on peut considérer qu'il mène plus à une médecine préventive que curative. Il s'agit au fond de préparer l'organisme à une agression en l'habituant, en l'armant contre le mal. Cette méthode fut utilisée autrefois par le roi Mithridate (voir encadré Mithridate et la mithridatisation).

– L'individualisation des cas : il ne s'agit plus d'étudier des symptômes mais des individus. Chaque cas est différent et les remèdes n'agissant pas de la même manière selon que nous sommes jeunes ou vieux, ruraux ou citadins, gros ou maigres…

C'est sans doute ce principe de respect de la personne, respect parfaitement justifié selon nous, qui a fait le succès jamais démenti de cette médecine particulière.

– L'infinitésimal : c'est là que le bât blesse ! À l'origine, l'idée est de donner des poisons à doses non toxiques, d'où le fait de diluer à l'extrême ce qui rend malade la personne. Deux écoles s'affrontent, les scientifiques et les autres, mais malheureusement, du moins de mon point de vue, ce sont les autres qui dominent la scène. Les scientifiques, preuves à l'appui, utilisent des doses pondérables, c'est-à-dire mesurables, de toxiques alors que les autres utilisent des doses infinitésimales, ce qui veut dire qu'à force de diluer encore et encore, il ne reste plus une seule molécule du remède dans la préparation finale. Ils contrent ce fait en « dynamisant » la préparation en la secouant fort et beaucoup. C'est ce type de méthode qui avait donné lieu à la polémique dite de la mémoire de l'eau autour du chercheur Benveniste (voir encadré Jacques Benveniste et la mémoire de l'eau).

Quelles sont les preuves scientifiques en faveur de l'homéopathie ?

Malheureusement pour elle, dans le domaine de la psychiatrie comme dans les autres, il n'existe pas de véritable preuve d'efficacité des doses infinitésimales. En science, on considère qu'une démonstration est faite lorsqu'une étude contrôlée a été publiée dans une revue internationale avec un comité de pairs qui évaluent de manière anonyme, ce qui évite le « copinage » ; que le même type d'étude avec le même protocole a été réalisé par une autre équipe indépendante de la première ailleurs dans le monde, et qu'elle a donné les mêmes résultats publiés dans une autre revue internationale référencée.

L'homéopathie, à ma connaissance, n'a jamais réussi à franchir ce double cap.

Mithridate et la mithridatisation

Ce roi de Syrie né vers 132 avant J.-C. était obsédé par la peur d'être empoisonné. De ce fait, il a imaginé une méthode originale: chaque jour, il absorbait des petites doses de poisons afin de s'immuniser contre leur toxicité, habituer son corps à lutter contre eux en cas de véritable empoisonnement massif. D'après la légende, il aurait tellement bien réussi qu'à la fin de sa vie, voulant se suicider en absorbant des toxiques, il aurait échoué et aurait été contraint à demander à un de ses aides de camp de le poignarder.

Jacques Benveniste et la mémoire de l'eau

En 1988, un chercheur de renom du CNRS, Jacques Benveniste, spécialiste reconnu en immunologie, publie une série d'expériences dans la prestigieuse revue *Nature* tendant à démontrer qu'à partir du moment où ils ont déjà été confrontés à un anticorps (anti-IgE), des globules blancs continuent à réagir (dégranulation des éosinophiles) à la présence de ce même anticorps, même si celui-ci a été tellement dilué qu'il n'y en a plus une seule molécule dans la préparation. L'article expliquait que le solvant, en l'occurrence l'eau, gardait la trace, la mémoire de cet anticorps en modifiant sa structure moléculaire par des réarrangements nommés empreinte électromagnétique dont il faut bien reconnaître qu'elle reste fort mystérieuse.

La polémique provoquée par cette publication a été tellement violente que Jacques Benveniste, dont la bonne foi n'a pourtant jamais été remise en cause, contrairement à celle de certains de ses collaborateurs qui selon quelques analystes auraient pu abuser leur patron, a fini par s'exiler en Chine et que sa carrière a été ruinée… Il est d'ailleurs «viré» du CNRS en 1995, ne se remet jamais de cette histoire, meurt assez isolé et prématurément en 2004, à l'âge de 69 ans.

Selon moi, tout en tentant de rester en dehors de toute polémique, cette notion de mémoire de l'eau dont l'homéopathie a tenté de s'emparer pour asseoir scientifiquement son dogme de dynamisation souffre d'une faiblesse dès son origine. Un jour, je demandai à un des promoteurs lyonnais de la médication homéopathique quelle était la durée de vie de ses remèdes. Autrement dit, au bout de combien de temps ses granules homéopathiques étaient périmés. À ma grande surprise, il me répondit : « Jamais à partir du moment où elles sont conservées dans de bonnes conditions. » Et c'est là que j'ai du mal à suivre : prenons une goutte d'eau ordinaire. On peut considérer que, depuis le big bang et la création de notre univers, cette goutte d'eau, en plus de treize milliards d'années, a été en contact avec toutes les molécules présentes sur notre planète. En séjournant dans les océans, dans les nuages, dans les rivières, dans la banquise, dans les organismes, notre innocente petite goutte d'eau s'est frottée à tout ce que le monde compte comme molécules et devrait donc, logiquement, en garder la trace. Comment se fait-il qu'à partir du moment où elle a été secouée avec une molécule spécifique dans un laboratoire homéopathique, elle ne garde l'empreinte que de cette molécule particulière ? Aucun homéopathe n'a encore réussi à me répondre quand je lui pose cette question pourtant toute bête.

Régulièrement, quand je donne des conférences et que j'expose mon point de vue tel que je viens de le faire, un doigt se lève et la personne dit de manière plus ou moins véhémente selon son tempérament : « Docteur, vous pouvez bien affirmer tout ce que vous voulez, mais, en ce qui me concerne, la médecine n'a rien pu faire pour moi et j'ai été sauvé par l'homéopathie ! » Ce type d'intervention parfaitement justifié montre bien d'ailleurs que les statistiques collectives n'ont rien à voir avec les vérités individuelles.

Il est clair en effet que cette discipline médicale enregistre des succès phénoménaux, parfois presque miraculeux dans les cas généralement inaccessibles à la médecine dite allopathique.

Dans un autre de mes ouvrages[51], j'ai expliqué pourquoi les homéopathes étaient capables d'optimiser l'effet placebo ; en effet, celui-ci est décuplé quand :

– La consultation est plus longue ;
– La consultation est plus chère ;
– Le praticien y croit ;
– Le praticien explique une théorie qui traite les patients comme des personnes et non comme des cumuls d'organes à l'image de la médecine de spécialités ;
– Le praticien partage son savoir et adopte en général une attitude respectueuse vis-à-vis de ses patients ;
– La forme galénique est surprenante et spécifique comme par exemple des petites perles à laisser fondre dans la bouche à distance des repas et surtout sans menthe !
– Les appellations des remèdes sont particulièrement ésotériques et, pour tout dire, presque magiques : en latin, langue des clercs, terminées par un chiffre cabalistique : *Dermatophagoides farinae* (acarien de farine) ; *Paronychia illecebrum* 30 CH (plante exotique dont je n'ai pas réussi à trouver le nom vulgaire) ; *Cladosporium metanigrum* 15 CH (espèce de moisissure noire) ; *Pediculum capitis* 20 CH (pou de tête) ; *Micropolyspora faeni* 30 CH (pollen du foin), j'en passe et des meilleures !

Que le lecteur se rassure, je ne suis absolument pas en train de me moquer, bien au contraire. J'ai le plus grand respect pour l'effet placebo et pour ceux qui sont le plus capables de l'induire puisque

---

51. *Le Mystère du placebo*, Odile Jacob, 1996.

c'est grâce à lui que nous sommes capables de fabriquer des médicaments endogènes comme je l'ai précédemment exposé. C'est d'ailleurs pour cette raison que je soutiens l'homéopathie qui, selon moi, a toute sa place dans le paysage sanitaire occidental.

En effet, la médecine occidentale n'a rien ou du moins pas grand-chose à proposer en cas de maladie fonctionnelle et ses traitements font souvent plus de mal que de bien. De ce fait, quand une maladie n'est pas évolutive et qu'elle n'a pas de traitement efficace comme par exemple la fatigue, les maux de tête, le rhume des foins, les lombalgies, ce genre d'approche se révèle très utile.

On pourrait même m'objecter que souvent les guérisseurs, rhabilleurs et autres rebouteux font encore mieux, et c'est vrai car ils ont souvent un charisme, une conviction, un «magnétisme» qui eux aussi démultiplient les capacités du corps à guérir tout seul. Le problème est qu'ils ne sont pas médecins et n'ont donc pas les connaissances qui leur permettent de poser correctement un diagnostic. Prenons un cas très simple : une personne a mal au ventre et a des diarrhées fréquentes. En gros, trois diagnostics peuvent être évoqués :

– Un cancer digestif : il faut absolument l'envoyer dans un centre de cancérologie ; le guérisseur fait ses passes magnétiques, le patient meurt ; l'homéopathe fait son diagnostic et oriente correctement, le patient guérit.

– Une appendicite : il faut absolument opérer rapidement sinon c'est la mort assurée ; le guérisseur fait ses passes magnétiques, le patient meurt ; l'homéopathe fait son diagnostic et oriente correctement, le patient guérit.

– Un intestin irritable : les guérisseurs comme les homéopathes font mieux que les médecins classiques, mais seuls les seconds ont assuré le diagnostic et donc prescrit sans danger leurs remèdes certes non éprouvés scientifiquement mais drôlement efficaces quand même !

4. Encore d'autres psychothérapies

Elles sont aujourd'hui innombrables et sont loin d'être toutes validées. Impossible donc d'être exhaustif. Le lecteur me pardonnera les manques tout en comprenant que cet ouvrage n'a pas vocation à être un catalogue ou un dictionnaire. Je cherche essentiellement à présenter les principaux courants existants que je connais de près ou de loin, et ayant reçu si possible un minimum de validation scientifique, en particulier ceux qui ont concerné des patients que j'ai suivis et qui ont pu en bénéficier. D'où un abord nécessairement –et volontairement– arbitraire de ma part.

D'un point de vue historique, il faut comprendre que toutes les psychothérapies proviennent peu ou prou des deux grands courants apparus au début du XXᵉ siècle : le comportementalisme (*behaviorisme*) de Watson et Skinner et la psychanalyse de Freud. Certains ont voulu y ajouter une troisième vague qu'ils ont nommée l'approche humaniste et une quatrième, l'approche transpersonnelle. Les deux dernières sont beaucoup moins connues en Europe, même si Carl Rogers a eu son heure de gloire avec, en particulier, une technique d'entretien non directif où le thérapeute se contente de relancer son patient en intervenant le moins possible et en se contentant de faciliter la parole[52].

Approche humaniste ou existentielle

Ici, il s'agit de développer la capacité de faire des choix personnels en partant d'un postulat selon moi indiscutable : à partir du moment où l'on est capable de faire des choix, on est autonome. Donc libre !

Or la maladie mentale est une aliénation, c'est-à-dire une privation de liberté. Tout ce qui peut supprimer les chaînes de

---

52. Carl Rogers, *La Relation d'aide et la psychothérapie,* ESF, 2014.

la névrose ou de la psychose est donc bienvenu. Néanmoins, il faut bien reconnaître que les suiveurs de Rogers sont souvent de gentils idéalistes qui forment le projet de promouvoir les aspects positifs de chaque individu en ne les entravant pas et donc en gardant une attitude de neutralité assez passive.

Pour Carl Rogers, digne successeur de Jean-Jacques Rousseau, l'être humain est fondamentalement bon. De ce fait, il évoluera forcément de manière positive s'il suit son instinct, son expérience, ses véritables penchants. La violence et la prédation ne sont que les fruits de sa désespérance ; ils ne sont pas un choix ; ce sont des comportements dictés par la rentabilité, la facilité ou le principe du plaisir. Nous sommes aux confins de la philosophie, voire de la religion et de la psychologie.

Cette approche se révèle quelque peu angélique même si elle garde un certain intérêt pour les personnes suffisamment motivées pour accepter de «s'autoaccoucher» de leurs richesses intérieures. Force est cependant de reconnaître que beaucoup de patients n'ont pas cette capacité. Du moins au début de leurs troubles et de leur prise en charge. Comme dans la psychanalyse, cette maïeutique qui vise à accoucher le sujet de ses richesses cachées me semble plus adaptée au développement personnel et à la formation qu'au soin proprement dit. Elle s'intitule et se veut d'ailleurs «approche» ou bien «psychologie» mais pas psychothérapie.

C'est de ce courant que sont nées un grand nombre de techniques de groupes (la société humaine est bonne, elle aussi), telles que le psychodrame et le sociodrame qui permettent de mettre en scène des situations posant problème et de les solutionner. Le psychodrame et le jeu de rôle ont gardé beaucoup d'importance dans la formation professionnelle alors qu'ils sont devenus une pratique rare dans le domaine du soin. C'est cependant dans le domaine de la relaxation, notamment du training autogène de Schultz[53] et dans les techniques de Jacobson et de Vittoz[54] que l'approche humaniste s'est montrée la plus féconde. N'oublions pas non plus toutes les approches corporelles qui reviennent en force de nos jours.

La psychanalyse corporelle

La mode est à la synthèse de techniques très différentes comme par exemple l'EFT qui allie thérapies cognitives et comportementales et acupuncture. Ici, c'est la psychanalyse et l'ostéopathie qui sont associées.

Cette technique dite de la psychanalyse corporelle également très peu connue semble plutôt s'apparenter au mouvement de développement personnel. Elle se dit « née d'un accident ostéopathique » et tente donc de réussir la synthèse impossible – du moins en Occident – du corps et de l'esprit. Pour ses théoriciens, le corps fait des lapsus tout comme le psychisme. Elle emprunte donc à l'ostéopathie, à la psychanalyse mais aussi aux thérapies cognitives et comportementales et aux techniques d'abréaction ou catharsis. Cette notion de catharsis, qui consiste à se vider en revivant des scènes chargées émotionnellement, revient en force, ce qui est probablement lié à l'échec de la psychanalyse – démarche de développement personnel, il faut bien le dire très intellectuelle, avec l'idée qu'en comprenant les processus inconscients, les choses iront mieux. Ce fondement théorique s'est finalement révélé faux, car nombreux sont ceux qui ont bien compris pourquoi ils ont peur… mais qui ont toujours aussi peur ! C'est la vieille blague : « Je fais pipi au lit, je suis en analyse depuis cinq ans, je fais toujours pipi au lit mais maintenant j'assume. » L'idée donc de la psychanalyse corporelle est d'allier compréhension et

---

53. Johannes Heinrich Schultz, *Le Training autogène…*, *op. cit.*
54. Roger Vittoz, *Traitement des psychonévroses par la rééducation du contrôle cérébral*, Desclée de Brouwer, 2008.

catharsis. Le présupposé de base est la notion de *lapsus corporel* défini comme un sursaut conscient et involontaire à la fois. Le corps, en dehors de toute volonté, est supposé parler et, selon le psychanalyste corporel Jean-Claude Duret, « s'exprimer dans une série de lapsus qui vont réveiller en parallèle des couches de mémoire psychique où nous allons assister aux films de nos différents traumatismes. Allongé sur une moquette avec la présence bienveillante du psychanalyste, le corps va se mettre, petit à petit, à avoir des sursauts involontaires qui vont être de plus en plus précis. Cela va commencer par ce que l'on appelle un spasme sans sens. En écho à ce spasme, des mouvements généraux vont se produire. On va taper sur le sol sans que cela ait un sens. Ensuite, ces gestes vont devenir orientés. Si l'on encourage ce corps à se confier dans cette expression et dans ces lapsus, qui échappent à la volonté, ce merveilleux corps va se mettre dans des conflits articulaires extrêmement douloureux[55] ».

Ainsi, selon cette théorie particulière, de même que l'inconscient psychologique s'exprimerait par des lapsus verbaux, l'inconscient physique le ferait par des lapsus corporels. Un des fondements théoriques de la théorie de la psychanalyse corporelle est de constater que ce n'est pas parce que l'on a compris les raisons supposées de son mal que les choses iront mieux. En d'autres termes, « comprendre ne soigne pas ». Pour ces praticiens, il faut parcourir une séquence appelée VPA (voir, pardonner, agir). Autant, la notion de voir est proche de la psychanalyse classique ; pardonner implique de comprendre et repérer comment s'opère la répétition de nos actes irrationnels et pourvoyeurs de souffrance ; agir est très original si on se réfère à la psychanalyse traditionnelle.

Comme beaucoup de techniques corporelles, celle-ci est fondée sur la régression jusqu'au traumatisme original que

---

55. Jean-Claude Duret, *Réel*, n° 87, décembre 2005.

représente la naissance. Ne s'agit-il que d'un fantasme du thérapeute induit chez le patient ou bien existe-t-il réellement une mémoire de ce moment si particulier ? Ce « péché originel » est-il véritablement à l'origine de tant de souffrances et notamment de l'angoisse de séparation constante chez les personnes souffrant d'un état limite ? Il est probable que ces questions n'auront jamais de réponses, ce qui en réalité n'a guère d'importance, car le lecteur aura noté que notre point de vue est l'efficacité des méthodes, quelles qu'elles soient ! Du coup, la seule attitude possible est pragmatique : la psychanalyse corporelle est-elle efficace et, si oui, dans quelles indications. Il serait bon dès lors que ses promoteurs lancent des études rigoureuses car, sinon, ils courent le risque de voir leur technique sombrer dans l'enfer des méthodes de développement personnel qui toutes finissent par disparaître un jour, d'autant plus qu'il s'agit d'une méthode longue (six ans en moyenne) et relativement coûteuse.

Oser être inefficace

Nous passons notre enfance à jouer, à tester des hypothèses, à expérimenter des trucs nouveaux qui neuf fois sur dix se révèlent infructueux. Cela ne nous empêche pas d'y trouver beaucoup de plaisir, de rire aux éclats avec les copains de jeux, et surtout de progresser. La capacité à perdre son temps afin d'expérimenter toutes les possibilités, y compris les plus incongrues, progresse avec l'intelligence, comme le montre l'expérience suivante réalisée avec deux animaux, l'un pas vraiment connu pour ses performances intellectuelles (le pigeon), l'autre célèbre pour son génie (le chimpanzé). Installons-les devant deux boutons identiques en apparence, sauf que l'un des deux distribue une récompense quand on l'actionne et l'autre ne distribue rien.

Le pigeon n'a pas d'états d'âme. Si d'emblée, il tombe sur le bon bouton, il ne le quittera plus tant qu'il recevra sa récompense. S'il tombe sur le mauvais, il changera et restera sur le bon.

Le chimpanzé est beaucoup plus subtil. Qu'il tombe sur le bon ou sur le mauvais bouton, il reviendra de temps en temps sur le mauvais, histoire de vérifier qu'il ne marche toujours pas et d'être certain de ne pas manquer une bonne occasion. On ne sait jamais! Cela démontre que cette espèce est toujours à l'affût d'un changement de son environnement et qu'elle est prête à s'y adapter. Le problème est que le chimpanzé pourtant si proche de nous n'a jamais su s'adapter aux changements climatiques et qu'il est resté confiné à sa forêt tropicale qui disparaît progressivement à cause de ses cousins les hommes. Par conséquent, lui aussi risque de ne pas survivre...

L'humain qui s'est autoproclamé primate supérieur ne se comporte pas autrement. Par exemple, lorsque nous égarons un objet et que nous le cherchons, nous passons et repassons systématiquement aux mêmes endroits, apparemment de manière inutile puisque nous avons déjà vérifié que l'objet n'y est pas, car nous savons au fond de nous-mêmes qu'il suffit parfois d'avoir un angle de vision légèrement différent, un autre point de vue pour que magiquement, l'objet apparaisse. De la même manière, lorsque quelqu'un prend l'ascenseur où il y a déjà du monde, il vérifie que son étage est allumé et, très souvent, il confirme en ré-appuyant dessus, manœuvre complètement inutile, mais... «On ne sait jamais!»

VII
Diététique et micronutrition

1. L'importance de la diététique et les « alicaments »

Cet important chapitre de la médecine n'est pratiquement pas enseigné dans les facultés et n'est pas pris en charge par la Sécurité sociale. Et pourtant !

Depuis Hippocrate, l'importance de la nourriture est reconnue comme une évidence, l'homme étant finalement ce qu'il mange. Le caractère essentiel des régimes équilibrés d'une part, et des compléments alimentaires d'autre part, n'est pourtant pas encore très bien démontré, faute d'études sérieuses. Il en résulte une quantité de produits miracles vendus en ligne dont on ne sait s'ils sont sérieux ou non. Il serait donc grand temps que les organismes comme l'Inserm ou le CNRS pour la France et les agences étrangères correspondantes s'y mettent vraiment ! Néanmoins, contrairement à ce qui a pu être affirmé dans certains livres à sensation, il existe bien des certitudes, le grand problème de ce type d'approche étant que la plupart pour ne pas dire la quasi-totalité des études scientifiques concernant la thérapeutique sont financées par l'industrie pharmaceutique qui cherche à promouvoir ses propres produits. Or, les substances dont je parle ici sont naturelles et donc impossibles à breveter de manière solide. Du coup, personne n'accepte d'y mettre un kopeck !

Très peu de ces substances ont fait l'objet de recherches scientifiques sérieuses car, une fois de plus, force est de constater que seul ce qui est issu de l'industrie pharmaceutique bénéficie de financement. Cette situation ne saurait être reprochée à ladite industrie qui défend son fonds de commerce, mais bien plutôt aux organismes publics et officiels dédiés qui ne se sont presque jamais emparés de ce domaine, à l'exception notable de vastes études sur les vitamines.

Il existe pourtant de nombreuses possibilités de traitements au moyen de ce que certains ont appelé les « alicaments », mot fabriqué en contractant aliment et médicament. Une fois de plus, nous nous trouvons devant une situation pour le moins paradoxale puisque nombre de ces préparations sont proposées dans les pharmacies et dans les magasins dits bio, style yaourt au bifidus, mais qu'aucune ou presque ne peut être véritablement recommandée tout au moins avec de solides arguments scientifiques.

La L-Tyrosine

Cet acide aminé est une des pierres fondamentales de l'édifice de la vie. La L-Tyrosine est sans toxicité et sans danger. Mais, comme elle est naturelle, elle ne peut pas être protégée par un brevet et n'a donc pas bénéficié de beaucoup d'études scientifiques. Cependant, un faisceau d'indices concordants la font considérer comme une des voies d'approche les plus prometteuses en la matière.

Il faut savoir que la L-Tyrosine est le précurseur de la dopamine et de la noradrénaline. Cette phrase barbare signifie que c'est avec cette petite molécule que nos neurones fabriquent la dopamine et l'adrénaline.

Ces substances qui permettent à certains de nos neurones de communiquer entre eux jouent un rôle essentiel au niveau du stress, des mouvements, de la tension artérielle… et j'en passe. Par exemple, il existe un déficit en dopamine dans la maladie de Parkinson, dans les impatiences et les mouvements des jambes au cours du sommeil et au cours de certaines dépressions. Il est par ailleurs bien connu que la dopamine joue un rôle crucial au niveau des circuits de la récompense et que, chaque fois que nous éprouvons un plaisir quel qu'il soit, nous activons dans notre cerveau les circuits de la dopamine.

La dépression par déficit en dopamine, que nous avions nommée DDD (dépression dopamino-dépendante), a été mise en évidence par mon groupe de recherche animé par le docteur Jacques Mouret dans la deuxième partie des années 1980.

Ce fut une découverte plus ou moins fortuite lorsque, en enregistrant le sommeil de nos patients qui n'étaient pas améliorés par les antidépresseurs, nous avons constaté que la structure de leur sommeil ressemblait beaucoup à celle des patients souffrant de la maladie de Parkinson avec une quantité réduite de sommeil paradoxal dont les épisodes durent moins longtemps et sont plus hachés. Que le lecteur se rassure, dans cette maladie dépressive particulière, il n'y a pas de lésion, de destruction de neurones comme dans le Parkinson. En revanche, il existe de nombreux signes de manque de dopamine par épuisement.

Ces personnes ont en général traversé une période prolongée de stress, elles ont réduit leur consommation de viande, notamment de viande rouge pour des raisons soit financières, soit de dégoût, soit de conviction écologique, et leurs conjoints signalent une agitation pendant le sommeil, les draps étant en bataille le matin. De plus, la principale caractéristique de cette forme de dépression est ce que j'ai appelé les «coups de pompe de l'humeur». Tout va bien puis d'un seul coup, sans crier gare, impression de fatigue intense, un peu de somnolence, sentiment d'être nul, plus bon à rien, découragement, vertiges… et puis ça repart pour quelque temps. Le tout peut durer plusieurs heures, voire quelques jours. En revanche, il manque les signes de la dépression classique: culpabilité intense, douleur morale, idées de suicide, rythmes cliniques réguliers, le déprimé habituellement se sentant au plus mal le matin et au mieux le soir. Ce tableau de DDD est souvent retrouvé dans le burn-out également appelé syndrome d'épuisement professionnel.

Burn-out

Je pense que mes chances d'entrer à l'Académie française seront meilleures si je donne à cette maladie son nom français qui est le syndrome d'épuisement professionnel, même si, il faut bien l'avouer, le terme anglo-saxon est plus simple à utiliser et plus parlant puisqu'il évoque les ravages causés par un véritable incendie psychologique. Il décrit l'état d'une allumette ou d'une bougie presque ou totalement consumée. Il s'agit des conséquences de l'exposition à un stress permanent et prolongé. Ce sont les Japonais, champions du monde dans le domaine, qui ont les premiers décrit ce triste phénomène sous le nom de *karōshi* («mort par excès de travail»).

D'après l'Organisation mondiale de la santé, les deux pays où les dépressions liées au travail étaient les plus nombreuses en 2010 seraient l'Ukraine et la France, et un tiers des travailleurs européens se plaindraient de leurs problèmes de santé liés à une activité considérée comme trop stressante.

Cette nouvelle entité concerne les personnes qui ont un véritable investissement professionnel au niveau affectif, qui se sentent responsables à tort ou à raison. Ce sont donc souvent celles et ceux qui sont dans des métiers d'aide aux autres qui sont touchés: enseignants, assistantes sociales, éducateurs, infirmières, médecins, prêtres, humanitaires, certains politiques, quand ils ne sont pas trop cyniques, etc. Ce serait donc la confrontation permanente à la souffrance et aux échecs qui provoquerait à la longue une véritable usure mentale. Néanmoins, à l'heure actuelle, la tendance est plutôt d'étendre cette maladie à l'ensemble des professionnels, quel que soit leur métier. En réalité, c'est l'intérêt porté à son job, le sentiment de haute responsabilité, qui en sont la cause principale. Le premier des signes est par conséquent la diminution, voire la disparition de tout intérêt pour son activité professionnelle, phénomène décrit de manière très précise au cours du haut Moyen Âge sous le nom d'acédie, ce démon méridien qui frappait les moines quand ils étaient lassés des contraintes imposées par la règle de saint Benoît. C'était évidemment considéré comme un grave péché.

Le burn-out touche les gens qui ont une haute idée de leur mission et se présentent sans la nécessaire distance avec leurs collègues, sans hobbies. Ils sont sans intérêt pour tout ce qui ne concerne pas leur métier et se veulent dynamiques, motivés, enthousiastes, compétents, charismatiques; ce sont des idéalistes, parfois même des utopistes... du moins au début!

Nous avons tous en tête tel vieux garçon, telle vieille fille, qui ne vit que pour sa mission, n'a aucun loisir, se montre incapable de parler d'autre chose que de ses préoccupations professionnelles.

En ce qui me concerne, puisqu'il me semble faire partie des sujets à risque, j'ai toujours été très attentif à un signal spécifique chez moi: quand je rentre chez moi, que je pense au boulot et que j'en parle trop au dîner ou avant de m'endormir, bref quand le travail déborde sur ma vie privée, c'est le signe que je dois prendre quelques jours de vacances. Un bon psy ne doit pas se laisser envahir par ses malades. C'est pourquoi il faut se passionner pour d'autres choses, la famille, les amis, le jardinage, le sport, les voyages et l'élevage d'oiseaux! Ma femme qui est très attentive au risque de burn-out aurait aimé que je rajoute le bricolage à cette liste mais là, c'est du devoir, pas une passion! De toute manière, depuis qu'elle a vu les résultats de mes œuvres (étagères obliques, clous tordus, montages électriques folkloriques), elle semble avoir renoncé.

Sur le plan clinique, le burn-out se caractérise par une insomnie, une fatigue, une irritabilité, une impatience, une intolérance vis-à-vis de «toute cette bande d'incompétents et de négligents», une augmentation du risque de divorce, des rhumes et des bobos à répétition, des maux de tête et articulaires et des problèmes gastro-intestinaux. Je ne peux pas m'empêcher de penser à un autre tableau qui est le jet lag ou décalage horaire, lequel se traduit par des symptômes identiques mais transitoires, et le spécialiste du sommeil que je suis ne peut s'empêcher de penser que les «burn-outeurs» travaillent et pensent tellement à leur métier que souvent ils décalent leurs horaires de sommeil et réalisent sans s'en rendre compte une sorte de jet lag permanent.

Il est évident par ailleurs que l'addiction à sa tablette, à son smartphone, à son ordinateur portable, à Twitter, YouTube et autres réseaux soi-disant sociaux, bref à tout ce qui fait que, même au fin fond de la jungle de Sumatra, on est en permanence relié à son travail et aux soucis qui en découlent, semble contribuer de manière massive au syndrome d'épuisement professionnel.

Le burn-out est une cause majeure d'absentéisme (impossibilité de se lever le matin pour aller au travail du fait d'une immense fatigue), d'anxiété, de chute de l'estime de soi («J'ai tout raté dans ma vie»), de douleurs multiples (plein le dos = lombalgie), d'alcoolisme, d'addiction aux drogues licites ou non, de dépression et même de suicide. Il existe aussi une perte de créativité, de motivation, des attitudes inappropriées vis-à-vis des clients et des collègues avec multiplication des conflits avec les collaborateurs. Les choses deviennent terribles quand il s'agit d'une personne élevée sur le plan hiérarchique, qui se met à se comporter comme un véritable tyran et provoque à son tour des burn-out en chaîne dans son service. Ces patrons épuisés, secrètement déçus d'eux-mêmes, découragés, se montrent alors froids, cyniques, maltraitants même et peuvent aller jusqu'au harcèlement. On comprend bien que dans notre contexte permanent de crise économique et du sentiment d'impuissance et d'inquiétude qu'elle provoque (spectre du chômage), cette maladie a malheureusement encore de beaux jours devant elle.

Enfin, le rythme cardiaque serait plus élevé au repos et le bilan lipidique serait perturbé: élévation du niveau de cholestérol, de triglycéride, de l'acide urique et anomalies de l'électrocardiogramme. Le burn-out est associé à une élévation du taux de cortisol et provoque aussi des inflammations conduisant à l'athérome. Comme l'insomnie qui l'accompagne à peu près toujours, il peut conduire au diabète et donc à l'infarctus ou à un AVC (accident vasculaire cérébral).

Ce tableau clinique de la DDD répond généralement bien et rapidement à un traitement massif par le repos avec coupure de tout lien avec le milieu et les préoccupations professionnelles[56] et la prise d'un acide aminé naturel retrouvé dans l'alimentation, la L-Tyrosine en préparation magistrale à raison de 1,6 gramme matin et midi et 800 milligrammes à 16 heures, pris à distance des repas et en évitant de prendre la vitamine B6 qui détruit la dopamine, ainsi, bien sûr, que des neuroleptiques qui en sont une sorte d'antidote. C'est pour cette raison d'ailleurs que les personnes souffrant de la maladie de Parkinson se retrouvent au tapis s'ils ont le malheur de prendre des préparations, comme par exemple la levure de bière ou bien du magnésium et de la vitamine B6 ou bien un neuroleptique ou un antipsychotique.

La L-Tyrosine est rapidement efficace et son action ne s'épuise pas, certains de mes patients en prenant depuis plus de vingt ans. Elle n'entraîne ni effets secondaires ni addiction. Cet

---

56. Évidemment, il faut s'imposer de refuser de lire tout mail, tout texto et d'accepter toute conversation téléphonique émanant du travail. Le plus simple est donc d'éteindre l'ordinateur et le smartphone.

acide aminé peut donc être pris soit en préparation magistrale, soit dans des compléments alimentaires que les pharmaciens connaissent bien et dont les gélules sont généralement dosées à 500 milligrammes.

Le 5-hydroxytryptophane (5-HTP)

La très médiatique sérotonine est à la mode depuis quelques années et les médias toujours réducteurs tendent à en faire la molécule du bien-être, de la « zénitude », en un mot du bonheur. C'est vrai et c'est faux à la fois. C'est vrai, en effet, quand l'organisme est en manque de ce neurotransmetteur, rien ne va plus, mais c'est faux car il ne suffit pas de rajouter de la sérotonine pour que tout aille bien.

La sérotonine, comme la dopamine, ne peut pas être utilisée directement et il est indispensable de prendre son précurseur, le tryptophane, ou plutôt, le 5HTP (5-hydroxytryptophane, un intermédiaire plus accessible, entre tryptophane et sérotonine). Les rares études sont plutôt favorables et montrent une supériorité du 5HTP sur le placebo et une quasi-égalité avec les antidépresseurs. Malheureusement, pour les raisons exposées plus haut, les études se sont raréfiées puis arrêtées et, du coup, les médecins qui ne sont pas visités par des représentants en 5HTP ont oublié ce type de prescription. Pourtant, c'est un traitement bien toléré, souvent efficace (rappelons que les antidépresseurs marchent dans 60 % des cas au bout de trois à six semaines). Pour ma part, je le prescris parfois également en adjonction aux antidépresseurs quand ceux-ci ne marchent pas bien et quand tout se passe comme si l'apport de ce précurseur amorçait la pompe à sérotonine.

Cette technique permet souvent d'accélérer le processus de guérison et se révèle plutôt sûre et bien tolérée. En revanche, ce type de prescription ne peut se faire sans qu'un médecin la surveille de près, car si l'association aux antidépresseurs peut augmenter leur puissance, cet effet peut dépasser son but et provoquer un syndrome sérotoninergique grave, éventuellement mortel. Elle nécessite donc une surveillance attentive.

Le 5HTP existe dans le commerce mais, j'insiste, il ne faut pas le prendre sans surveillance médicale.

Il faut enfin savoir que certains acides aminés comme la L-Tyrosine ou le tryptophane sont soumis à des phénomènes de compétition avec les autres acides aminés alimentaires quand ils sont absorbés au cours des repas. Pour faire simple, il faut savoir que l'acheminement de ces colis (acides aminés) depuis le tube digestif jusqu'au cerveau à travers les autoroutes que sont les vaisseaux sanguins se fait grâce à des « camions transporteurs », comme par exemple l'albumine. Le problème est que ces fameux camions sont vite remplis et donc vite saturés et que, pour être certain que nos colis arrivent à bon port, il est préférable de les prendre purs et à distance des repas afin que les autoroutes et les camions leur soient réservés. C'est à cette condition qu'ils ne resteront pas sur le quai de nos intestins.

La S-adénosyl-méthionine (SAM)

La SAM a été testée dans la dépression à l'occasion de trois études qui ont permis de le comparer au placebo mais apparemment pas sur tous les points. Dans d'autres études, son efficacité serait comparable dans sept études à celle des antidépresseurs tricycliques qui sont des médicaments anciens, plus guère utilisés. Il est dommage que nous ne disposions pas d'étude la comparant aux produits plus modernes.

Il reste cependant important de ne pas consommer de SAM sans prendre d'abord l'avis d'un médecin ou d'un pharmacien, son action pouvant éventuellement interagir avec d'autres molécules.

J'avoue que, n'en ayant jamais prescrit, je ne me sens pas capable de recommander cette approche à mes lecteurs, d'autant plus que je ne sais pas exactement comment on peut se la procurer ni son prix.

Comme pour beaucoup de substances proposées, tout le problème est de trouver un financement pour étudier des produits naturels impossibles à breveter.

Le sélénium

Une seule étude en double aveugle prouve son efficacité pour améliorer l'humeur des personnes en bonne santé. Éviter d'être de mauvais poil, comme on dit. Pour l'instant, à ma connaissance, aucune recherche n'a évalué son efficacité dans le domaine de la dépression.

Cela dit, le sélénium fait partie des antioxydants. C'est une substance inoffensive aux doses normales que l'on peut recommander aux personnes à risque de maladie de Parkinson, d'Alzheimer et de tout processus dégénératif et de vieillissement même si les preuves de son effet sont encore légères.

2. Les vitamines

Ces substances sont indispensables à la vie comme leur nom l'indique. Elles se trouvent généralement en quantité suffisante dans la nourriture pour la plupart des gens. C'est pourquoi leur usage relève le plus souvent de la placebothérapie, même si certaines situations d'extrême vieillesse, de pauvreté, de régimes abracadabrantesques viennent parfois contredire ce que je viens de proclamer.

– La **vitamine C** en est le plus bel exemple. En dehors du scorbut, maladie mortelle aujourd'hui disparue, sauf dans certains pays très pauvres après des catastrophes naturelles avec famines, toutes les études sérieuses au sujet des possibles indications thérapeutiques de l'acide ascorbique ont été des échecs.

Il faut donc rechercher les situations de carence de certaines vitamines, éventuellement en les dosant dans le sang.

– La **vitamine D** par exemple est très importante. Chez les personnes de 50-60 ans, on trouve souvent des carences, peut-être dues au fait que le soleil est moins à la mode ou grâce aux campagnes justifiées de lutte contre le mélanome, qui recommandent de se protéger.

Toujours est-il que j'ai observé des résistances aux traitements antidépresseurs qui étaient vaincues par une simple adjonction de cette vitamine particulière. De plus, même si on n'est que psychiatre, il est bon de ne pas oublier le squelette de nos patients et de prévenir ainsi une ostéoporose, les fractures du col du fémur n'étant généralement pas ce qu'il y a de mieux pour le moral.

Son efficacité a été suggérée dans la dépression saisonnière à la suite d'une « petite étude ».

Néanmoins, selon les recommandations officielles de la Haute Autorité de santé, son dépistage systématique n'est pas vraiment justifié et il doit être pratiqué plutôt chez les personnes à risque (ostéoporose par exemple) ou chez les personnes très âgées.

– Les **vitamines B** :
- La **vitamine B1**, comme le sélénium, pourrait peut-être mettre de bonne humeur, ce qui ne veut pas dire qu'elle est antidépressive.
- La **vitamine B6** : les résultats des études sont contradictoires et portent principalement sur le syndrome prémenstruel. Il faut néanmoins se méfier de leur usage intensif car elle participe à la destruction par l'organisme de la dopamine. C'est pour cette raison qu'elle est contre-indiquée chez les parkinsoniens sous DOPA-thérapie. J'ai très souvent observé des rechutes de personnes jusqu'alors équilibrées par la tyrosine et qui pour des raisons variées prenaient de la B6 : par exemple associée à du magnésium ou pour traiter un aphte. Même pris avec de la levure de bière, cette vitamine peut se révéler redoutable et provoquer stress, insomnie, etc.
- La **vitamine B9** pourrait avoir une efficacité dans la dépression, surtout si elle est associée à un antidépresseur dont elle semble augmenter l'action.
- La **vitamine B12** : elle ne semble pas avoir d'effet en psychiatrie.

3. Les oméga-3

Comme le lecteur doit s'en douter, ce type de substances peut provenir soit des officines pharmaceutiques, soit de nos assiettes.

Les oméga-3 sont des acides gras polyinsaturés que l'on trouve en grande quantité dans certains aliments, comme les poissons gras, le lin, la noix, le colza et le soja. Certains agissent plutôt sur le système cardio-vasculaire (réduction des taux de triglycérides), d'autres sur le cerveau.

L'idée de base est de rechercher parmi les peuples pêcheurs et consommateurs de poisson si certaines maladies sont plus ou moins présentes. C'est ainsi que l'on a suspecté dès les années 1970 le rôle bénéfique des oméga-3 sur le cœur, car les Inuits qui mangent presque exclusivement des poissons gras ont moins d'infarctus que les autres. Cependant, il faut se méfier de ce type d'interprétation qui invoque une seule cause, alors qu'il s'agit de sujets complexes. Par exemple, on peut remarquer que les Inuits, dont la vie était particulièrement difficile, étaient rarement obèses (du moins à cette époque) et faisaient énormément d'exercices physiques. De plus, à cette époque, leur espérance de vie était réduite. De nos jours, malheureusement, les choses ont bien changé et ils recourent plus à la *junk food* et à l'alcool qu'à l'huile de baleine et à la viande de phoque…

De la même manière, il semble qu'il y ait moins de troubles bipolaires chez les Japonais qui mangent traditionnellement beaucoup de poissons et d'algues que chez les Argentins, énormes consommateurs de viande rouge, qui ont plus d'infarctus et seraient plus souvent déprimés que les Nippons. Une seule étude (non confirmée) est de suffisamment bonne qualité pour supposer une efficacité des oméga-3, et elle concerne uniquement le trouble bipolaire. A priori, donc, la dépression n'est pas concernée par cette approche… jusqu'à preuve du contraire.

Néanmoins, là encore, les arguments sont assez faibles, car la dépression est une maladie très compliquée qui résulte de nombreux facteurs (génétique, mode de vie, stress, culture, richesse, âge, sexe, etc.), et il n'est pas possible de tout réduire à un seul facteur. Toujours est-il que les études ne sont pas probantes au niveau de l'humeur et que, pour avoir tenté d'en prescrire à mes patients à risque de dépression, je n'ai malheureusement rien observé de particulier.

Cependant, je continue à conseiller de manger moins de viande rouge et plus de poisson car il n'est pas mauvais de s'alimenter de façon saine et variée et que les effets cardio-vasculaires semblent mieux établis. Mais comme rien n'est simple dans notre monde de pollution, il semble qu'il ne faille pas non plus trop abuser du poisson de mer qui contient trop de toxiques, notamment du mercure. Le mieux finalement serait de retourner au Moyen Âge et de faire carême, voire de faire la diète, sans compter qu'il existe une mode actuelle à ce sujet.

Je conseillerais toutefois à mes lecteurs d'être prudents car il semblerait que de plus en plus de micro-sectes s'emparent de ce thème et proposent des week-ends de marche le ventre creux, des plus douteux.

De toute manière, pour en rester sur le plan de la psychiatrie, les avantages cardio-vasculaires du poisson (et des fruits et légumes) sont suffisants pour que l'on recommande d'en consommer un maximum, même si leurs bénéfices psychologiques semblent modestes. Peut-être faudrait-il alors privilégier les poissons d'élevages bio… qui sait ?

Je l'ai écrit déjà il y a quelques années, selon moi, l'avenir est aux insectes, riches en nutriments de toutes sortes, faciles à élever, peu polluants pour la planète si on les compare aux animaux à viande. Mais comme, contrairement aux Orientaux, les Occidentaux ont développé une énorme phobie alimentaire vis-à-vis des vers et des insectes et araignées, il va falloir faire preuve d'imagination. Il faudrait que les chefs de cuisine[57] apprennent à les cuisiner de manière savoureuse, sans qu'ils soient identifiables visuellement. Il est certain que, sous forme de poudres, il devrait être facile d'accommoder des crêpes, des purées, des beignets… que sais-je ?

---

57. J'ai essayé de convaincre certains d'entre eux de créer une ligne gastronomique à base d'insectes mais, pour le moment, leur répulsion reste trop forte.

4. La micronutrition

Cette discipline médicale nouvelle est enseignée à la Faculté au sein d'un DIU (diplôme interuniversitaire), ce qui ne l'empêche pas de ne pas être reconnue par la même Université française. Décidément, la France adore les paradoxes !

Par opposition aux macronutriments, protéines (viandes), lipides (graisses), glucides (sucres), les micronutriments concernent les éléments importants bien que présents en petites quantités : vitamines, sels minéraux, oligoéléments, etc.

On sait que ces micronutriments ne représentent aucun apport calorique mais qu'ils sont pourtant indispensables au bon fonctionnement de l'organisme.

Il est important de rechercher dans le sang les déficits fréquents à l'origine de bien des troubles comme par exemple les fers, déficits en zinc, en vitamines.

Un troisième cerveau ?

Nous avons un premier cerveau, bien connu, dans la tête. Il en existe un deuxième qui régule le cœur et enfin, il y a quelques années, un ensemble de plusieurs centaines de milliers de neurones a été découvert à proximité de notre tube digestif. Son rôle est de faire fonctionner de manière adéquate nos organes digestifs. Cet ensemble neuronal est en communication avec notre cerveau, le vrai, et chacun sait que certaines émotions peuvent déclencher des maux d'estomac, des ulcères, une diarrhée, des nausées, etc.

Il semblerait que la communication se fasse dans les deux sens et que le cerveau digestif envoie aussi des messages à notre cerveau mental comme, « j'ai faim, je suis rassasié, etc. ».

> Or les cellules de l'intestin produisent 80 % de la sérotonine de notre organisme, l'hormone qui est en cause principalement dans la dépression.
>
> De fait, il se pourrait que nos neurones digestifs aient plus d'importance encore. En effet, il arrive que notre tube digestif s'infecte avec des microbes particulièrement agressifs, que cette infection touche à son tour le cerveau digestif puis, enfin, le cerveau vrai. Du coup, certains chercheurs pensent que des maladies graves comme la maladie de Parkinson, l'Alzheimer, la schizophrénie, voire le trouble bipolaire sont des maladies infectieuses, et des études rapportent des améliorations avec des antibiotiques.
>
> Tout cela reste bien sûr à prouver à une plus grande échelle.
>
> Cependant, dans ce contexte, il paraît logique et en tout cas sans risque de conseiller des probiotiques, c'est-à-dire une flore intestinale amie à ceux qui souffrent de troubles à la fois digestifs et psychiatriques. Aucune étude ne confirme actuellement la pertinence de cette approche mais je ne serais pas étonné que, à l'avenir, elle nous révèle bien des surprises.

On peut donc considérer qu'une alimentation correcte, d'une part, et le bon fonctionnement du tube digestif, d'autre part, augmentent considérablement les chances de bon fonctionnement du cerveau et diminuent le risque de souffrir d'un désordre psychiatrique. Cela étant dit, les composés d'un repas sont tellement nombreux qu'il est bien difficile de savoir si c'est tel ou tel oligoélément, tel métal ou telle vitamine, est efficace pour protéger ou traiter telle ou telle maladie.

L'hippocampe et la dépression

Pendant des centaines d'années, on a cru que les neurones ne repoussaient pas et que de notre naissance à notre mort, notre stock diminuait inexorablement. Cette croyance était d'ailleurs la preuve du cloisonnement entre disciplines, car les chercheurs spécialisés sur l'oiseau savaient depuis un certain temps que les canaris renouvelaient tous les ans leur système commandant le chant puisqu'ils en changeaient chaque printemps. De même, le simple bon sens leur aurait permis de réaliser que chaque fois que nous éternuons et que nous nous mouchons, presque tous nos neurones se retrouvent dans le Kleenex! Heureusement d'ailleurs que les nerfs de l'olfaction repoussent, sinon, nous ne pourrions plus nous sentir!

Récemment, les études d'imagerie cérébrale ont montré que les deux hippocampes (siège entre autres de la mémoire, de l'estime de soi, de l'orientation et, de manière générale, des émotions) des patients atteints de dépressions sévères diminuaient de volume et que cette diminution s'aggravait au fil des rechutes. Et qu'heureusement, en cas de guérison, tout repoussait. Cette atrophie pourrait être liée à une perte neuronale et surtout à un taux faible de naissance de nouveaux neurones. Cette neurogenèse[58] dans le cerveau adulte est un phénomène de différenciation : les cellules souches de l'hippocampe se divisent en deux, l'une d'elles demeurant une cellule souche, l'autre se différenciant en cellule neuronale. La même chose est observée chez les personnes souffrant d'un état de stress post-traumatique, c'est-à-dire ayant eu peur et continuant à avoir peur. Or les déprimés et les post-traumatisés ont des problèmes de mémoire et aussi de

---

. Certains chercheurs considèrent que l'hippocampe est un peu la maternité des neurones.

> contrôle des émotions, tous ces éléments, on s'en souvient, étant gérés par les hippocampes.
>
> Aujourd'hui, rien n'est démontré chez les humains, mais les faits en faveur de cette hypothèse s'accumulent. Il a été montré sur des animaux de laboratoire que le stress réduit la prolifération des cellules dans l'hippocampe. Le même phénomène est observé lors d'un stress psychosocial, comme lorsque deux rats du même sexe sont mis en présence dans la même cage par exemple. On a également observé à maintes reprises lors d'autopsies de personnes ayant été victimes de dépression que leur hippocampe était plus petit que la normale. Il semblerait même que le degré d'atrophie de l'hippocampe soit proportionnel à la somme des durées des épisodes de dépression, et que les dépressions qui sont traitées rapidement n'entraînent pas cette diminution du volume de l'hippocampe.

Pour les chercheurs comme le docteur Olivier Coudron[59], il semblerait que des déficits en certains éléments indispensables pour la synthèse des neurotransmetteurs (dopamine, sérotonine, noradrénaline, etc.) constituent une des pistes importantes pour expliquer la vulnérabilité des personnes à la dépression ou au syndrome post-traumatique. Ce serait notamment le cas du déficit en fer mais également en vitamines du groupe B (plus particulièrement vitamines B9, vitamine B12 et vitamines B1 et B6) et en zinc ou en magnésium. Enfin, et nous l'avons déjà vu, les dysfonctions de l'écosystème intestinal avec présence d'un antigène bactérien de type LPS, témoin d'une hyperperméabilité intestinale, ont été associées à des troubles de l'humeur chronique ou récidivante.

Une étude menée en Grande-Bretagne a montré qu'il existe une augmentation du risque de dépression nerveuse de 55 % lorsque les taux d'acide folique (vitamine B9) sont abaissés, ce

---

59. Que je remercie chaleureusement pour son aide à la rédaction de ce chapitre.

qui ne veut pas forcément dire qu'il y a une relation de cause à effet, mais cela constitue néanmoins un indice. Des déficits d'apport en vitamine B12 ou en vitamine B6 sont fréquents et pourraient également être associés aux troubles dépressifs.

Les micronutritionnistes distinguent plusieurs formes cliniques pouvant correspondre à des mécanismes d'origine alimentaire :

– La première dépression chez l'adulte jeune : la synthèse des neurotransmetteurs (dopamine, sérotonine) serait souvent perturbée ;

– La dépression résistante aux traitements : les résistances au traitement antidépresseur seraient souvent associées à des déficits en B9 ;

– Les dépressions récidivantes : elles seraient souvent associées à des déficits micronutritionnels complexes (fer, zinc, vitamines du groupe B…), mais également à des déficits plus importants en acides gras oméga-3. Le déséquilibre du ratio oméga-6/oméga-3 est très bien corrélé aux états inflammatoires de bas grade fréquemment retrouvé dans les dépressions chroniques. Des perturbations de l'écosystème intestinal seraient fréquentes ;

– Les dépressions des personnes âgées : les causes seraient multifactorielles – déficits en vitamines du groupe B (B9, B12…), en vitamines D, en minéraux et oligoéléments (zinc, magnésium), en micronutriments et antioxydants (vitamine E, sélénium, polyphénols…). Des troubles de l'oxygénation cérébrale, du métabolisme énergétique mitochondrial (coenzyme Q10). Les états inflammatoires chroniques plus fréquemment retrouvés chez les seniors seraient constamment associés aux troubles de l'humeur. Ces états inflammatoires seraient corrélés au statut en acides gras oméga-3 et au rapport oméga-6/oméga-3 ;

– Les dépressions prémenstruelles seraient souvent associées à une dysfonction de la sérotonine et plus rarement de l'axe dopaminergique. Dans les formes plus résistantes, des troubles au niveau de la mélatonine ont été évoqués.

Objectifs nutritionnels

La nutrition vise d'abord un excellent équilibre alimentaire pour une assiette optimale. Trois grands axes se dessinent:

– Une assiette oméga-3: selon le docteur Olivier Coudron, il aurait été montré qu'une alimentation source d'acides gras oméga-3 longue chaîne (EPA et DHA) était associée à moins de troubles dépressifs, moins d'épisodes dépressifs du post-partum, de dépression chez l'enfant et chez le senior, de dépression saisonnière et de troubles suicidaires. Par ailleurs un excès d'acides gras d'origine industrielle serait associé à un plus grand risque de troubles dépressifs. Mais, répétons-le, ce type d'étude montrant une association entre deux lignées de phénomènes ne démontre pas qu'ils sont nécessairement liés par une relation de cause à effet, d'autant plus que la dépression et l'alimentation sont des thèmes particulièrement complexes et multifactoriels (comprenant plusieurs facteurs).

– Une densité micronutritionnelle élevée: un apport en vitamine B9, en minéraux et en oligoéléments tels que le magnésium et le fer pour les populations à risque (les enfants et les femmes) sont associés à une réduction de la prévalence des troubles dépressifs.

– Une meilleure gestion des processus immunes ou inflammatoires: des états inflammatoires de bas grade seraient associés aux troubles digestifs. De ce fait, une alimentation à caractère anti-inflammatoire, reposant sur un apport d'acides gras oméga-3, un ratio oméga-6/oméga-3 bas, des molécules anti-inflammatoires et antioxydantes telles que les polyphénols sont dès lors considérées comme indispensables. De plus une alimentation à haute teneur en produits végétaux permet de favoriser une bonne santé de l'écosystème intestinal évitant ainsi le syndrome d'hyperperméabilité intestinal impliqué dans certaines formes de dépressions chroniques.

Thérapeutique micronutritionnelle

Grâce à la permission d'Olivier Coudron, le lecteur trouvera ci-dessous des exemples d'ordonnances micro-nutritionnelles telles qu'il les prescrit quotidiennement. Le lecteur intéressé par le sujet pourra se procurer son ouvrage *Guide des premières ordonnances nutritionnelles et micronutritionnelles* à paraître bientôt aux Éditions de santé.

Premier épisode dépressif aigu type sérotoninergique chez une femme jeune déficitaire en fer :
– Modèle alimentaire santé et mise en place d'une alimentation « chronobiologique » (voir chapitre Hygiène des rythmes).
– Comprimé de L tryptophane dosé à 200 milligrammes : prendre trois comprimés par jour de préférence dans l'après-midi et/ou en soirée, loin des repas et de toute prise de protéines alimentaires.
– Huile de poisson 500 milligrammes : prendre une gélule au cours des deux principaux repas.
– Complément alimentaire à base de fer 15 milligrammes : une gélule le soir au repas.
– Traitement de trois mois.
– Contrôle de la ferritine à trois mois.

Premier épisode dépressif dopaminergique chez un homme avec syndrome métabolique (obésité avec un gros ventre dite de type androïde + diabète + hypertension artérielle) :
– Alimentation-santé et mise en place d'une alimentation chronobiologique avec petit déjeuner riche en protéines type « anglo-saxon » idéalement avec un œuf oméga-3 le matin.

– Compléments alimentaires avec acides aminés de L tyrosine 500 milligrammes/gélules : prendre deux gélules le matin au réveil, un quart d'heure avant le petit déjeuner puis deux gélules vers 11 heures en milieu de matinée.

– Huile de poisson 500 milligrammes : prendre deux gélules au cours des deux principaux repas.

– Magnésium glycérophosphates 200 milligrammes : deux gélules par jour.

Dépressions résistantes au traitement antidépresseur :

– B9 : 400 milligrammes : une gélule deux fois par jour pendant un mois, puis une par jour.

– Huile de poisson 500 milligrammes : prendre une gélule au cours des deux principaux repas.

Dépressions chroniques ou récidivantes :

– Mise en place d'une alimentation santé et chronobiologique (ratio protéines/glucides élevés le matin et ratio protéines/glucides faibles l'après-midi et le soir.

– Huile de poisson 500 milligrammes : prendre une gélule au cours des deux principaux repas.

– SAM e S-adénosyl méthionine : 200 milligrammes : trois gélules par jour au cours des repas.

– Compléments alimentaires riches en antioxydants et polyphénols un par jour.

Dépressions chroniques avec troubles digestifs associés ou appel intestinal :

– Probiotiques 5 milliards de bactéries/gélules : une gélule par jour loin des repas.

– Fibres prébiotiques[60] : 6 grammes/jour un sachet par jour, en cas de troubles digestifs, augmenter les doses progressivement sur une période de dix jours.

---

60. Fibres solubles qui ont la particularité de servir de nourriture préférentielle pour les probiotiques.

– Acides aminés L glutamine : 200 milligrammes : deux gélules par jour au cours des repas.

– Huile de poisson 500 milligrammes : prendre une gélule au cours des deux principaux repas.

Dépressions sérotoninergiques prémenstruelles :
– Mise en place d'une alimentation chronobiologique.

– Alpha lactalbumine : une dose de 30 grammes en milieu d'après-midi et une seconde dose de 30 grammes le soir au cours d'un repas à tendance végétarienne.

Dépressions chez l'enfant de 12 ans :
– Mise en place d'une alimentation santé riche en oméga-3.

– Huile de poisson 500 milligrammes : prendre une gélule au cours du repas du soir.

Ralentissement dopaminergique dépressif chez une personne âgée :
– Alimentation santé avec apport de protéines au petit déjeuner et au repas de midi.

– Un œuf oméga-3 chaque matin si possible.

– Vitamine D 2 000 unités : une dose par jour.

– Huile de poisson 500 milligrammes : prendre une gélule au cours des deux principaux repas.

– SAM e S-adénosyl méthionine : 200 milligrammes : trois gélules par jour au cours des repas.

– Compléments alimentaires riches en antioxydants et polyphénols un par jour.

5. Les plantes (phytothérapie)

Il ne faut pas s'imaginer que parce qu'une plante est un organisme naturel, cela lui enlève tout caractère de dangerosité. Il suffirait de demander à Socrate ce qu'il pense de la ciguë ou de recenser dans les cimetières tous ceux qui y gisent après avoir consommé des amanites phalloïdes ou de la digitale. Ou alors que, à l'inverse, les plantes ne sont que des placebos. Certes, beaucoup d'entre elles n'ont pas prouvé leur efficacité, souvent faute d'études, mais d'autres l'ont fait. Il ne faut pas oublier que beaucoup de médicaments comme la digitaline sont des extraits de plantes et que nombre de personnes dans le monde doivent leur survie à leur utilisation.

Millepertuis (Hypericum perforatum)

Il s'agit d'une des rares plantes à avoir vraiment prouvé son efficacité sur la dépression et ce sont même des chercheurs du très respectable et très officiel Inserm qui ont mené des études où l'*Hypericum* était comparé au Prozac et n'avait pas à rougir, du moins dans les dépressions légères et moyennes. Une des études a même réussi à accéder à des revues très prestigieuses comme le *Lancet* ou le *British Medical Journal*. Il est donc possible – et raisonnable – aujourd'hui en cas de syndrome dépressif de se faire prescrire cette jolie fleur jaune. En compilant 23 essais scientifiques, il ressort qu'avec 900 milligrammes par jour d'extrait hydroalcoolique de la partie aérienne séchée, pris par voie orale, on obtient une activité significativement supérieure au placebo et aussi bonne que les antidépresseurs médicamenteux. Il est cependant important d'être examiné auparavant par un médecin avant de décider de son utilisation, car toutes ces études ne concernent que des dépressions légères et moyennes et qu'il faut donc être certain que l'on ne souffre pas d'une dépression sévère pour laquelle la jolie plante jaune ne semble pas être d'une quelconque utilité.

Certains de mes patients ont également bénéficié de ses vertus pour traiter leur insomnie, due certainement en bonne partie à une dépression masquée.

Le problème est que si le millepertuis est particulièrement bien toléré et ne provoque que peu d'effets secondaires, il peut se montrer assez dangereux dans certaines circonstances.

– **Photosensibilité**: le fait que cette plante puisse provoquer des coups de soleil phénoménaux et même, en théorie, des cécités par ophtalmie a été découvert par les vétérinaires qui s'étonnaient de voir des troupeaux de vaches devenir aveugles et qui se sont aperçues qu'elles broutaient du millepertuis par beau temps. De ce fait, je ne prescris que rarement cette plante en été, car j'ai encore le souvenir cuisant (surtout pour elle, il faut bien l'avouer) d'une de mes patientes qui pourtant, sur mes conseils, s'était consciencieusement enduite d'écran total, ce qui ne l'avait pas empêchée d'être déguisée en homard après une belle journée d'août.

– **Interactions avec la pilule**: certaines patientes se sont retrouvées enceintes car le millepertuis dégrade la pilule contraceptive et peut donc provoquer une grossesse non désirée.

– **Interactions avec les antidépresseurs** agissant sur la sérotonine dont ils peuvent augmenter l'action – et les effets secondaires – jusqu'à provoquer un syndrome sérotoninergique potentiellement mortel.

– **Interactions avec d'autres médicaments**: il ne faut pas prescrire le millepertuis avec les antidépresseurs conventionnels dont il risque d'augmenter l'action de manière grave. De même avec la digoxine, les anticoagulants oraux ou la théophylline dont il réduit l'action, ce qui peut être gravissime, car il s'agit très souvent de médicaments indispensables.

– Et enfin, en cas de **traitement contre le sida** ou pour **garder une greffe**, qu'elle soit du cœur, du rein ou de tout autre organe, il ne faut surtout pas consommer de millepertuis car cette « innocente et banale fleurette » peut provoquer un rejet de la greffe par dégradation des médicaments antirejet.

Le problème avec la phytothérapie est que les préparations sont variées et qu'il est difficile de savoir avec précision la quantité de produit actif et de comparer des gélules avec des plantes fraîches, des huiles essentielles, des extraits hydroalcooliques. De plus, certains auteurs pensent qu'il est préférable d'utiliser les plantes entières car il pourrait exister une sorte de collaboration entre les différentes substances qui forment l'ensemble de ces composés. C'est ainsi que l'on peut considérer que le jus de citron est plus efficace que les comprimés de vitamine C.

Valériane *(Valeriana officinalis)*

C'est la seule plante à avoir démontré sa supériorité par rapport au placebo dans l'insomnie, et ce n'est pas étonnant, car c'est probablement la seule à avoir fait l'objet d'essais cliniques. Néanmoins, tout le monde est persuadé que si d'autres tisanes sédatives comme la camomille, la verveine, le tilleul se soumettaient à des expérimentations scientifiques, elles obtiendraient le même résultat... oui, mais qui voudrait financer ce genre de recherches ?

J'ai néanmoins publié une étude où j'ai comparé une tisane, la Santane N9® (composée de tilleul, aubépine, passiflore, mélisse et houblon), à un placebo ayant le même goût, la même couleur et la même odeur mais composé de plantes réputées inactives et j'avais pu montrer en double aveugle (ni le patient ni moi ne savions ce qui était donné) une supériorité de la Santane active par rapport à la Santane placebo. Cet effet n'était significatif que du point de vue du ressenti du patient mais ne sortait pas quand il était évalué par le médecin sur les échelles d'insomnie.

Le *Mucuna pruriens*

C'est une véritable mine de L-DOPA. Il peut être envisagé en cas de déficit en dopamine chez certains déprimés, les parkinsoniens, également en cas d'impuissance. N'en ayant pas l'expérience, je ne puis vraiment le recommander, mais je reste réservé car la L-DOPA, contrairement à la tyrosine (autre précurseur de la dopamine), a beaucoup d'inconvénients, certains pensant qu'elle favorise la dégénérescence. Je me répète, mais ce n'est pas parce qu'un traitement est naturel qu'il est sans danger.

Les plantes adaptogènes

Ce concept relativement nouveau en phytothérapie[61] semble particulièrement prometteur et mériterait de plus amples investigations. Il s'agit de plantes, dont le chef de file est le ginseng (qu'il soit chinois, russe ou indien), qui semblent capables d'aider l'organisme à faire face au stress, à s'y adapter en quelque sorte. Il s'agit d'augmenter l'énergie de l'organisme de manière à lui permettre de faire face au stress. J'avais dans un précédent ouvrage[62] cité le *Rhodiola* comme probablement intéressante et cela semble se confirmer. L'*Astragalus* semble également rentrer dans cette catégorie.

Ces composés pourraient être donnés systématiquement en cas de stress de manière que l'organisme régule son métabolisme et puisse mieux affronter les difficultés de la vie. Contrairement à la caféine ou à la théine qui agissent toujours dans le même sens en stimulant l'organisme, les plantes adaptogènes moduleraient son métabolisme, l'augmentant chez certains, le réduisant

---

61. Du moins en Occident car le concept existe en médecine chinoise depuis quelques petits milliers d'années. On pourrait le traduire par «tonique supérieur».

62. *La Détox, c'est la santé*, Robert Laffont, 2008.

chez d'autres afin de favoriser son adéquation à ses conditions de vie.

Ce type d'approche pourrait constituer un préalable indispensable à toute autre approche, une sorte d'auxiliaire de santé.

Kava
Cette plante a été interdite par l'AFSSAPS en 2012 du fait de sa toxicité hépatique chez certaines personnes et c'est bien dommage (qu'elle soit toxique!), car plusieurs études contrôlées (comparaison au placebo) ont montré son efficacité sur l'anxiété généralisée. *Dura lex… sed lex!*

La citronnelle
Déjà que je trouve que mes moustiques ne sont pas du tout repoussés −voire au contraire− par son parfum, il se trouve qu'elle a été étudiée de façon, il faut le dire, peu scientifique et qu'elle n'a plus guère de succès : elle aurait été utile de manière anecdotique en cas de stress modéré, c'est-à-dire dans une indication où le placebo est particulièrement efficace.

Extrait de réglisse
Même chose que la citronnelle : aucune étude réelle sur le sujet. En outre la réglisse à forte dose peut entraîner de nombreux problèmes médicaux comme par exemple une hypertension, des œdèmes, une naissance prématurée. Il vaut mieux d'ailleurs modérer les enfants quand ils aiment trop les bâtons de réglisse.

Passiflore
Une seule étude de petite taille montre qu'elle n'est pas différente de l'oxazepam (Séresta®).

On ne peut cependant pas conclure sur cette seule base, d'autant plus que la passiflore, à ma connaissance, n'a jamais été comparée au placebo.

Cannabis

Depuis une quarantaine d'années (soit presque deux générations) l'usage «récréatif» du cannabis ne cesse de croître régulièrement dans la population française, avec des âges d'initiation de plus en plus précoces chez les adolescents et même les préadolescents. Parallèlement à ce phénomène, il existe un véritable lobbying de type bobo et certains groupes de pression tendent à faire penser que le haschich peut avoir des vertus thérapeutiques et qu'il est beaucoup moins dangereux que le tabac.

Qu'en est-il exactement ? Quels sont les risques engendrés par le chanvre indien et quelles pourraient être ses vertus ?

Les risques du cannabis

– Cannabis et schizophrénie : il semble désormais établi que la consommation de haschich déclenche des processus psychotiques qui n'auraient probablement pas existé sans ce type de consommation. Cela concerne probablement les sujets dits vulnérables d'un point de vue génétique. Un usage précoce entraîne un plus grand risque puisque 10 % des adolescents ayant débuté leur consommation de cannabis dès l'âge de quinze ans ont présenté une schizophrénie dans les dix ans qui ont suivi. Ils sont nettement moins nombreux quand la consommation ne débute qu'à 18 ans.

– Cannabis et intelligence : il est bien établi que les adolescents consommateurs réguliers de haschich deviennent moins intelligents que les autres une fois devenus adultes. La mémoire à court terme est d'ailleurs durablement et intensément perturbée chez l'adolescent qui consomme. L'usage du cannabis provoque évidemment des échecs scolaires, un arrêt des études… Heureusement, le cannabis ne crée pas d'altérations irréversibles.

– Dépendance, isolement, retrait social… pour les plus gros consommateurs. La ligne rouge est franchie quand ils se mettent à fumer seuls.

– Dépression : la conséquence du retrait social, de la démotivation, de l'échec scolaire et professionnel est évidemment le syndrome dépressif que l'on voit régulièrement apparaître.

– La fréquentation des dealers nécessaire pour s'approvisionner augmente le risque de basculer dans des consommations de drogues plus dures.

– La consommation de cannabis, surtout quand elle est associée à l'alcool, entraîne de grosses perturbations au niveau de la coordination motrice et augmente malheureusement considérablement le risque d'accident de voiture, ce que l'on déplore presque chaque samedi soir à la sortie des boîtes de nuit.

– La consommation régulière de joints, chez l'homme, contribue à une baisse de la fertilité. Pendant la grossesse, la consommation de cannabis risque d'entraver l'activité cérébrale du fœtus, retardant le développement du cerveau *in utero* avec les conséquences que l'on peut imaginer.

– Fumer du cannabis entraîne clairement une augmentation des risques de cancer.

Les vertus du cannabis ?

– Anxiété : il semble indiscutable que l'usage du cannabis apaise l'anxiété mais au prix de la dépendance, laquelle est nettement plus importante et surtout plus dangereuse que les médicaments qui, pourtant, ne sont pas dénués d'inconvénients. Le lecteur doit comprendre que des symptômes comme l'angoisse doivent être traités de manière psychologique, car l'organisme a tendance à devenir paresseux à force d'être soulagé par des produits chimiques, que ce soit l'alcool, le cannabis ou les tranquillisants, et n'imagine plus qu'il peut faire face avec ses propres moyens. C'est ce que l'on appelle la dépendance qui engendre la tolérance ou la nécessité d'augmenter les doses pour obtenir les mêmes effets. De même que nous sommes capables de fabriquer nous-mêmes des médicaments endogènes naturels semblables aux anxiolytiques tel le Lexomil, sauf qu'ils ne sont pas toxiques, de même notre corps se montre capable de synthétiser du cannabis. Alors, de grâce, plutôt que de recourir à la chimie des plantes ou des laboratoires, apprenons ou réapprenons à les fabriquer nous-mêmes avec notre propre cerveau. C'est légal, agréable, facile et… sans danger!

– Douleur: c'est peut-être le seul domaine où son usage thérapeutique peut être défendu. Il existe des recherches sur la douleur cancéreuse qui ont montré une efficacité dans des cas où les antalgiques conventionnels deviennent inefficaces. Et malheureusement, quand on en est à ce stade de la maladie, devenir dépendant du cannabis n'est pas vraiment un problème!

Le débat récurrent lancé régulièrement par des politiques écolo-bobo-humanitaires et repris par des journalistes sociologiquement comparables est systématiquement biaisé par ce que les psychiatres appellent l'identification projective, un grand mot pour dire que souvent, quand nous pensons parler objectivement d'un sujet, nous ne faisons que projeter nos névroses ou notre histoire personnelles. Ces responsables ou soi-disant tels n'ont en général pas de formation scientifique et raisonnent sur des bases idéologiques, émotionnelles, électoralistes et, surtout, en fonction de leur propre expérience, laquelle est faussée car le joint de 68 n'a plus rien à voir avec le haschich actuel qui contient des quantités de drogues pouvant contenir jusqu'à 22% de Tétrahydrocannabinol, le TCH, principe psychoactif du cannabis. Contre de 1 et 5% au maximum. Ces beaux esprits ont (un peu) fumé au cours de leur adolescence et ne voient pas où est le problème puisque pour eux, cela n'a pas eu de conséquences. Il serait bon de forcer ces beaux esprits à séjourner dans un service de jeunes schizophrènes afin qu'ils voient ce que cette maladie représente comme tragédie humaine, comme gâchis pour des ados et leurs familles, car la schizophrénie est un cyclone, un tsunami qui ruine des vies entières. Faire prendre ce genre de risque à des jeunes au nom de l'échec de la prohibition me semble profondément irresponsable et surtout… totalement stupide.

Peut-être au fond qu'en réalité le cannabis a eu chez eux plus d'effets néfastes qu'ils ne pensent!

Les fleurs de Bach

Cette approche n'est pas sans rappeler la théorie des signatures (voir encadré La théorie des signatures) en vogue au Moyen Âge. Très peu d'études ont tenté de démontrer l'efficacité de ces composés botaniques et les deux meilleures que nous ayons retrouvées n'ont pas réussi à mettre en évidence une quelconque efficacité. Ce n'est guère étonnant quand on considère la fragilité de la théorie qui repose essentiellement sur des calembours: par exemple, lorsque les jambes bougent toutes seules et qu'on a donc des impatiences, il faut consommer un extrait d'*impatiens* ou, si on se sent claustrophobe, enfermé, on prendra des noix (*walnut* en anglais, qui contient phonétiquement le mot *wall*, «mur»).

Bref, le lecteur aura compris que je ne suis pas vraiment convaincu par les fleurs de Bach.

La théorie des signatures

Cette théorie médiévale repose sur une pensée magique remontant au Moyen Âge selon laquelle «les semblables sont soignés par les semblables» (*similia similibus curantur*).

Comme Mithridate prévenait le poison en prenant tous les jours un peu de poison, les homéopathes et les inventeurs du vaccin sont partis de cette idée et il faut bien reconnaître que les tentatives des seconds ont été couronnées de succès.

Ici, les pères de la médecine comme Paracelse – pour ne citer que le plus connu d'entre eux – pensaient que le Créateur signait son œuvre en établissant des analogies entre les plantes et le corps humain. Ainsi, une feuille ressemblant par ses taches au poumon était appelée la pulmonaire et devait donc soigner les affections des poumons. L'intérieur d'une noix ressemble au cerveau et devra le soigner. Le saule pousse les pieds dans l'eau et n'a pas de fièvre, comme les humains qui prennent un bain de pieds dans l'eau froide. Donc, le saule contient quelque chose qui lutte contre la fièvre. Il se trouve qu'en effet, l'acide salicylique (saule = *salix* en latin) a donné l'aspirine qui est antipyrétique et qu'elle peut être extraite de l'écorce de saule. Dans la pensée moderne, il s'agit d'un pur hasard mais pas dans une perspective finaliste religieuse. De fait, si on suivait cette théorie, les roseaux aussi poussent les pieds dans l'eau et n'ont pas de fièvre. Ce n'est pas pour autant qu'ils lutteront contre l'hyperthermie. De même, la spirée (qui a donné le mot aspirine) ne pousse pas les pieds dans l'eau, ce qui ne l'empêche pas de contenir aussi de l'acide salicylique.

VIII
Technologies de pointe

1. Pourquoi les technologies de pointe ?

Ce chapitre peut paraître à la limite de l'incongru dans un ouvrage essentiellement consacré aux médecines non pharmacologiques, soit psychothérapiques, soit alternatives, voire douces.

Et pourtant, ces technologies de pointe qui parfois font peur, à tort, ont bien leur place ici, car elles représentent encore une autre manière de ne pas soumettre son organisme aux diktats de la chimie. Pour prendre un exemple simple, le grand public redoute l'ECT autrefois appelé électrochoc à cause d'un film, *Vol au-dessus d'un nid de coucou*, alors qu'il est établi que le fait de recevoir un courant électrique pendant quelques secondes est beaucoup moins délétère que de prendre pendant de longues années, parfois à vie, des substances dont les effets secondaires sont tout aussi bien démontrés.

Depuis quelques années, on assiste à un renouveau technologique et certaines méthodes pourraient se révéler prometteuses. Bien entendu, ce ne sont pas des traitements anodins et leur sophistication les fait souvent réserver aux personnes qui habitent près des grands centres universitaires et aussi à ceux qui ont résisté à toutes les thérapeutiques conventionnelles. De l'électroconvulsivothérapie à la stimulation magnétique transcrânienne en passant par la psychothérapie en réalité virtuelle, les techniques sont nombreuses, d'efficacité variable, et il convient de les examiner avec précaution avant de se lancer. Néanmoins, fidèle à mon engagement auprès de mes lecteurs, je me dois de les exposer le plus objectivement possible tout en restant persuadé que, de manière générale, la physique est moins dangereuse que la chimie et que, donc, tout ce qui permet de prendre le moins possible de médicaments est le bienvenu.

2. Électroconvulsivothérapie

Il peut paraître paradoxal dans un ouvrage consacré à des méthodes de soin plutôt considérées comme douces de faire une place à ce qui a été longtemps considéré comme le symbole de la violence en psychiatrie.

Et pourtant!

Pour ma part, je pense que tout bien considéré, c'est une technique beaucoup plus douce qu'on ne pense. Plus douce en tout cas que nombre de traitements chimiques.

Électrochoc et cinéma

Le film *Vol au-dessus d'un nid de coucou* a largement contribué à cette mauvaise réputation. Pourtant, si l'on repasse attentivement le scénario, on constate que vers la fin de l'œuvre, quand le héros, joué par Jack Nicholson, est puni, on le soumet en effet à un électrochoc extrêmement spectaculaire et cinégénique. Puis, comme cela ne suffit pas et qu'aucun changement n'est constaté, c'est-à-dire que l'électrochoc ne lui fait absolument rien, on lui inflige une lobotomie qui le transforme en légume. Mais comme on ne voit pas la lobotomie, le spectacle comme le spectateur font un raccourci et attribuent à l'électrochoc ce qui est en réalité dû à la lobotomie. D'où l'horrible réputation de barbarie relayée par certaines sectes hostiles à cette technique pour des raisons sur lesquelles il est inutile de s'étendre.

Choquer pour guérir

Pendant des centaines d'années, les psychiatres ont cherché le moyen de déclencher des chocs, si possible provoquant des crises d'épilepsie avec l'idée que celles-ci chassaient la folie. On peut supposer qu'à l'origine, des sénateurs déprimés siégeant en comices à Rome en plein soleil ont eu des insolations, ont convulsé et se sont réveillés en pleine forme et que, par conséquent, le mot « crise comitiale » a été considéré comme un gage de chance puisque les deux plus grands hommes de tous les temps, Alexandre le Grand et Jules César, étaient épileptiques.

Bref, quelle que soit l'origine de l'idée, les soignants ont inventé des méthodes parfois totalement barbares comme inoculer le paludisme pour provoquer de la fièvre et parfois des convulsions, ou donner un médicament terrible, le cardiazol, dangereux et douloureux pour atteindre le même but. Parfois, ils ont injecté de l'insuline pour mettre les patients en hypoglycémie avec coma allant parfois jusqu'à la crise d'épilepsie.

Dieu merci, toutes ces méthodes ont été abandonnées car, en 1937, deux psychiatres italiens, Bini et Cerletti, ont eu l'idée de faire passer un courant électrique à travers le cerveau de patients et ont pu déclencher les premières crises convulsives thérapeutiques sans risque ou presque. En un an, les hôpitaux qui ont pratiqué la méthode se sont vidés de la moitié de leurs pensionnaires, ce qui a évidemment provoqué un enthousiasme mondial car c'était la première fois dans l'histoire de l'humanité qu'une méthode biologique se révélait efficace.

Malheureusement, après guerre, une dérive a été observée : dans la plupart des institutions, notamment les cliniques privées, on a commencé à prescrire et pratiquer l'électrochoc soit comme un moyen de gagner beaucoup d'argent, la méthode étant lucrative, soit comme un moyen de chantage pour imposer une discipline plus que contestable : « Si tu n'es pas gentil, tu vas passer à la gégène ! »

L'avènement du mouvement antipsychiatrique post-68 a jeté l'opprobre sur une méthode considérée comme trop violente. Les services ont commencé à abandonner cette pratique jusque dans les années 1980 où elle a été sur le point de disparaître. Heureusement, l'OMS s'est émue de la situation en déclarant en substance : « Vous êtes bizarres les psychiatres ! Il y a trente ans, vous portiez l'électrochoc aux nues et aujourd'hui vous voulez le supprimer ! Ne pensez-vous pas qu'il serait temps de faire une étude scientifique qui permette de comparer l'efficacité et la tolérance de la sismothérapie et des antidépresseurs ? » Ce qui a été fait !

Et les résultats sont tombés, sans appel : « Quand l'indication est bien posée (mélancolie), l'électroconvulsivothérapie (ECT) est le plus efficace, le plus rapide, le moins dangereux. »

Il est vrai qu'en cas de dépression sévère (mélancolie), les antidépresseurs marchent dans 60 % des cas au bout de trois à six semaines, alors que l'ECT marche dans 85 % des cas au bout de deux semaines. Comme on dit couramment : « Il n'y a pas photo ! »

Restait à fixer les règles éthiques pour mettre en place un traitement par ECT :

– Le patient ou son représentant légal en cas d'empêchement doit absolument avoir donné son consentement éclairé par écrit ;

– Il doit présenter une des cinq indications officielles :

• Dépression sévère avec mélancolie (pire le matin que le soir) ;

• Dépression ayant résisté à plusieurs traitements par antidépresseurs à doses efficaces pendant suffisamment longtemps ;

• Dépression sévère avec manifestations psychotiques comme par exemple un délire de ruine ou de culpabilité ;

• Dépression chez quelqu'un ayant une maladie contre-indiquant les antidépresseurs comme par exemple un problème cardiaque ou une grossesse ;

> • Catatonie (manifestation de raideur chez un schizophrène).
>
> – L'ECT doit être pratiqué sous anesthésie générale avec emploi du curare qui empêche les convulsions musculaires de la crise d'épilepsie déclenchée et donc évite les traumatismes, fractures, luxations et autres crampes…

Depuis que les règles voulues par l'OMS et les agences gouvernementales sont appliquées systématiquement, l'ECT s'est moralisé et est appliqué à bon escient. De plus, les appareils se sont modernisés et les courants électriques délivrés sont plus efficaces et mieux tolérés. Enfin, les tarifs ont été revus et codifiés en France, et, de nos jours, pour une clinique privée, ce n'est plus une activité rentable, au contraire, surtout si l'on songe aux investissements massifs qu'il faut consentir pour répondre à toutes les exigences d'une pratique avec anesthésie générale, oxygène, vide, anesthésiste, etc.

Les dérives liées à l'appât du gain de la part du privé ne sont donc plus à craindre.

En fait, le risque est lié à l'anesthésie et non à l'électrochoc lui-même qui est tout à fait anodin en termes de sécurité, mais comme il s'agit d'une anesthésie légère et ultrabrève (moins d'une minute), ce risque est véritablement minime. Les quelques problèmes qui peuvent survenir sont liés au curare (allergies).

Reste le principal effet secondaire : les problèmes de mémoire qui peuvent durer environ deux semaines avec parfois même des tableaux de confusion. Heureusement tout régresse rapidement, seule la période pendant laquelle se sont déroulés les chocs n'est pas enregistrée et est donc définitivement perdue. On constate aussi parfois quelques maux de tête au cours de la journée qui suit, faciles à traiter par un antalgique banal.

Curieusement, on observe que les antidépresseurs sont surtout efficaces entre 20 et 70 ans. C'est donc chez les personnes âgées que l'ECT est le plus souvent pratiquée, notamment chez les patients qui arrivent avec un diagnostic erroné de maladie d'Alzheimer. J'ai encore en mémoire cet ancien professeur de latin et grec qui était arrivé dans la clinique avec un diagnostic d'Alzheimer et un traitement prétendument adéquat. Il était incontinent, grabataire, n'arrivait plus à s'exprimer de manière cohérente, ne reconnaissait plus sa femme. Au bout de deux semaines et six chocs, il avait vécu une véritable renaissance et a finalement quitté la clinique au volant de sa voiture et en traduisant à nouveau Virgile et Platon.

De plus, il a été montré depuis quelques années que l'ECT pratiquée après la guérison avait un effet régulateur de l'humeur au même titre par exemple que le lithium. De ce fait, de très nombreux patients reviennent en ambulatoire tous les quinze jours ou tous les mois, voire tous les deux mois (maximum), ce qui leur permet de ne pratiquement plus prendre de médicaments, ce qui n'est pas un mince avantage.

3. Cohérence cardiaque et neurofeedback

Le cœur est un organe qui, Dieu merci, fonctionne de manière complètement automatique mais qui est quelque peu modifié par notre tonus émotionnel. Chacun sait que, lors d'une épreuve comme aller à sa première soirée adolescente, inviter une fille à danser quand on a 14 ans, se présenter à son permis de conduire à 18 ans, aller à un entretien d'embauché à 25 ans ou au contraire à un entretien préalable à un licenciement à 40 ans, prendre la parole en public, se présenter à un tribunal, à l'inspection des impôts, etc., on sent son cœur qui s'emballe, on a des palpitations en même temps que la bouche sèche, une boule dans la gorge, des tremblements fins, parfois même des vertiges, des maux de tête, des nausées, des vomissements…

Tous ces symptômes signent l'activation du système nerveux sympathique (adrénaline). L'incohérence cardiaque est provoquée par l'action des substances comme l'adrénaline, la noradrénaline, le cortisol, alors que la cohérence cardiaque l'est par le système nerveux parasympathique qui fait tout l'inverse en permettant à tout un chacun de retrouver le calme.

On sait aujourd'hui que nous possédons un certain nombre de ganglions nerveux qui fonctionnent comme des minicerveaux capables de relayer nos émotions et de déclencher par exemple une diarrhée émotionnelle (ganglion digestif) ou une tachycardie. De plus, nous avons des palpeurs, sorte de capteurs situés en périphérie au niveau de nos organes. Ces capteurs détectent les changements de fonctionnement de manière à informer notre cerveau : « Attention, ton cœur est en train de taper plus vite et de produire des extrasystoles ! » Le cerveau interprète ces signaux de peur qu'il a lui-même provoqués et du coup… a encore plus peur, entrant dans un véritable cercle vicieux.

« Plus j'ai peur, plus je tremble et plus je tremble, plus j'ai peur. »

C'est pour cette raison que les médicaments appelés bêtabloquants (Avlocardyl® ou propranolol) suppriment la peur en neutralisant le tremblement.

L'idée de base des logiciels dits de cohérence cardiaque est simple : on installe un capteur périphérique, généralement un doigtier, capable d'interpréter les battements des artérioles situées au bout du doigt et de les retraduire sous forme de graphiques ou, mieux, d'imagerie en fonction de la régularité des battements. Le système le plus connu propose par exemple deux types d'imagerie :

– Un paysage de forêt : au début, quand les battements du cœur ne sont pas cohérents, le paysage est figé, en noir et blanc, comme mort. Au fur et à mesure que l'on retrouve de la cohérence, le paysage se colore, s'anime, des animaux surgissent, des fleurs s'épanouissent, une source commence à couler et une biche vient s'abreuver.

– Une montgolfière : au début, elle est au sol en noir et blanc. Au fur et à mesure que l'on retrouve de la cohérence, le paysage se colore, la montgolfière décolle et se met à survoler le paysage de plus en plus haut en fonction de son état de relaxation.

Pour retrouver une bonne cohérence cardiaque, il faut tout d'abord :

– tenter de repérer les facteurs qui déclenchent en soi le stress, l'agacement, l'irritabilité ;

– concentrer son attention sur son cœur, éventuellement en posant sa main sur sa poitrine à gauche ;

– essayer d'imaginer que le cœur fait comme les poumons, qu'il respire et se gonfle ou se dégonfle quand on inspire ou expire ;

– imaginer ou évoquer un événement positif, un souvenir agréable afin de le revivre de manière aussi précise que possible.

L'idée est de créer un véritable conditionnement positif (rompre le cercle vicieux) : chaque fois que je ressentirai en moi un stress, une émotion désagréable, j'aurai le réflexe de me remettre dans les conditions qui animent la forêt, font décoller la montgolfière, bref, restaurent le calme intérieur. C'est magique !

Depuis quelques années, on assiste à une renaissance du biofeedback rebaptisé neurofeedback. Au lieu de capteurs cardiaques, ce sont des capteurs encéphaliques de l'électroencéphalogramme qui sont utilisés et qui informent le cerveau sur son état de stress, d'activité, de relaxation, etc. Du fait de la plasticité des neurones, à force de détecter ses changements de régime, notre système nerveux central se modifie progressivement et devient capable de réguler automatiquement les perturbations émotionnelles de son activité. Cette méthode est proposée dans le stress, l'anxiété, l'insomnie, l'autisme, les troubles de l'alimentation, la dyslexie, les TOC et les phobies, l'hyperactivité.

Cette technique semble très prometteuse mais n'est pas encore totalement validée dans notre pays où elle est peu répandue. Je n'oserai donc pas encore me prononcer à son sujet tout en pensant qu'elle est à suivre de près.

4. La psychothérapie en réalité virtuelle

En cas de phobie, lorsque l'objet d'une peur est difficile d'accès, comme le cas d'une personne qui a eu un accident : en conduisant, son attention a été distraite par une guêpe dans l'habitacle, elle a perdu le contrôle de son véhicule et a écrasé un enfant. Depuis, l'idée de croiser un de ces insectes sur sa route la terrorise et elle ne sort plus de chez elle. Il est très compliqué pour un thérapeute d'élever des guêpes pour les présenter à son patient en cours de consultation. Même chose pour les araignées ou les serpents. De même, il existe des patients souffrant de TOC de propreté qui ne peuvent plus quitter la pièce où ils sont confinés car ils ne peuvent pas toucher la poignée de la porte. L'exposition *in virtuo* représente une bonne solution… à condition de disposer du logiciel adapté.

Le principe est simple et est déjà utilisé par des compagnies comme Air France pour traiter des personnes qui ont la phobie des transports aériens. Il s'agit de les placer dans une situation identique à la situation qui fait peur, sauf que c'est une simulation puisque ce ne sont que des images !

Il suffit donc que le logiciel permette de faire voler un papillon virtuel, si possible en 3D, ou un serpent ou une guêpe afin que le sujet phobique puisse l'approcher sans avoir peur puisque ce n'est pas un vrai papillon. Même chose avec les poignées de porte que le sujet obsessionnel peut toucher virtuellement avec des gants munis de capteurs sans déclencher la crainte d'attraper des microbes ou de se salir.

Il s'agit là d'une des techniques les plus efficaces qui soient, l'exposition *in virtuo* selon plusieurs études se révélant souvent supérieure à l'exposition *in vivo* car ne réveillant pas l'angoisse, comme le fait le contact « pour de vrai » et ne déclenchant donc pas l'anxiété à nouveau car, chaque fois qu'on réactive l'anxiété, on repasse pratiquement par la case départ.

Certains patients ont des phobies tellement envahissantes qu'elles en deviennent invalidantes. Par exemple, la peur d'être contaminé par les mains des autres ou par les boutons de porte chez les patients avec TOC, de sortir dans la rue pour les agoraphobes, de prendre le métro ou l'ascenseur pour les claustrophobes, de conduire pour ceux qui ont des phobies d'impulsion et ont peur de renverser quelqu'un, de se promener pour ceux qui ont des phobies d'animaux ou une phobie sociale, bref, l'incapacité de bouger pour toutes sortes de phobiques rend illusoires les traitements par exposition habituellement proposés par les thérapies cognitives et comportementales. La principale raison est que l'interdit est trop fort et que la seule idée de s'exposer au stimulus qui les terrorise aggrave l'angoisse à un niveau tel que le traitement aggrave la maladie.

Une des solutions est la thérapie en réalité virtuelle. Il s'agit de logiciels très sophistiqués assez comparables à certains jeux comme la WI et qui permettent aux sujets d'affronter « pour de rire » les situations qui les effraient.

J'ai ainsi le souvenir d'un PDG qui menait son entreprise droit à la faillite car il avait le vertige ! On pourrait se dire que le vertige, ce n'est pas grand-chose, et qu'il n'avait qu'à pas se rendre à la montagne. Mais, malheureusement, les choses n'étaient pas aussi simples. Son vertige lui interdisait de se rendre à ses rendez-vous s'il apprenait que son contact habitait un immeuble élevé et que son bureau était près d'une baie vitrée située à plus de deux étages ou qu'il lui fallait prendre l'ascenseur. De plus, il était complètement impossible pour lui de prendre l'avion car l'idée même d'être assis près d'un hublot et de se savoir à des milliers de mètres de hauteur lui était parfaitement insupportable. De fait, il lui fut proposé de participer à un programme de réalité virtuelle (RV); muni d'un casque en 3D comme pour les jeux vidéo, il pouvait se déplacer dans un monde virtuel avec une psychologue à côté, voyant les mêmes choses que lui sur son écran et le guidant d'une voix rassurante. Et lui proposant des exercices respiratoires et/ou de relaxation quand l'angoisse montait. En premier lieu, monter sur un tabouret imaginaire mais bien visible, puis prendre un ascenseur avec des parois transparentes et regarder vers le bas. En cas de recrudescence anxieuse, faire des exercices respiratoires avant de reprendre la promenade virtuelle.

Au bout de quelques séances en 3D, il pouvait franchir des cascades imaginaires sur des ponts de lianes branlants, monter sur des échafaudages de gratte-ciel, etc. Par la suite, vu ses moyens financiers, nous lui avons conseillé de s'inscrire dans un programme pour voyageurs ayant la phobie des transports aériens comme en proposent Air France et les grandes compagnies. L'ensemble fut un succès, et maintenant, il fonctionne normalement et ne manque plus ses rendez-vous pour sa plus grande satisfaction et celle de son entreprise.

Contrairement à ce que pensent certains psychothérapeutes idéologues et ne suivant pas la littérature scientifique, ce n'est pas parce que l'on chasse une phobie qu'une autre la remplacera obligatoirement. Cette hypothèse est même très rarement observée. Dans l'immense majorité des cas, si une phobie disparaît, peu importe les raisons supposées de son apparition, elle n'est plus là, et la personne est tellement soulagée que non seulement elle en est contente, mais, en plus, aucune autre ne vient à sa place.

En revanche, quand j'ai moi-même voulu tester le système alors que j'ai à peine le vertige, j'ai eu l'impression d'évoluer dans un monde de bandes dessinées et cela m'a laissé totalement froid. L'environnement n'était pas assez réaliste pour que je rentre vraiment dans le jeu alors qu'au cinéma, je me souviens d'avoir été mal à l'aise en contemplant des alpinistes traversant des gouffres terrifiants. Pour que ce genre de traitement fonctionne, comme pour toutes les autres méthodes de ce type, il faut avoir un symptôme fort qui permet de rentrer dans le monde virtuel. Sinon, on n'est pas suffisamment motivé pour entrer dans les mondes virtuels. En d'autres termes, il faut réellement souffrir de phobie !

D'assez nombreux systèmes existent et les auteurs rivalisent d'imagination : par exemple, proposer des mondes avec des appartements customisés ; la personne souffrant de TOC d'accumulation viendra avec des photos de montagnes de détritus qui jonchent son véritable appartement et des photos de celui-ci, et nous les installerons dans un appartement virtuel réplique du sien. Et, petit à petit, cette personne apprendra à saisir les avatars de détritus et à les jeter dans des sacs-poubelle imaginaires. Comme ce ne sont que des images, l'angoisse est à peine réveillée.

Plus tard, on verra des logiciels, toujours avec des casques en 3D, grâce auxquels la personne phobique pourra se déplacer dans les couloirs de l'institution après avoir enfilé des gants munis de capteurs. Elle croisera ainsi des avatars de chiens, de papillons, de serpents, d'araignées, de n'importe quel animal, les touchera, les caressera et… en sourira !

À l'avenir, énormément de phobies, conduite automobile, claustrophobie, agoraphobie, phobies d'impulsion pourront être accessibles et permettront à de nombreux patients de retourner dans la vraie vie dont ils se sont exclus parfois depuis de nombreuses années. Un système est actuellement en construction : une simulation de conduite automobile permettra de conduire et d'éviter toutes les catégories de piétons (phobies d'impulsion d'écraser les gens dans la rue), de quitter la voiture pour aller dans un marché surpeuplé et d'aborder un vendeur (phobie sociale), de traverser un champ à pied (agoraphobie), de croiser le chemin d'un serpent, un chien, un chat, un papillon, sa belle-mère, que sais-je ?

Si, comme je l'ai déjà mentionné, la plupart des études montrent une efficacité supérieure des expositions *in virtuo* par comparaison aux expositions *in vivo*, le principal problème de cette méthode est son accessibilité car, à l'heure actuelle, il existe peu de centres et encore moins de cabinets ayant les moyens de s'offrir ce type de matériel.

5. Stimulation magnétique transcrânienne (TMS) ou comment mettre son cerveau dans un four à micro-ondes !

La TMS est en train de conquérir une place importante dans le paysage psychiatrique mondial, à tel point qu'il est aujourd'hui officiellement recommandé au niveau international et en France (voir encadré La Theta Burst stimulation : quel est le consensus chez les francophones ?), en cas d'échec d'un premier essai d'antidépresseur de tenter un traitement avec cette technique spécifique. Cette recommandation est quelque peu surprenante tant les publications sont encore contradictoires.

L'idée ne date pas d'hier puisque c'est en 1896 que la première description d'une stimulation magnétique du cortex cérébral fut réalisée. À l'époque et jusque dans les années 1980, il ne s'agissait que d'une curiosité expérimentale, les chercheurs s'étonnant qu'il soit possible de faire apparaître des taches lumineuses chez un sujet dont la tête était entourée d'une bobine dans laquelle se déchargeait un condensateur. Néanmoins, la technique archaïque se révélant très pénible, son usage était plus que limité.

Il s'agit donc de créer une impulsion magnétique dans le cerveau grâce à une bobine tout en rendant cette procédure indolore et sans danger. En faisant varier rapidement le flux magnétique dans une zone aussi précise que possible du cerveau, on parvient à créer un champ électrique, ce qui, forcément, modifie l'activité des neurones de ladite zone. Cette modification s'exprime par une dépolarisation des neurones et vise donc à influencer la circulation de l'influx nerveux dans cette zone précise.

En répétant systématiquement la procédure de manière à créer une série d'impulsions pendant un temps donné, on parvient selon l'intensité, selon la région visée et selon la fréquence et la durée des trains d'impulsions, à bloquer ou au contraire à stimuler durablement des groupes plus ou moins précis de neurones. Cette stimulation magnétique transcrânienne répétitive est appelée rTMS.

Après avoir été utilisée en neurologie à des fins de diagnostic, puis dans certains types de douleurs, les psychiatres se sont emparés de la méthode rTMS dans deux domaines principaux : la dépression et la schizophrénie, notamment les hallucinations réfractaires aux médicaments.

Ce type de traitement est pratiquement indolore puisqu'il ne s'agit que d'un champ magnétique.

La neuronavigation : ce système est ajouté au dispositif et permet de repérer avec précision la zone où l'on va concentrer le tir. Il est possible que ce soient la présence et la maîtrise de ce dispositif qui expliquent les différences de résultats entre les auteurs. En effet, dans le domaine de la dépression, les études sont très contradictoires, certaines clamant de bons résultats, d'autres non. Toujours est-il que nous sommes dans une situation ubuesque, comme seule la France est capable de produire ; cette technique est donc recommandée au niveau international mais ne fait pas l'objet d'une cotation par la Sécurité sociale, ce qui interdit de l'utiliser en dehors d'une structure de recherche puisqu'elle ne peut pas être facturée, n'ayant pas de prix !

En ce qui concerne les hallucinations en particulier chez les enfants et chez les adolescents, les travaux publiés par l'équipe universitaire de Lille sont impressionnants... et convaincants.

La Theta Burst stimulation : quel est le consensus chez les francophones ?

La situation étant relativement confuse du fait des différences de pratiques et de résultats proclamés, un groupe d'experts français a été mandaté afin de réaliser une analyse complète de la littérature concernant la rTMS. C'est ainsi que des milliers de séances ont été réalisées aussi bien chez des volontaires sains que chez des patients souffrant de diverses maladies, en particulier la dépression dite majeure, les hallucinations, certaines pathologies neurologiques comme les douleurs chroniques, les mouvements anormaux, les accidents vasculaires cérébraux, l'épilepsie, les acouphènes... Ce sont donc les indications qui ont été retenues comme suffisamment documentées. Cependant, à mon avis, autant l'efficacité sur les hallucinations semble bien prouvée, autant il subsiste de nombreux points d'interrogation dans le domaine de la dépression, en particulier sur le type de dépression concerné, car cette maladie est multiple. S'agit-il plutôt des troubles bipolaires, des dépressions anciennement appelées réactionnelles, la rTMS est-elle indiquée dans les processus les plus sévères ou au contraire lorsque l'intensité est modérée? Il faudra sans doute de nombreuses autres études pour affiner nos connaissances et répondre à toutes ces questions.

Il en ressort que le nombre d'effets secondaires rapportés paraît extrêmement faible, la complication la plus sérieuse étant la possibilité de survenue de crises d'épilepsie. C'est pourquoi les experts ont à nouveau insisté sur la nécessité d'interrompre le traitement médicamenteux qui peut favoriser la survenue de crises comitiales. Cependant, il faut insister sur le fait qu'il s'agit d'une méthode à la fois sûre et indolore.

---

6. Stimulation électrique profonde

Cette technique chirurgicale lourde a été une véritable révolution dans la prise en charge des patients souffrant de la maladie de Parkinson, de tremblements invalidants ou de tics sévères.

J'ai vu des patients parkinsoniens « en bout de course », ayant reçu pendant plus de dix à vingt ans des traitements par L-DOPA, grabataires, aux portes de la mort, se faire opérer et être véritablement miraculés, ce type d'approche permettant le plus souvent de réduire considérablement les médicaments et de retrouver durablement un bon niveau d'autonomie.

Il est à mes yeux incompréhensible que l'équipe grenobloise qui a mis au point cette méthode n'ait pas décroché le prix Nobel tant ces savants ont sauvé de vies… il est vrai que ce ne sont que des francophones. Mais ne sombrons pas dans la théorie du complot car cela m'agace prodigieusement de voir couronner des recherches totalement théoriques et fondamentales de génétique cellulaire et pratiquement jamais des découvertes thérapeutiques.

Depuis des dizaines d'années le prix Nobel est réservé aux non-médecins et cette situation est à mes yeux bien regrettable.

Des études récentes ont de plus montré que cette approche peut être très intéressante au début de la maladie de Parkinson et non pas en fin d'évolution comme on le pensait jusque-là. Le problème est que, d'une part, il s'agit d'une chirurgie relativement lourde, un certain nombre de personnes y ayant laissé la vie ou s'étant retrouvées paralysées, même si leur pourcentage a considérablement chuté et que, d'autre part, l'attente pour y accéder est parfois très longue, même si de plus en plus de centres hospitaliers développent la méthode.

Une observation stupéfiante à partir d'une patiente parkinsonienne sans aucun antécédent psychiatrique qui se faisait opérer a incité les chercheurs à se poser la question de cette chirurgie en psychiatrie. Il faut tout d'abord savoir que, dans certains centres, on ne pratique qu'une anesthésie superficielle du cuir chevelu, le cerveau étant en effet totalement insensible et que, donc, les patients restent conscients pendant toute l'opération et guident le chirurgien avec leurs symptômes comme les tremblements ou la rigidité musculaire.

Les chirurgiens étaient donc en train d'enfoncer la micro-aiguille dans le cerveau de la patiente parkinsonienne lorsque, subitement, elle s'est mise à s'exprimer comme si elle souffrait d'une dépression mélancolique grave : douleur morale intense, culpabilité morbide, envie de se suicider. Tout le monde était stupéfait, y compris la malade elle-même. L'aiguille a poursuivi son chemin et la mélancolie a cessé. Les opérateurs ont alors demandé la permission à la dame de retourner dans l'endroit en question, ce qu'elle a accepté avec une belle abnégation et elle a recommencé à se dire nulle, mauvaise, coupable, à pleurer et à parler suicide. Tout se passait donc chez cette patiente comme s'il existait un site anatomique de la dépression grave.

Cette assertion a fait l'effet d'un coup de tonnerre dans la communauté neurologique et psychiatrique et, du coup, l'idée a germé d'appliquer la méthode aux patients déprimés ou souffrant de TOC et ayant résisté à tous les traitements psychothérapiques (thérapies cognitives et comportementales) et médicamenteux (antidépresseurs sérotoninergiques).

Il est important que le lecteur comprenne qu'il s'agit toujours d'une recherche et que la technique n'est pas encore validée. Néanmoins, j'ai pu voir de mes yeux deux patients ayant des TOC ultrasévères (plus de seize heures de rituels par jour) être littéralement métamorphosés par l'opération (durée de dix-sept heures pour l'une, pendant lesquelles elle avait un ordinateur portable sur les genoux de manière à remplir des tests d'évaluation de ses TOC). Le plus étonnant, c'est que lorsque la pile s'est épuisée au bout de deux ans une patiente a recommencé ses TOC et que dès qu'on lui a remis une pile toute neuve, tout est rentré dans l'ordre. Biowoman!

Cette observation peut faire froid dans le dos à certains philosophes car elle réduit la personne humaine et ses émotions à un réseau de neurones, mais je peux affirmer que ceux qui en bénéficient ne se posent pas ce genre de question. Je dois cependant préciser qu'un troisième patient a été opéré et a été plutôt aggravé. Les chirurgiens essaient de mieux régler son dispositif, mais le résultat n'est pas concluant à l'heure actuelle. Quelques centaines de patients souffrant de TOC ont été opérés à travers le monde et les résultats de cette recherche semblent plutôt encourageants, suffisamment en tout cas pour qu'un nouvel essai d'envergure nationale soit mis en place.

7. Stimulation transcrânienne par courant direct (tDCS : *transcranial Direct Current Stimulation*)

Dernier cri des techniques modernes, intéressantes car sans risque ni inconfort, la tDCS a en outre l'avantage d'être peu coûteuse et facile de maniement. Comme pour la stimulation électrique profonde dans le Parkinson et le TOC, les équipes françaises sont en pointe dans le domaine et c'est une équipe lyonnaise (professeur Mohamed Saoud) qui a publié la première recherche dans le domaine de la tDCS dans les hallucinations.

Le principe est assez simple puisqu'il consiste à faire passer un courant électrique continu faible entre deux électrodes, une anode qui active et une cathode qui inhibe. Il s'agit donc de moduler l'activité des neurones du cerveau en faisant circuler un faible courant pendant des périodes prolongées.

Le dispositif très simple permet de moduler les neurones grâce à une pile de neuf volts et deux électrodes placées à l'intérieur d'un casque posé sur le cuir chevelu. Pas de gêne, à peine un léger chatouillement, aucun effet secondaire n'a encore été rapporté. Les sujets emportent l'appareil à la maison et se stimulent selon les directives assez précises données par l'équipe médicale (deux séances quotidiennes d'une demi-heure). La tDCS modulerait l'humeur, la concentration, la mémoire, l'apprentissage, l'objectif étant de traiter la dépression, de calmer les douleurs ou d'aider le patient à retrouver la parole et ses capacités cognitives et motrices après un accident vasculaire cérébral ou une intervention chirurgicale. Il pourrait aussi avoir des applications dans la psychose et la maladie d'Alzheimer.

Aux États-Unis, des appareils peu coûteux sont aujourd'hui proposés à la vente et il est bien possible que, à l'avenir, ce type de technique viendra en complément des médicaments dans la dépression ou en cas de résistance aux antidépresseurs. Certains auteurs pensent même à une utilisation qualifiée de cosmétique puisqu'il n'est pas impensable de s'en servir pour devenir plus performant au niveau de la mémoire, de la concentration… Ce domaine totalement nouveau peut en choquer certains qui voudraient le cantonner strictement aux soins mais, après tout, est-il vraiment immoral de vouloir devenir meilleur, même si l'on n'est pas anormal ? La question est débattue en ce moment sur le plan éthique et il y a fort à parier que, si le système se révèle efficace, il échappera vite à la médecine officielle grâce à une commercialisation facilitée par Internet. On peut d'ores et déjà penser que si rien n'est fait pour l'encadrer, le grand public s'en emparera et, malheureusement, risque de l'utiliser dans n'importe quelles conditions.

À l'heure actuelle, même si les publications s'additionnent à grande vitesse, on ne sait toujours pas si cette technologie mérite d'être officiellement validée par les autorités gouvernementales et par les organismes de prises en charge.

8. Enregistrement de sommeil (polysomnographie)

Selon mon humeur, je réagis différemment à l'absence quasi complète de tout enseignement officiel concernant le sommeil et ses troubles. Je suis entre fureur et tristesse quand je pense au nombre de maladies graves, invalidantes et à la mortalité des pathologies liées au sommeil qui ne sont ni diagnostiquées ni traitées.

C'est pour cette raison que j'ai placé ici cet examen malgré tout assez sophistiqué mais qui n'est pas un traitement, excepté quand il permet de poser un appareillage respiratoire.

Deux maladies (syndrome d'apnées du sommeil et syndrome des mouvements périodiques de membres inférieurs au cours du sommeil) spécifiquement liées au sommeil ont une grande importance en psychiatrie; c'est pourquoi je souhaite pouvoir rencontrer de manière systématique la personne qui partage le lit de mes patients car il n'y a qu'elle qui peut répondre à certaines de mes questions :

– **Le syndrome d'apnées du sommeil** : cette maladie est à la fois grave et très fréquente. Son diagnostic est relativement simple et repose sur le conjoint :
- Présence de ronflements sonores entrecoupés de pauses respiratoires et de reprises très bruyantes de son souffle (impression que le conjoint étouffe ou suffoque). Le sommeil est souvent agité, il existe des sueurs nocturnes (à distinguer des bouffées de chaleur de la ménopause) et un besoin d'uriner la nuit (à distinguer de l'adénome de la prostate). Le sommeil n'est pas reposant et la phrase clef de l'apnéique est : « J'ai dormi comme une souche pendant dix heures et au réveil je suis épuisé comme si je n'avais pas fermé l'œil de la nuit. »

- La journée est rendue difficile par une fatigue et une somnolence intenses avec besoin de faire des siestes, voire accident de voiture par endormissement au volant. La vie devient une lutte incessante contre l'envie de dormir. Plus question de regarder la télé, de lire, de conduire…
- On remarque de nombreuses défaillances de la mémoire. Les rendez-vous sont oubliés…
- Une insomnie peut remplacer l'hypersomnie, même si c'est beaucoup plus rare. La personne n'arrive pas à s'endormir de peur d'étouffer ou bien est réveillée la nuit par des cauchemars : impression de se noyer, d'être pendu, de ne plus pouvoir respirer…
- La personne apnéique est souvent, mais pas toujours, en surpoids et souffre d'hypertension artérielle dans deux tiers des cas.
- Le tour de cou est important (plus de quarante-deux centimètres pour les femmes et de quarante-cinq centimètres pour les hommes).
- Le menton est souvent un peu en arrière.
- Le syndrome d'apnées du sommeil est lié à l'âge. Même si j'ai diagnostiqué des personnes jeunes, c'est plutôt une maladie de la soixantaine.

Des causes physiques du syndrome d'apnées du sommeil sont rarement retrouvées à part l'insuffisance thyroïdienne. En revanche, le syndrome d'apnées du sommeil est considérablement aggravé par une prise d'alcool le soir (un verre de vin suffit) et de tranquillisants ou d'hypnotiques.

Parmi les autres causes, je citerai aussi les anomalies anatomiques : grosse langue, absence ou presque de menton, polype dans la gorge, obstruction des narines, goitre postérieur. Rappelons néanmoins que la chirurgie n'est qu'exceptionnellement indiquée dans le syndrome d'apnées du sommeil et qu'il convient de se méfier des opérations antironflements qui sont en général douloureuses et le plus souvent inefficaces.

Une fois que le conjoint a signalé au médecin son inquiétude de ne plus entendre respirer son partenaire quand il dort, il importe de faire le diagnostic. Un certain nombre de dispositifs existent qui permettent de faire un premier tri, même à domicile. En effet, les listes d'attente sont longues pour accéder à un laboratoire de sommeil. Si c'est négatif, le problème est réglé mais, si c'est positif, il faut un vrai enregistrement, de préférence dans un laboratoire de sommeil car les systèmes à domicile ne me paraissent pas assez fiables pour obtenir une certitude.

Le traitement comporte en premier l'arrêt de l'alcool et des sédatifs le soir. Si les apnées ne se produisent que sur le dos et pas sur le côté, il suffit de coudre dans le dos de son T-shirt un peu ajusté des petites poches au niveau des omoplates et d'y glisser des balles de tennis qui rendent la position dorsale inconfortable. Certains préfèrent acheter des «frites», ces espèces de rouleaux en polystyrène utilisés pour s'amuser dans les piscines, d'en couper un tronçon d'environ quinze centimètres et de le placer entre la peau et le T-shirt. Le résultat est le même: pas moyen de dormir sur le dos. J'ai des patients qui sont guéris de leur syndrome d'apnées du sommeil grâce à ce type de dispositif. Enfin, si on ne trouve pas de raison, il faut porter la nuit, toute sa vie, un masque relié à une machine qui vous envoie de l'air comprimé. Le résultat est magique et en général, au bout d'une nuit, se produit une véritable résurrection: fini la fatigue, l'impuissance, la somnolence, la grisaille, les trous de mémoire. Retour de l'énergie et de la joie de vivre.

Malheureusement, comme on n'est pas dans un monde parfait, certaines personnes anxieuses ou un peu claustrophobes ont du mal à dormir la nuit en portant un masque…

Il faut néanmoins se souvenir que le syndrome d'apnées du sommeil non traité réduit l'espérance de vie car c'est une cause majeure de mort subite, d'embolies, d'infarctus, et j'en passe. Il faut donc s'accrocher à son traitement.

Le syndrome d'apnées du sommeil concerne de nombreux domaines de la psychiatrie :
- Trouble bipolaire : une étude canadienne récente a montré que plus de la moitié des patients bipolaires en souffrent. Par conséquent, il est prudent qu'ils se fassent dépister, même si on n'a pas ou peu de signes évocateurs.
- La dépression résistante : le syndrome d'apnées du sommeil est une cause de dépression et aussi une cause d'inefficacité du traitement antidépresseur.
- La démence : impossible de la distinguer d'une maladie d'Alzheimer au bout de quelques années d'évolution. Les maisons de retraite sont remplies de soi-disant Alzheimer qui sont en réalité des apnéiques et c'est bien dommage, car, comme je viens de l'exposer, c'est une maladie qui se traite très bien ; la démence est alors réversible, du moins au début. Il a même été montré que, dans les premiers stades de la maladie, tant que la personne a suffisamment de lucidité pour supporter le masque, ce dispositif peut entraîner de sérieuses améliorations, notamment au niveau de la mémoire.
- L'impuissance : je pense inutile de faire un dessin ! Il faut juste y penser comme une cause fréquente à laquelle les sexologues ne pensent pas toujours.
- La fatigue chronique : même chose.
- Les maux de tête au réveil : même chose encore.
- L'insomnie a déjà été citée dans le chapitre qui lui est consacré.

Tous ces maux peuvent être largement réduits, voire disparaître si le syndrome d'apnées du sommeil est dépisté et traité.

– Le syndrome des mouvements périodiques des membres inférieurs au cours du sommeil (maladie qui existe !) : un patient arrive à la consultation. Il se plaint de fatigue, de tristesse, d'insomnie et, par ailleurs, signale qu'il a mal aux jambes, une sensation de jambes lourdes. Là encore, le conjoint est précieux car, en général, il a remarqué des accès de danse de Saint-Guy la nuit, pendant le sommeil. Cette maladie est souvent, mais pas toujours, associée aux impatiences ou jambes sans repos à l'éveil : le besoin de bouger les jambes, de marcher, augmente au fur et à mesure que la journée passe. Une fois au lit, c'est pire. Au moment de s'endormir, une envie furieuse de gigoter, des crampes, la nécessité de se lever, de marcher et de mettre ses pieds au froid. Une de mes patientes allait jusqu'à se mettre les jambes au frigo au milieu de la nuit! Une fois les crampes calmées, la personne se recouche, cherche à s'endormir et les mouvements recommencent, ainsi que les crampes. Souvent, l'endormissement ne se produit qu'au petit matin… juste avant que le réveil sonne, d'où l'épuisement.

Parfois, cette maladie est liée à un déficit en fer (anémie), à la fin de la grossesse ou à certains médicaments comme les neuroleptiques, les antidépresseurs ou les antiparkinsoniens, mais le plus souvent la cause est inconnue. Ce n'est pas une maladie grave et elle n'évolue pas comme par exemple la maladie de Parkinson.

On sait juste qu'il existe un déficit en dopamine qu'il importe de corriger, soit avec des doses massives de tyrosine à prendre au coucher et, en cas d'échec, avec certains médicaments.

Eh oui, on n'y échappe pas toujours!

Épilogue

Enfin, et pour conclure, le lecteur qui me connaît ne sera probablement pas surpris, mais je dirai encore une fois que, plus ma vie avance, plus je suis en accord avec le fameux « Il faut cultiver notre jardin » répété à l'envi par Voltaire dans *Candide*.

Méditer en agissant est selon moi la meilleure manière de bien se porter… Que le jardin soit notre monde intérieur ou que ce soit un vrai jardin, qu'il soit potager ou semé de roses. C'est selon…

Remerciements

L'auteur tient à remercier très chaleureusement Nathalie Le Breton et Marine Alata pour leur aide si précieuse dans l'élaboration et la finalisation de cet ouvrage.

Il remercie aussi de tout cœur les docteurs Olivier Coudron, Frédéric Kochman, Thierry Sage, Ludovic Scarna ainsi que Gérard Pons qui l'ont particulièrement aidé dans les domaines spécifiques qu'ils maîtrisent beaucoup mieux que lui. Merci aussi de lui avoir permis d'utiliser des cas cliniques authentiques de leur pratique professionnelle.

Du même auteur

Sylvain Fusco ou la folie des femmes, FEDEROP édit., Lyon, 1978.
Placebo, un médicament qui cherche la vérité (en collaboration avec Bernard Lachaux), Medsi-Mc Graw Hill, Paris, 1988.
Le Mystère du placebo, Odile Jacob, Paris, 1996.
Le Vieillissement du sommeil (en collaboration avec M. Ferry), Editorial Assistance, Paris, 1996.
Droit d'asiles, Odile Jacob, Paris, 1997. Prix littéraire du roman historique 1998.
Tranquillisants, hypnotiques, vivre avec ou sans ; risques et bénéfices de la sérénité chimique, Flammarion, Paris, 1999.
Je déprime. C'est grave, docteur ? Reconnaître et traiter la dépression, Flammarion, Paris, 2001.
Dépression : comprendre et agir, Michel Servet, Lyon, 2002.
Le Sexe des larmes : pourquoi les femmes pleurent-elles plus et mieux que les hommes ?, Robert Laffont, Paris, 2002.
L'Insomnie, Michel Servet, Lyon, 2003.
Petit guide de la scène de ménage, Marabout 2003.
Séduire. Comment l'amour vient aux humains (préface de Boris Cyrulnik), Robert Laffont, Paris, 2004.

Les Troubles du sommeil. Tout savoir pour bien dormir, In Press, Paris, 2005.
L'enfer de la médecine est pavé de bonnes intentions, Robert Laffont, Paris, 2005.
La Dépression, Larousse, « Guides santé », Paris, 2006.
L'Insomnie, Larousse, « Guides santé », Paris, 2006.
Quiproquos sur ordonnance (en collaboration avec F. Lupu), Armand Colin, Paris, 2006.
S'ennuyer, quel bonheur !, Armand Colin, Paris, 2007.
Scènes de ménage. Saines ou malsaines ?, Armand Colin, Paris, 2008.
La Détox, c'est la santé !, Robert Laffont, Paris, 2008.
La Vie Alzheimer, Armand Colin, Paris, 2009.
Dites-nous Patrick Lemoine, à quoi sert vraiment un psy ?, Armand Colin, Paris, 2010.
Le Mystère du nocebo, Odile Jacob, Paris, 2011.
La Fontaine, les animaux et nous, Armand Colin, Paris, 2011.

Table des matières

Préambule 7
Introduction 11

I. Hygiène de vie 29

1. Le grand nettoyage. Apprenons le tri sélectif
des médicaments! 30
    Les régulateurs de l'humeur ou thymorégulateurs 31
    Les antipsychotiques (anciennement appelés
    neuroleptiques) 35
    Quels sont les médicaments qu'il faudrait sinon éviter,
    du moins interrompre aussi vite que possible? 38
    Utilisation du placebo pour se sevrer
    des médicaments inutiles 47
    Quels sont nos besoins fondamentaux? 49

2. Hygiène des rythmes, dormir au quotidien 51
    La vie n'est rien d'autre qu'une pulsation! 51
    Traiter l'insomnie sans médicaments 55
    La mélatonine 65
    Insomnie d'endormissement 68

Traiter la dépression sans médicaments :
oui, mais avec des rythmes !...70

3. Exposition à la lumière 72
   La saisonnalité et la dépression saisonnière.....................72
   Pourquoi les filles dépriment-elles plus
   que les garçons en hiver ?..74
   Alors pourquoi la dépression saisonnière est-elle
   une maladie ?...76
   Conduite du traitement..80
   La luminette® 83
   Simulateurs d'aube 84

4. Techniques de décontraction..87
   Types de relaxation...88
   L'amour..93
   Les animaux...93
   Méditation, pleine conscience 95
   Méditation laïque...100
   La pleine conscience 102
   La crise de calme...104

II. Les maladies de l'âme 109

1. Comment caractériser et diagnostiquer sa maladie ?.......110

2. Pour quelles maladies anxieuses les techniques
non médicamenteuses sont-elles particulièrement
intéressantes et efficaces ?...112
   L'état de stress post-traumatique (l'ESPT) 112
   Le trouble anxieux généralisé (TAG) 114
   Le trouble panique...115
   Agoraphobie 116

Phobie sociale 116
　　Autres phobies 118
　　TOC ou trouble obsessionnel compulsif........................118

III. Développement personnel.....................................123

1. La psychanalyse 124

2. Yoga 130
　　Hatha yoga...133
　　Yoga de la kundalini...133

3. Méditations d'inspiration philosophique,
voire religieuse 134
　　Vipassana 134
　　Tai-chi et qi gong..135
　　Zazen 136

IV. Les techniques psychothérapiques validées...........137

1. Les thérapies cognitives et comportementales (TCC)....138
　　Quelles sont ces techniques dites thérapies
　　cognitives et comportementales ? 140
　　L'élucidation cognitive...144
　　Importance de l'écrit et du dessin 146
　　Résolution des problèmes...151
　　Restauration narcissique...153
　　L'exposition graduée...153
　　Exposition en imagination 154
　　Carnet de fierté 156

2. Thérapie centrée sur les schémas de Jeffrey Young 158

3. Psychothérapies interpersonnelles....................................167

4. Hypnose, autohypnose..178
   L'impuissance masculine 181
   Hypnose et arrêt du tabac 182
   L'anneau gastrique virtuel 185
   Hypnose et fibromyalgie 186

5. Hypnose thérapie stratégique mouvements
alternatifs (HTSMA) 187

6. EMDR 195

7. Emotional Freedom Techniques (EFT) ou techniques
de libération émotionnelle 203
   Séquences d'une séance d'EFT 205

V. Autres approches 207

1. L'acupuncture..208

2. Psychiatrie thermale..211

3. L'approche narrative..212

4. L'argent..217

VI. Les techniques psychothérapiques non (encore)
validées marchent-elles ? 221

1. Les « autres » psychothérapies 222

2. La psychosynthèse 224

Table des matières

3. L'homéopathie 226
   Quels sont ces grands principes ? 226
   Quelles sont les preuves scientifiques en faveur
   de l'homéopathie ? 227

4. Encore d'autres psychothérapies 232
   Approche humaniste ou existentielle 231
   La psychanalyse corporelle 234

VII. Diététique et micronutrition 239

1. L'importance de la diététique et les « alicaments » 240
   La L-Tyrosine 241
   Le 5-hydroxytryptophane (5-HTP) 247
   La S-adénosyl-méthionine (SAM) 248
   Le sélénium 249

2. Les vitamines 250

3. Les oméga-3 252

4. La micronutrition 255

5. Les plantes (phytothérapie) 264
   Millepertuis (Hypericum perforatum) 264
   Valériane *(Valeriana officinalis)* 266
   Le *Mucuna pruriens* 267
   Les plantes adaptogènes 267
   Kava 268
   La citronnelle 268
   Extrait de réglisse 268
   Passiflore 268
   Cannabis 269

Les fleurs de Bach 272

VIII. Technologies de pointe 275

1. Pourquoi les technologies de pointe ? 276

2. Électroconvulsivothérapie 277

3. Cohérence cardiaque et neurofeedback 282

4. La psychothérapie en réalité virtuelle 285
5. Stimulation magnétique transcrânienne (TMS)
ou comment mettre son cerveau dans un four
à micro-ondes ! 290

6. Stimulation électrique profonde 293

7. Stimulation transcrânienne par courant direct
(tDCS : *transcranial Direct Current Stimulation*) 296

8. Enregistrement de sommeil (polysomnographie) 298

Épilogue 303

Remerciements 305

Du même auteur 307

Table des matières 309

Imprimé en Allemagne par GGP Media GmbH, Poessneck, août 2015
ISBN : 978-2-501-100137
2277854 / 01
dépôt légal : septembre 2015